Elites sociais portuguesas perante as transições no noroeste ibérico

Luis Velasco e Bruno Madeira (eds.)

Elites sociais portuguesas perante as transições no noroeste ibérico

Uma leitura transnacional da história ibérica contemporânea

PETER LANG
Berlin · Bruxelles · Chennai · Lausanne · New York · Oxford

Informação bibliográfica publicada pela Deutsche Nationalbibliothek
A Deutsche Nationalbibliothek regista esta publicação na Deutsche Nationalbibliografie; os dados bibliográficos pormenorizados encontram-se disponíveis na Internet em http://dnb.dnb.de.

A publicação deste livro foi possível graças ao apoio do Ministério da Ciência e Inovação do Reino de Espanha ao projeto de investigação Elites, tecnocracia e mudança política na Galiza e no norte de Portugal (1967–1977) (PID2021-127140NB-I00; I.P.: Julio Prada Rodríguez), financiado pelo MICIU/AEI/10.13039/501100011033 e por fundos FEDER da União Europeia. A obra foi ainda desenvolvida no âmbito do Grupo de Investigação de História Contemporânea da Universidade de Vigo (HC1), financiado pelo Programa de Consolidação e Estruturação de Unidades de Investigação Competitivas da Xunta de Galicia (GPC-ED431B 2023/39; I.P.: José Ramón Rodríguez Lago).

MINISTERIO DE CIENCIA, INNOVACIÓN Y UNIVERSIDADES
Cofinanciado pola Unión Europea
XUNTA DE GALICIA

ISBN 978-3-631-93041-0 (Print)
ISBN 978-3-631-93032-8 (ePDF)
ISBN 978-3-631-93042-7 (ePUB)
DOI 10.3726/b23775

Publicado por Peter Lang GmbH, Berlin, Alemanha

info@peterlang.com

Esta publicação foi sujeita a revisão por pares.

www.peterlang.com

Contato acerca do Regulamento relativo à segurança geral dos produtos (RSGP): gpsr@peterlang.com

Índice

Lista de figuras e tabelas

O Noroeste Ibérico como quadro analítico coerente no estudo das transições para a democracia: a Galiza e o Norte de Portugal

Luis Velasco[1] *e Bruno Madeira*[2]

Introdução

Nas transições democráticas da Península Ibérica — inseridas no contexto da chamada terceira vaga de democratização, tal como a definiu Samuel P. Huntington (1991) — não se verificou uma substituição completa das elites políticas que haviam sustentado os regimes autoritários, embora no caso português tenha havido, pela própria natureza do seu processo revolucionário, uma substituição muito mais vincada das elites políticas, sociais, económicas e intelectuais. Em Espanha, as elites que emergem nas democracias ainda em construção e institucionalização haviam sido em grande medida formadas, socializadas e legitimadas num contexto pré-democrático. No caso português, a extinção das estruturas de enquadramento das massas do regime, o saneamento de todas as estruturas de governança política a nível central, intermédio e local, a renovação das chefias militares e a proibição de elementos com passado na União Nacional/Acção Nacional Popular ou no governo do país obrigou a uma substituição — em alguns casos, como o da economia e do ensino superior, apenas temporária — significativa das elites e da sua legitimação a partir do seu histórico oposicionista ou, pelo menos, de não colaboração política com o regime. O mesmo não se pode dizer, por exemplo, dos tecnocratas. Deste modo, no caso espanhol, o processo de

---

1 Universidade de Vigo (Espanha). A publicação deste capítulo foi possível graças ao financiamento concedido pelo Ministério da Ciência e Inovação do Reino de Espanha ao Projeto de Investigação "Elites, tecnocracia e mudança política na Galiza e no norte de Portugal (1967–1977)" (PID2021-127140NB-I00, Investigador Principal: Prada Rodríguez, J.); desenvolvido no âmbito do Grupo de Investigação em História Contemporânea da Universidade de Vigo (HC1), financiado através do Programa de Consolidação e Estruturação de Unidades de Investigação Competitivas da Xunta de Galicia (GPC-ED431B 2023/39, Investigador Principal: Rodríguez Lago, J. R.).

2 Instituto de Ciências Sociais da Universidade do Minho | Lab2PT–In2Past.

transição não implicou, portanto, uma rutura estrutural com o passado, mas antes uma recomposição das minorias dirigentes que souberam adaptar-se às novas condições institucionais e discursivas da democracia liberal. No contexto português, ao nível do aparelho de Estado e do exercício do poder, pode dizer-se que novos grupos e agentes políticos, sociais, económicos e intelectuais lhe acedem. Mesmo a nível local, o saneamento dos governadores civis e dos executivos das Câmaras Municipais e Juntas de Freguesia permitiu o afastamento dessa elite política ligada ao Estado Novo e às lógicas de caciquismo que nele imperavam e a entrada de homens e mulheres com credenciais antifascistas e que, em cada concelho e freguesia, foram ativos na oposição democrática ao regime. Assim, agentes políticos que antes estavam arredados da administração da coisa pública, são agora chamados a protagonizar, em tempo recorde, uma democratização da vida política desses meios. Vemos, mesmo em distritos tradicionalmente mais conservadores e em que a influência da Igreja Católica é muito mais significativa — como é o caso do Noroeste português —, quadros políticos afetos ao Partido Socialista, ao Partido Comunista Português, ao Partido Popular Democrático e ao Movimento Democrático Português assumirem as rédeas das comissões administrativas municipais e de freguesia então criadas. Haveria que ver a continuidade entre os membros destas comissões e a composição das listas autárquicas que venceram as primeiras eleições democráticas para o poder local, em 1976, assim como aventar o eventual ressurgimento de quadros políticos ligados ao antigo regime, para compreender o grau de renovação das elites locais.

Este fenómeno pode ser interpretado à luz da reflexão desenvolvida por Michael Hartmann (2006), para quem a persistência das elites contemporâneas se explica menos por critérios de mérito individual e mais pela existência de mecanismos estruturais de reprodução social. No caso ibérico, durante as décadas finais do franquismo e do salazarismo, o acesso às posições de poder e prestígio continuou a depender de redes de sociabilidade e de instituições que atuavam como filtros sociais, reproduzindo a homogeneidade de classe das elites políticas, económicas e culturais. Hartmann observa que, mesmo em contextos de mudança política profunda, as elites nacionais tendem a conservar a sua coesão graças à interligação entre educação, origem social e pertença de classe, elementos que garantem a continuidade das estruturas de poder sob novas formas institucionais. Neste sentido, um contexto como o da transição espanhola é muito mais favorável a essa ação concertada das elites, que nunca se viram totalmente arredadas das estruturas de poder político, social e económico. No caso português, em que a democratização do país se deu através de um processo revolucionário, essa coesão não lhes permitiu, pelo menos até 25 de Novembro de 1975, passar incólumes ao saneamento que se iniciou deste as primeiras horas do golpe de Estado do Movimento das Forças Armadas. Ao contrário do caso espanhol, as elites portuguesas — sobretudo as com maiores responsabilidades na direção política e na máquina de repressão do regime deposto — sentiram a necessidade de fugir para o Brasil ou Espanha, ainda um porto seguro para os homens do Estado Novo. O mesmo aconteceria com banqueiros, industriais, latifundiários, capitalistas que seguiram as mesmas rotas de "exílio" autoimposto.

Neste sentido, interessa identificar quais foram as instituições que funcionaram como espaços de socialização e de reprodução das elites na Península Ibérica. Para além das universidades e dos estabelecimentos de ensino superior, é necessário considerar outros âmbitos — como as associações profissionais, as organizações corporativas, a Igreja ou o próprio aparelho burocrático e militar — que serviram de matriz para a formação e a consolidação dessas minorias dirigentes. Concomitantemente, analisar estes processos em espaços periféricos relativamente às capitais de dois Estados tão centralizados como eram o português durante o Estado Novo e o do Estado Espanhol durante o franquismo revela-se particularmente interessante. Longe do centro, as relações entre as elites tendem a desenvolver-se de forma muito mais informal e fluida do que sob o controlo dos elementos nucleares do sistema, embora devamos apontar as redes clientelares que asseguravam a reprodução dessas elites e a quase ausência de circulação no seu meio. As lógicas do caciquismo eram fundamentais para, a nível local, construir uma rede que suportasse uma progressão de âmbito regional e nacional. A análise comparativa entre a Galiza e o Norte de Portugal revela-se, neste contexto, particularmente fértil: ambos os territórios partilharam características estruturais semelhantes — predomínio da ruralidade, forte influência clerical e atraso relativo dos processos de industrialização — que condicionaram a emergência e a adaptação das suas elites durante o último terço do século XX ou que, como no caso português, as mantiveram relativamente estáveis e incólumes às mudanças que iam ocorrendo na capital e nos principais eixos industriais nacionais. Assim, compreender a transição política e social do Noroeste ibérico implica, necessariamente, observar as formas de continuidade e transformação das suas elites, bem como os mecanismos de socialização e legitimação que permitiram a sua sobrevivência entre o autoritarismo e a democracia, bem como a sua renovação em diversos níveis do Estado e da sua administração.

A pertinência de articular as teses de Hartmann com um estudo comparativo entre Espanha e Portugal reside precisamente na ausência, na obra do autor, de uma problematização específica sobre os modelos de reprodução das elites ibéricas. Ao centrar-se nos grandes países industrializados, Hartmann deixou fora do seu horizonte analítico os casos periféricos da Europa meridional, cuja transição democrática se insere, todavia, de modo paradigmático, na terceira vaga de democratizações descrita por Samuel P. Huntington (1991).

Tanto a transição espanhola como a portuguesa ocorreram de forma quase coetânea e num espaço político e cultural efetivamente partilhado, marcado por fortes interdependências económicas, simbólicas e institucionais, ainda que também com diferenças marcadas: assim, entre outras, o horizonte de continuidade institucional, compatível com uma janela de oportunidade para transformar o regime através da restauração da Monarquia, não se verifica no caso português. Nesse contexto, abordar comparativamente a recomposição das elites em ambos os países permite testar e ampliar as teses de Hartmann sobre a continuidade social das minorias dirigentes em cenários de mudança política. Por outro lado, problematizar o caso da Galiza e do Norte de Portugal oferece um enquadramento mesoterritorial particularmente fértil: trata-se de uma região historicamente interligada, que partilhou espaços de socialização, redes familiares, circuitos académicos e estruturas eclesiásticas. Este enfoque permite observar, a uma escala intermédia, o modo como as dinâmicas de reprodução, adaptação, circulação e formação das elites se projetam sobre territórios com identidades diferenciadas, mas profundamente interconectadas no plano histórico e sociopolítico.

No quadro interpretativo proposto por Samuel P. Huntington, a análise das transições democráticas assenta na centralidade do *human factor*, ou seja, na relevância dos fatores individuais — as escolhas, perceções e crenças dos protagonistas — como motores decisivos dos processos de mudança política. Huntington sublinha que as democracias não são criadas pelas causas, mas pelos causantes, isto é, pelas ações concretas das lideranças que interpretam e orientam as transformações históricas. Assim, no contexto da Península Ibérica, as transições para a democracia devem entender-se como o resultado de decisões e estratégias concebidas por elites políticas e institucionais que, a partir de dentro dos próprios regimes autoritários, reconfiguraram os equilíbrios de poder e negociaram o caminho para a abertura democrática, no caso português esse papel coube, num primeiro momento, essencialmente aos militares e aos civis que estes nomearam para assegurar, temporariamente, a preparação das condições para a institucionalização da democracia. Da mesma forma, a consolidação subsequente dessas democracias baseou-se, em grande medida, em pactos e consensos entre elites, que garantiram a estabilidade dos novos sistemas políticos e a continuidade de determinadas estruturas de poder herdadas do período anterior, mas também quais deveriam ser definitivamente abolidas.

No contexto espanhol, as elites formadas em contextos autoritários mantiveram uma elevada autoperceção de legitimidade institucional, derivada da sua continuidade nas estruturas do Estado, enquanto amplos setores sociais careciam dessa confiança. No caso português, estas tiveram de se "democratizar" rapidamente, de se aliarem aos sectores mais conservadores do novo poder revolucionário ou, a partir do "exílio", conspirar para o seu regresso a Portugal na condição intocada de elites, sobretudo, económicas, financeiras e intelectuais. Esta clivagem entre elites e cidadania, visível nos anos de transição, reproduziu um padrão análogo ao descrito para os contextos de governação global na era da globalização (Dellmuth et al., 2022): uma legitimidade assimétrica, sustentada pela posição estrutural e pela socialização institucional das elites, bem como pelos espaços geográficos, sociais, culturais, profissionais e económicos que ocupavam e nos quais desenvolviam a sua função dirigente. Essa leitura pode ser sustentada à luz das conclusões de Dellmuth, Scholte, Tallberg e Verhaegen (2022), que identificam a existência de um *elite–citizen gap* nos processos de legitimação política contemporâneos. Segundo estes autores, as elites tendem a desenvolver uma autoperceção elevada de legitimidade institucional, derivada da sua posição estrutural nas redes de poder e da socialização prolongada nas instituições políticas, económicas e culturais. Aplicando este enquadramento ao contexto ibérico, é possível compreender que as elites formadas sob o regime autoritário espanhol conservaram, durante a transição democrática, uma perceção de continuidade e legitimidade que reforçou a sua confiança nas novas instituições, enquanto amplos setores da sociedade se mantinham distantes ou desconfiados em relação a essas mesmas estruturas. No contexto português, como já fizemos menção, as elites formadas no Estado Novo sentiram, efetivamente, o seu *status* ameaçado e, em muitos casos, foram mesmo, ainda que apenas temporariamente, privados dele. Esta legitimidade assimétrica, alicerçada em trajetórias de socialização institucional e na ocupação de espaços geográficos, sociais, culturais, profissionais e económicos privilegiados, reproduz um padrão semelhante ao descrito por Dellmuth et al. no domínio da governação global: uma democracia formalmente renovada, mas ainda ancorada em mecanismos de legitimação herdados e desigualmente distribuídos entre elites e cidadãos.

Assim, os processos de democratização que ocorrem na Península Ibérica durante as transições democráticas de Espanha e Portugal devem ser interpretados no contexto da terceira vaga de democratização. Do mesmo modo, é necessário contextualizar, à luz das dinâmicas globais, os processos de sobrevivência, adaptação e mudança das elites, desde os regimes autoritários até aos regimes democráticos. A análise comparativa das transições democráticas em Espanha e Portugal pode ser aprofundada através de um estudo de caso específico sobre a Galiza e o Norte de Portugal, territórios que partilham não apenas uma história e uma estrutura socioeconómica semelhantes, mas também redes de poder e socialização das elites com forte continuidade no tempo, nomeadamente as lógicas clientelares, de caciquismo e de forte intervenção eclesiástica no dispositivo político local. Alberto Parmigiani (2022) evidencia o poder político e simbólico das elites económicas nas democracias ocidentais contemporâneas e a sua capacidade de exercer influência estrutural e instrumental sobre as instituições. Poderíamos, então, questionar: até que ponto as elites galegas e do Norte de Portugal, forjadas em contextos autoritários, conservaram, perderam ou viram reduzida essa capacidade de condicionamento das decisões políticas e dos mecanismos de representação democrática? Como se manifestou, nesta escala mesoterritorial, a articulação entre poder económico, legitimação simbólica e reprodução institucional das elites? E, sobretudo, em que medida esses processos de continuidade ou de rutura ajudam a compreender a assimetria de legitimidade entre elites e cidadania observada nas transições ibéricas? Mais do que qualquer outra questão, o que nos preocupa aqui é analisar, pensar e caracterizar esses processos — que não terão sido unívocos, lineares e sem sobressaltos e correções. Para isso, devemos dispor de materiais suficientes que nos permitam problematizar ambos os casos. É precisamente aqui que surge o interesse e o sentido deste livro coletivo, que procura analisar o Norte de Portugal através de estudos de caso que possibilitem, no futuro, uma problematização mais aprofundada, confrontando as suas conclusões com o caso galego.

1. Elites, Tecnocracia e mudança política na Galiza e no Norte de Portugal (1967–1977)

Os estudos sobre as elites parecem estar a regressar às secções de novidades das bibliotecas especializadas. A análise e a compreensão das redes institucionais e pessoais que sustentam a concentração do poder económico e político, seja a nível macro ou micro, conheceram um importante auge durante a Guerra Fria (Mills, 1956). No entanto, os modelos de análise dessas redes têm-se atualizado e complexificado nos últimos anos, ao mesmo tempo que se têm estudado as suas conexões dentro de limites espaciais que ultrapassam largamente o Estado-nação e o seu entorno fronteiriço imediato (Phillips, 2018). Assim, os mecanismos de concentração e reprodução do poder simbólico tendem, há décadas, a superar as fronteiras nacionais. Deste modo, o controlo estrutural dos espaços de poder e a dominação simbólica de recursos materiais e pós-materiais favorecem que estas elites se autolegitimem graças ao domínio estrutural desta variedade de meios e alavancas de influência. Mesmo os processos de substituição das elites devem ser compreendidos dentro da dinâmica de sobrevivência das próprias elites. Isto recorda o velho adágio lampedusiano: "para que tudo permaneça igual, é necessário que tudo mude".

O livro coletivo que aqui se apresenta é um dos resultados do projeto de investigação, financiado pelo Ministério da Ciência e Inovação do Reino de Espanha 'Elites, Tecnocracia e mudança política na Galiza e no Norte de Portugal (1967–1977)' no contexto das atividades de investigação do grupo de pesquisa em Historia Contemporánea (HC1) da Universidade de Vigo, financiado pela Xunta de Galiza. O projeto nasce, antes de mais, da constatação de que a historiografia galega apresentava um atraso de cerca de vinte anos em relação a outras historiografias regionais no que concerne ao tardofranquismo e à transição para a democracia. Era também notório que não se produzira ainda qualquer esforço no sentido de olhar e pensar o processo de transição democrática na Galiza cruzado com o que, do lado de lá da fronteira, se passou em Portugal e, sobretudo, no norte do país nessa mesma cronologia, não havendo espaços de colaboração ou de comparação. A pertinência desta abordagem comparativa é ainda mais pertinente se tivermos em conta a coincidência temporal dos processos que antecederam a transição política em Espanha e a revolução portuguesa. Parece, portanto, necessário estabelecer algum tipo de comparação com o que aconteceu do outro lado da fronteira, especialmente no que diz respeito ao desenvolvimento, à mudança, à adaptação, à sobrevivência e à substituição das elites políticas, sociais, económicas, culturais e intelectuais em Portugal, antes e durante a revolução. Desta forma, disporemos dos elementos necessários para desenvolver um trabalho comparativo que, sem este passo prévio, não poderia ser alcançado.

Em Portugal, embora se tenham já desenvolvido alguns trabalhos prosopográficos e de levantamento em extensão (ao longo de toda a contemporaneidade) acerca dos ministros, dos deputados, dos governadores civis e dos presidentes de câmara (Camerlo et al., 2020; Sousa, 2014; Lisboa et al., 2006; Rosas et al., 2010; Viegas, 1996; Pinto & Freire, 2003; Caeiro, 2004; Garcês, 2005), a verdade é que a historiografia portuguesa carece ainda de trabalhos de fundo sobre as suas elites locais ou rurais — a este respeito surgem como exceções estudos de caso sobre Évora (Santos, 2005), Portalegre (Almeida, 2003) e Vila Real (Costa, 2021). Isto é especialmente relevante para regiões que, sendo de província, apresentavam já nos anos finais do Estado Novo um grau de complexidade político-social, de influência eclesiástica e de tendências de modernização e industrialização que começavam a pôr em causa o seu perfil essencialmente rural. Este é o caso de Braga, um dos distritos que é alvo de análise em vários dos capítulos desta obra. Por outro lado, o estudo do Porto — segundo polo urbano de Portugal e importante foco de industrialização e modernização — permite compreender as dinâmicas existentes num território que, apesar de muito significativo em termos nacionais, continuava a ser secundarizado em relação a Lisboa. Isso traduz-se em dinâmicas centro-periferia que também podem servir como elemento de comparação entre a Galiza e Madrid. O papel das periferias subalternizadas de Estados altamente centralizados, como foi o caso do Franquismo e do Salazarismo, assume dinâmicas próprias e uma função centrípeta — a sua análise a partir de uma perspetiva mesoterritorial permitira, assim, obter uma visão mais matizada das relações centro-periferia em ambos os contextos regionais em estudo. Assim, a Galiza e o norte de Portugal, espaços indiscutivelmente periféricos, poderão apresentar várias semelhanças que o exercício comparativo a que nos propomos permitiria destrinçar. Permitiria, igualmente, compreender o impacto que o modelo de democratização teve em ambas as regiões ao nível da manutenção, renovação ou substituição das elites locais.

O projeto de investigação que vimos apresentando propõe-se identificar a origem e a procedência das elites de poder na Galiza e no Norte de Portugal entre os anos finais do franquismo e a transição para a democracia. No caso português, os anos finais do Estado Novo — quando o regime começa a demonstrar várias fragilidades, a sofrer mais severamente as consequências das guerras coloniais que mantinha desde 1961 em três das suas colónias africanas, a perder parte da sua base social de apoio, mais interessada numa abertura, ainda que muito controlada, do sistema político e económico que permitisse aproximar o país da Europa em termos de desenvolvimento e de horizonte — são marcados pela nomeação de Marcelo Caetano, em 27 de Setembro de 1968, para Presidente do Conselho de Ministros. Com efeito, a promessa de uma 'primavera marcelista', apesar de uma ligeira abertura inicial, defraudou até aqueles que, fiéis ao regime ou, pelo menos, não adeptos do seu derrubamento violento, acreditaram que era possível reformar o sistema a partir do aparelho de Estado. Rapidamente, enfrentando a oposição clandestina do Partido Comunista Português e de outros sectores políticos, a contestação moderada e contida dos tecnocratas liberais que administravam o Estado, dos católicos progressistas que se levantaram corajosamente em defesa do fim da guerra colonial, dos sectores militares que defendiam uma solução política para a guerra em África e dos sectores ultra, militares e civis, que conspiravam para o derrubar e instalar no poder alguém que seguisse a ortodoxia salazarista, Marcelo acabou por recuar e contrariar todos os tímidos sinais de abertura que havia mostrado no início do seu mandato.

Com efeito, as elites portuguesas eram já muito distintas daquelas que Salazar conseguiu unificar em torno do seu projeto de poder absoluto pessoal entre 1928 e 1933. De resto, até aos anos 1950 — quando a pressão do Plano Marshall e dos sectores desenvolvimentistas do regime o obrigaram a mudar de política —, Salazar apostara na conservação e reprodução do perfil das elites nacionais, essencialmente rurais e agrícolas ou, quando industriais ou financeiras, ligadas a monopólios construídos com o apoio do Estado. Temendo os efeitos moral e politicamente dissolventes da industrialização e da modernização da economia portuguesa, Salazar procurou beneficiar os interesses das elites latifundiárias, profundamente absentistas, cujo rendimento advinha dos salários de miséria praticados nos campos do Sul e do

Ribatejo e totalmente adversas à modernização da exploração agrícola e da sua capitalização. Por outro lado, procurou sempre manter na sua órbita os detentores dos grandes monopólios industriais e financeiros nacionais, impedir a concorrência interna ou externa e conservar nos lugares de destaque da economia e da finança nacionais personagens fiéis. A nível regional, a teia entre poder económico, poder religioso, poder social e poder político era muito densa. Não raramente, como vemos em vários estudos que são apresentados neste volume, os lugares do aparelho corporativo a nível local, da propriedade fundiária ou industrial e do poder local eram ocupados pelas mesmas pessoas, revelando uma elevadíssima incidência da reprodução social do privilégio e da distinção. Ser particularmente ativo e empenhado na aplicação das diretivas do Estado central salazarista na província era também uma estratégia das elites locais para conquistarem o favor do governo e ascenderem na hierarquia das elites, eventualmente conquistando um lugar nos organismos centrais do regime.

O corporativismo português foi uma das estruturas em que assentou a longevidade do salazarismo. Este permitiu, simultaneamente, controlar e disciplinar o movimento operário e sindical e criar 'um quadro orgânico de regulação e equilíbrio entre os diversos sectores das classes dominantes e as suas estratégias de acumulação' (Rosas, 2013: p. 281). O enunciado teórico do corporativismo de associação defendido pelo regime (organicista, natural e não imposto pelo Estado) pode ser encontrado na Constituição de 1933, no Estatuto do Trabalho Nacional e nos discursos que, nesse período de implementação e consolidação do regime, Salazar proferiu acerca do tema. Porém, não havia entre as 'forças vivas' do país o espírito associativo que este tipo de corporativismo exigia, nomeadamente na negociação entre patronato e trabalhadores. Neste sentido, o corporativismo teve sempre de ser imposto e regulado pelo Estado. Seja como for, o corporativismo era entendido como a expressão política da 'nação orgânica' e do 'organismo nacional'. Assim, para garantir a submissão à reposição das taxas de lucro e à acumulação capitalista, o corporativismo procurava impor o 'consenso' através de uma política de criação de emprego e de proteção social e salarial.

Na conjuntura de falência das teses económicas do liberalismo clássico e das diferentes respostas de intervenção estatal na economia que se foram formulando no mundo ocidental, o corporativismo deve ser entendido como a resposta fascista e parafascista a essa necessidade universalmente sentida.

Além da resposta à crise presente, e ainda tendo em mente a descredibilização do *laissez faire* e da 'mão invisível do mercado', o corporativismo é também um instrumento de intervenção dos Estados fascistas na economia tendo em vista a prevenção das crises cíclicas do capitalismo. A ação de unificação da burguesia será confiada ao Estado que, através do corporativismo, da política de obras públicas, das campanhas do trigo e do condicionamento industrial oferecerá, pelo menos até meados dos anos 1950, um modelo de recuperação e de acumulação que agradará a todas as partes. Através do corporativismo e de outros instrumentos de intervenção estatal, o regime contribuirá ainda para a recuperação e acumulação através da proibição, na prática, da concorrência e do favorecimento da constituição de monopólios produtivos, comerciais e financeiros.

Deste modo, o corporativismo estado-novista pode ser visto como o principal instrumento de formação, consolidação e reprodução das elites nacionais, agindo como uma ferramenta central da vigilância e da disciplina sociais e impedindo o surgimento de conflitos entre as diferentes classes sociais. Como afirmou Rosas, 'o discurso corporativo nascia assim, em Portugal, fruto de uma dupla urgência para os grupos sociais dominantes: a de prevenir a subversão social e a de regular e arbitrar a vida económica cuja crise fazia perigar a prosperidade e os lucros. E essa dupla emergência ditará as duas principais vertentes da funcionalidade prática do corporativismo enquanto regime: instrumento de 'ordem' e 'disciplina social', por um lado, braço principal da intervenção reguladora do Estado Novo na vida económica' (Rosas, 2012: p. 26). A este aparato de controlo social confiava-se-lhe a contenção e repressão do movimento operário, a redução dos custos do trabalho, a proibição e eliminação do sindicalismo livre e de classe, a proibição da greve, a perseguição, detenção e deportação dos dirigentes sindicais e políticos do movimento operário e a diminuição radical do poder relativo do trabalho em relação ao capital e ao Estado. Tendo todos estes elementos em conta, não espanta que as elites — nacionais e locais — portuguesas tenham aderido entusiasticamente ao Estado Novo e ao salazarismo.

No caso português, os quatro planos de fomento e o plano intercalar de fomento foram fundamentais para a reconfiguração económica, geográfica e social do regime. A acumulação de ouro e divisas graças ao comércio durante a 2.ª Guerra Mundial com a Alemanha e à miséria a que foi sujeito o povo português e a existência de uma balança comercial positiva antes e durante a guerra garantiram que 'no rescaldo da Segunda Guerra Mundial, a economia portuguesa era herdeira de um conjunto de condições que favoreciam o seu crescimento, incluindo um Estado organizado, embora autoritário, um conjunto apreciável de infraestruturas de transportes, energia ou irrigação e alguns sectores mais avançados' (Costa, Lains & Miranda, 2011: p. 381). O fomento económico do pós-guerra vai focar-se, essencialmente, em recuperar o atraso na industrialização do país e em lançar um ambicioso programa de obras públicas. Assim, vai haver um estímulo à criação e ao desenvolvimento de novas indústrias transformadoras em sectores estratégicos e em que Portugal era excessivamente dependente de importações. Para atingir esse desiderato, o Estado entrou para o capital de empresas, implementou sistemas de crédito bonificado, decretou isenções e benefícios fiscais e reforçou medidas de controlo da concorrência. Surgiram ainda novas e importantes indústrias nos sectores da celulose, da refinação de petróleo, da siderurgia, da petroquímica e dos adubos (Cardoso, 2015). Registou-se igualmente uma reorganização industrial, 'através de ganhos de economias de escala, de mecanismos de concentração, de substituição de equipamentos ou de expropriações por utilidade pública' (Cardoso, 2015: p. 128). No fundo, implementam-se medidas no sentido da modernização e da racionalização da gestão empresarial. Além destas dimensões, os planos de fomento vão ainda focar-se na qualificação da mão-de-obra e no aumento da produtividade, na conjugação das diversas políticas sectoriais, na criação de uma rede de infraestruturas de transportes e no alargamento da cobertura da rede elétrica nacional. Por fim, tentando compensar a perda de mão-de-obra para o êxodo rural, a emigração e a guerra, apostar-se-á também na modernização e industrialização de alguns sectores agrícolas. Fruto da adesão à EFTA e das necessidades de capital para a modernização em curso, o Estado vai abrir a economia portuguesa ao investimento estrangeiro. Assim, como sublinha Cardoso, 'o lançamento da rede de autoestradas, a criação dos principais aeroportos do país, a adjudicação e início da construção da ponte sobre o Tejo, a inauguração do Metropolitano de Lisboa, a conclusão de barragens e dos programas hidroelétricos de abastecimento de energia e de hidráulica agrícola foram marcas dos primeiros planos de fomento que indiciavam a entrada numa nova e decisiva fase do crescimento económico em Portugal' (Cardoso, 2015: p. 132). Esta redefinição da política e das prioridades económicas do país vai, necessariamente, traduzir-se numa alteração das hierarquias sociais e no perfil das elites nacionais. Embora potenciando transformações mais lentas em contextos rurais, as reformas económico-sociais do Estado Novo não deixarão de se fazer sentir nas elites locais, como veremos em vários dos estudos aqui apresentados.

O conceito de elite constitui uma das ferramentas analíticas mais debatidas da teoria social e política. A sua relevância para o estudo das transições políticas, das estruturas de poder e das dinâmicas de dominação tem sido amplamente reconhecida, mas o seu uso está longe de ser unívoco. Longe de aludir a uma categoria empiricamente neutra, o termo elite remete para uma noção complexa, em permanente redefinição, que exige uma cuidadosa delimitação concetual e metodológica. Não existe um consenso definitivo sobre quem integra as elites, quais as funções que desempenham ou quais são os mecanismos que permitem o acesso, a reprodução ou a substituição histórica (Savage et al., 2008). Os estudos clássicos sobre as elites — principalmente os de Mosca, Pareto e Michels — partem de uma ideia estrutural: em todas as sociedades existe uma minoria que detém o poder efetivo e uma maioria que, por diversas razões, permanece excluída. Para Vilfredo Pareto, essa minoria é composta por indivíduos excecionais que ocupam posições de influência graças ao seu talento, engenho ou capacidade organizativa. A chave da estabilidade política reside, segundo a sua célebre formulação, na "circulação das elites", ou seja, na substituição parcial de seus membros através de mecanismos de seleção funcional que impedem a cristalização de uma casta fechada (Pareto, 1901). Gaetano Mosca (1896), por sua vez, concetualiza a elite como uma classe política que monopoliza o poder através do controlo dos meios coercivos e organizativos do Estado. Embora admita certa mobilidade social, sustenta que as elites tendem a transformar-se em grupos endogâmicos, especializados em preservar o seu estatuto através de mecanismos institucionalizados. Essa preocupação com o fechamento das elites será retomada por Robert Michels (1911), que, na sua análise dos partidos políticos, formulou a "lei de ferro da oligarquia": toda as organizações, mesmo as democráticas, tendem a concentrar o poder numa minoria dirigente centrada no desenvolvimento dos seus interesses e acabam por reproduzir relações de dominação. Max Weber (1999) contribuiu para essa tradição ao relacionar o surgimento das elites modernas com a profissionalização da política e da burocracia. A sua noção de "classe política" remete àqueles que vivem "para" e "da" política, dentro de estruturas legais-racionais que exigem uma competência técnica crescente. Para Weber, as elites modernas não devem a sua posição apenas à sua origem social, mas também à sua capacidade de navegar e agir eficazmente no contexto institucional vigente. Deste modo, este tipo de raciocínio é aplicável a qualquer contexto político, incluindo o das autocracias ou o dos estados totalitários e ditatoriais.

Durante o século XX, as teorias das elites bifurcaram-se entre posições pluralistas e críticas. As abordagens pluralistas, como as de Robert Dahl (1961), negaram a existência de uma elite unificada e propuseram, em contrapartida, uma multiplicidade de elites setoriais que competem num mesmo meio institucional que permite o equilíbrio de interesses. Essa visão foi questionada por autores como Charles Wright Mills (1956), que sustentou que nas democracias liberais modernas existe uma elite coesa composta por líderes políticos, económicos e militares, com capacidade de coordenar interesses estratégicos para além do controle democrático. A partir de posições mais críticas, Nicos Poulantzas propôs uma leitura estrutural das elites marxista, articulando-as com a existência com as frações de classe e com o aparelho estatal (Poulantzas, 1973). Pierre Bourdieu (1999), por sua vez, desenvolveu uma teoria relacional do poder através do conceito de campo, ressaltando como as diferentes formas de capital (económico, social, cultural, simbólico) estruturam as posições dominantes nos diversos espaços sociais. Nessa ótica, as elites não são simplesmente "quem manda", mas sim aquelas que acumularam capital suficiente para dominar as regras do jogo num determinado campo.

Uma das contribuições mais relevantes no âmbito dos estudos sobre transição política é a que oferece John Higley. Na sua proposta, as elites classificam-se segundo o seu grau de coesão interna e a sua relação com a estabilidade do regime: elites desunidas, ideologicamente unificadas, consensualmente unificadas e imperfeitamente unificadas. Esta tipologia é útil para explicar por que certas transições derivam em sistemas democráticos estáveis, enquanto outras resultam em crises, regressão autoritária ou paralisia institucional (Higley, 2010). Nesse sentido, os trabalhos de Higley e Burton (2006) mostraram como a passagem de uma elite desunida para uma elite consensualmente unificada é condição necessária para a consolidação de uma democracia estável. Outra abordagem contemporânea relevante para os estudos ibéricos é a centrada nos tecnocratas. Em contextos de reforma autoritária ou modernização económica, as elites técnicas — formadas por engenheiros, economistas ou planeadores — desempenharam um papel central na gestão estatal e na abertura dos regimes a formas de economia mista. No caso português, diferentes estudos examinaram o peso crescente dessas elites nos anos finais do Estado Novo (Rollo, 2007). Sob uma ótica comparada, os trabalhos de Dezalay e Garth ou Silva destacaram como o perfil tecnocrático permitiu a certas elites aceder ao poder graças a critérios de competência técnica mais do que ideológicos, especialmente na América Latina e no sul da Europa (Dezalay e Bryant, 2006).

Metodologicamente, o estudo das elites tem beneficiado do uso da abordagem prosopográfica, que permite reconstruir trajetórias coletivas a partir de variáveis como a origem social, a formação, a ocupação ou a afiliação institucional. Essa abordagem tem sido particularmente útil na análise de elites locais e regionais, onde as redes de poder costumam apresentar uma forte sedimentação histórica e articulação entre esferas políticas, económicas e religiosas (Almeida, 2003). No caso do norte de Portugal e da Galiza, onde a transição foi vivida com dinâmicas próprias, o estudo prosopográfico gráficopermite revelar padrões de continuidade, cooptação ou exclusão nos processos de transformação das elites entre 1967 e 1977. Em suma, falar de elites não implica simplesmente identificar os agentes históricos mais "poderosos", mas analisar as estruturas sociais, económicas, simbólicas e institucionais que tornam possível a sua emergência, reprodução e legitimação. A categoria de elite, entendida criticamente, permite abordar de forma complexa os processos históricos de mudança e permanência nas sociedades contemporâneas, particularmente em contextos de transição.

A leitura da Galiza e do Norte de Portugal como periferias persistentes mantém plena atualidade e revela-se indispensável para compreender os seus processos históricos, políticos e intelectuais. Tal como propõe Vítor Neves (2022), a análise das produções científicas e discursivas em contextos periféricos deve partir de um enquadramento epistemológico próprio, que reconheça a posição estrutural destas regiões nos sistemas de poder e de conhecimento. Não se trata de reforçar uma narrativa de subalternidade, mas de reivindicar a especificidade epistémica das periferias, enquanto espaços de mediação, apropriação e recriação de ideias provenientes dos centros hegemónicos. Seguindo esta perspetiva, José Reis (2022) sublinha que a economia portuguesa — e, por extensão, o pensamento político e social que a acompanha — se constrói em condições de dependência cognitiva e institucional, onde a circulação das ideias se faz de modo desigual e assimétrico. Essa lógica, que Pierre Bourdieu

(1999) identificaria como resultado da distribuição desigual do capital simbólico no campo científico, aplica-se igualmente aos processos de formação e reprodução das elites políticas e económicas no Noroeste ibérico.

A Galiza e o Norte de Portugal, apesar das suas diferenças históricas e administrativas, partilham uma condição semiperiférica estrutural (Neves, 2022), marcada pela posição intermediária entre os centros de decisão económica e política e as margens sociais e territoriais. Esta condição traduz-se em formas híbridas de modernidade, nas quais coexistem padrões de continuidade institucional e momentos de rutura controlada. Tal como argumenta Neves, o estudo destes contextos requer "uma história nacional-internacionalista das ideias, capaz de compreender como as periferias dialogam, resistem e reinterpretam os paradigmas centrais" (Neves, 2022: 18). Assim, compreender a Galiza e o Norte de Portugal a partir de um mesmo quadro epistemológico não é apenas uma opção metodológica, mas uma exigência analítica: ambas as regiões constituem laboratórios periféricos de poder e de saber, onde as elites políticas, económicas e intelectuais operam mecanismos de adaptação e legitimação que refletem, em escala reduzida, as dinâmicas mais amplas das democracias ibéricas e europeias.

2. Elites políticas na revolução portuguesa (1974–1975)

Em '"De varapau e roçadoira na mão, com o cura e os notáveis à frente": revolução, contrarrevolução e elites na democracia portuguesa (1974–1975)', Bruno Madeira propõe-se analisar a reconfiguração das elites portuguesas no contexto da revolução e da democratização do país. A revolução permitiu, com efeito, uma rutura com o quadro de imobilidade e reprodução social das elites, observada nos capítulos anteriores, e uma, ainda que temporária, alteração na relação de forças entre os diferentes grupos e classes sociais. Partindo da teoria geral das elites, procura equacionar a formação e configuração do novo sistema político-partidário à luz do permanente e intenso processo de construção da unidade entre os diferentes agentes políticos e a posterior rutura e conflito totais entre os mesmos. De resto, no período mais agudo da revolução, Madeira procura demonstrar que a propaganda e a violência política anticomunistas consistiram numa plataforma unitária que, direta ou indiretamente, juntou Partido Socialista, Partido Popular Democrático, Centro Democrático Social, Igreja, sectores conservadores e contrarrevolucionários e extrema-direita. Apesar da rutura desta frente anticomunista após o 25 de novembro de 1975, o texto conclui pela existência desse compromisso, ainda que apenas tácito, da cada vez mais consolidada nova elite democrática portuguesa. Esse compromisso teceu-se em torno do programa mínimo anticomunista e da construção de uma democracia liberal no país, desiderato que não era partilhado pela extrema-direita mas que esta foi obrigada a aceitar como o preço a pagar pelo ajuste de contas e a marginalização dos comunistas e dos socialistas revolucionários civis e militares dos órgãos de poder.

Procura-se ainda refletir sobre as tentativas de ajuste na correlação de forças à direita, que visando o reforço do PPD e do CDS, passou pelo financiamento, até 1979 (ano em que o bloco da direita conquistou o poder executivo), a grupos, publicações e editoras da extrema-direita. Este projeto visou ainda reabilitar um amplo conjunto de figuras ligadas ao Estado Novo e à contrarrevolução em 1974 e 1975, podendo estas regressar livre e tranquilamente ao país e reassumir os lugares que haviam abandonado quando fugiram à justiça revolucionária. Trata-se, sem dúvida, de um projeto de ajuste de contas com o espírito de abril que uniu todas as direitas e que foi iniciado pela Aliança Democrática e amplamente consolidado no longo consulado de Cavaco Silva (1985–1995).

O estudo das elites políticas na revolução portuguesa constitui um exercício fundamental de articulação entre a teoria das elites e o processo revolucionário português. Ao analisar os anos de 1974 e 1975, o texto de Bruno Madeira demonstra como a Revolução de Abril abriu espaço para uma recomposição profunda das elites políticas, pondo em causa não apenas os protagonistas do Estado Novo, mas também os mecanismos de reprodução e de legitimação do poder. O texto evidencia a tensão entre as diferentes frações da elite — conservadoras, democráticas e revolucionárias — e a sua progressiva reorganização em torno de um consenso mínimo, que desembocará na consolidação do regime democrático.

Neste sentido, a análise dialoga diretamente com a tipologia proposta por John Higley (1992), nomeadamente a passagem de "elites desunidas" para "elites consensualmente unificadas" como condição necessária para a estabilidade de uma nova ordem política. A recomposição das elites após as eleições constituintes de 1975, bem como os acontecimentos de Novembro do mesmo ano, ilustram precisamente este processo. Ao mesmo tempo, a abordagem sugere a pertinência de considerar também as "contra-elites", no sentido de grupos políticos ou sociais que, ainda que minoritários ou radicais, foram capazes de afetar de forma substancial os resultados políticos do período revolucionário.

O capítulo revela, portanto, como a transição portuguesa não pode ser compreendida apenas pela mobilização popular ou pelas transformações institucionais, mas também pela capacidade das elites em redefinir os seus equilíbrios internos e em construir compromissos que asseguraram a viabilidade da democracia liberal. Neste ponto, o estudo reforça o valor do conceito de elite enquanto ferramenta analítica, confirmando que a história política do período se esclarece melhor quando observada através das lógicas de cooptação, exclusão e recomposição das minorias dirigentes.

3. Os Governadores Civis como agentes do poder central

Em 'Os Governadores Civis de Braga, Porto e Viana do Castelo (1957–1980). Os Agentes do Poder Central nos Distritos entre a Ditadura e a Democracia', Conceição Meireles Pereira e Isilda Monteiro analisam a evolução dos Governadores Civis dos três distritos do noroeste peninsular entre os finais do Estado Novo e o início da democracia. Para o efeito, construíram perfis sociopolíticos de 22 destes agentes. Tratam-se de perfis formulados a partir da identificação do seu perfil social e político, da sua naturalidade, do contexto social de origem, da atividade profissional, da ligação com o distrito para o qual foram nomeados, do significado e do impacto dos seus mandatos. Também relevante no contexto da democratização foi a exoneração dos governadores civis do Estado Novo na sequência da revolução e nomeação de novos entre agosto e setembro de 1974, assim como a relativa instabilidade do cargo devido às vicissitudes do processo revolucionário e da evolução da correlação de forças interna.

Os Governos Civis foram criados, pelo liberalismo, em 1835 através da Divisão Administrativa, que estabeleceu 17 distritos no continente e nas ilhas adjacentes. O Governo Civil deveria funcionar como um elo que facilitasse o contacto entre o novo sistema e poder político central e o poder local. Tratava-se, no fundo, de um braço local do poder nacional, fazendo com que o Estado central estivesse presente em todo o território. O Governo

Civil era ainda responsável por coordenar todos os serviços do Estado no distrito. Revelador da sua implantação e relevância é o facto do modelo dos governadores civis se ter mantido vigente na Monarquia Constitucional, na I República, no Estado Novo e na Democracia. Por fim, estes organismos podiam ainda controlar e cercear as liberdades e direitos das autarquias e dos cidadãos locais e impor, no contexto do Estado Novo, 'a sua conceção político-administrativa centralista e corporativa'. De acordo com as autoras, o cargo era sempre assumido por homens de confiança do poder executivo, a quem competia a sua nomeação. Fruto da rutura política verificada nesse período, esta elite política foi substituída no pós-25 de Abril 'com o propósito de retomar a tradição demoliberal de ligação às comunidades locais e cumprir os desígnios de descentralização'. Vistos já como sendo apenas organismos nos quais se arranjavam postos de trabalho bem remunerados para as clientelas partidárias, os Governos Civis foram extintos em 2011.

Meireles Pereira e Monteiro identificaram quatro grandes vagas de substituição de governadores civis na cronologia em estudo. A primeira, em setembro de 1968, coincide com a chegada de Marcelo à Presidência do Conselho. Entre outubro de 1968 e novembro de 1969, 13 governadores civis foram exonerados e substituídos por homens da confiança do primeiro-ministro e do ministro do Interior, António Gonçalves Rapazote. Os três distritos em estudo foram abarcados por esta renovação dos principais quadros distritais do regime. A segunda, entre abril e setembro de 1974, pautou-se pela exoneração dos Governadores Civis do Estado Novo em abril e pela nomeação de novos entre agosto e setembro. A terceira, em setembro de 1976, aquando da entrada em funções do I Governo Constitucional. A quarta, em fevereiro de 1980, depois da entrada em funções do governo da Aliança Democrática, chefiado por Sá Carneiro. Este último exonerou 15 Governadores Civis em fevereiro de 1980. Nos três distritos em estudo, foram substituídos homens fortemente ligados ao PS por quadros da direita. Com efeito, em qualquer uma das quatro vagas identificadas revela-se o padrão de submissão das escolhas dos representantes do governo central nos distritos às afinidades partidárias dos escolhidos.

Entre 1957 e 1980, 8 indivíduos exerceram o cargo de governador civil em Braga (5 antes do 25 de Abril e 3 depois), 7 no Porto (6 antes do 25 de Abril e 1 depois) e 7 em Viana (5 antes do 25 de Abril e 2 depois). A ditadura (1926–1974) revelou uma duração média no cargo superior à dos outros regimes políticos que marcaram o século XX português. A inexistência de rotatividade política traduzia-se numa maior estabilidade na direção dos organismos. No que concerne ao perfil etário dos Governadores Civis do Noroeste português, concluiu-se que predominam os grupos etários 50–54 e 55–59 anos. As autoras concluíram ainda que a maioria dos homens que ocuparam os cargos na cronologia e na geografia em estudo eram naturais do distrito ou tinham sólidas relações familiares, formativas ou profissionais com o mesmo desde cedo. No que diz respeito à profissão, à formação académica e aos percursos profissionais, políticos e cívicos, o grupo dos juristas é o mais significativo e a licenciatura em direito a predominante em termos de formação académica. Destaca-se também a experiência prévia no desempenho de várias posições e cargos nos sectores público e privado e percursos consolidados de progressão na carreira. Por fim, tanto no Estado Novo como na democracia nascente, verificou-se uma total hegemonia masculina e uma inequívoca preponderância de licenciados.

A análise prosopográfica dos Governadores Civis de três distritos do Noroeste — Braga, Porto e Viana do Castelo — entre 1957 e 1980 resulta muito interessante. A escolha deste recorte cronológico permite compreender, em simultâneo, a lógica de recrutamento e de funcionamento desta instituição durante os últimos anos do Estado Novo e os primeiros da democracia. O estudo evidencia que os Governadores Civis, enquanto representantes diretos do poder central nas capitais de distrito, constituíram uma elite política de carácter intermédio, mediadora entre o governo de Lisboa e as comunidades locais.

O texto mostra como o cargo se caracterizava por forte dependência do executivo central e como, ao mesmo tempo, se revelava espaço de afirmação pessoal e de acumulação de capital político e social. O perfil dos titulares — em termos de origem social, formação e carreira profissional — confirma a persistência de critérios de confiança política e de fidelidade ao regime, mais do que de competência técnica. Ainda assim, nota-se a existência de trajetórias diferenciadas, que por vezes abriram caminho a carreiras políticas ou cívicas mais amplas.

Com a Revolução de Abril de 1974, os Governadores Civis foram imediatamente exonerados e substituídos, sinal da necessidade de romper com figuras identificadas com a ordem anterior. Contudo, o estudo revela também elementos de continuidade: certos padrões de recrutamento permaneceram, e a instituição em si prolongou-se até 2011, quando finalmente foi extinta.

A análise permite, assim, pensar a elite dos Governadores Civis como um exemplo paradigmático do modo como as estruturas autoritárias conseguiram sobreviver a diversas transições políticas, adaptando-se a novos contextos e reproduzindo parte das suas lógicas internas.

A leitura deste capítulo reforça a ideia de que o conceito de elite não deve ser reduzido a círculos restritos do poder económico ou parlamentar, mas deve englobar também instituições intermédias, responsáveis por manter a ligação entre centro e periferia e por assegurar a reprodução territorial do regime (Pires, 2013).

4. Elites empresariais e resistências operárias no distrito de Braga

Em 'Dinâmicas e resistência nas elites empresariais e operárias do distrito de Braga: do Estado Novo à democracia (1960–1974)', Jorge Mano Torres parte da análise do Estatuto do Trabalho Nacional para refletir sobre a construção do corporativismo português. O ideal era o corporativismo de associação em que o Estado assumiria apenas um papel secundário de regulador ou de árbitro. Porém, dadas as resistências do patronato, a intervenção do Estado teve de ser constante e cada vez mais intensa, originando aquilo que o autor classificou como um 'corporativismo estatal e parcial'. Por outro lado, a ausência de poder legislativo da Câmara Corporativa, fazendo dela um mero órgão consultivo e subordinado ao Governo, revela a escassa convicção corporativa do regime. Tal como se disse anteriormente nesta introdução, o corporativismo foi visto pelo Estado Novo, antes de qualquer outra coisa, como um instrumento de disciplina social, de controlo do movimento operário, de proibição do sindicalismo livre e da greve e da criação de organismos interclassistas onde predominavam as classes dominantes, que fixavam uma política laboral e salarial de acordo com os seus interesses particulares.

Inicialmente de adesão voluntária, em 1939 a inscrição no sindicato respetivo passa a ser obrigatória para todos os trabalhadores, o que revela o relativo insucesso que os sindicatos nacionais haviam conhecido até esse momento. No campo do patronato, os grémios (da lavoura, da indústria ou do comércio) eram as estruturas de organização e representação preferenciais. Como alerta o autor 'apesar de os grémios obrigatórios terem constituído uma minoria na orgânica corporativa patronal, e de terem sido criados com carácter excecional (para fazerem face à falta de espírito associativo do patronato), foram aqueles com maior impacto nas atividades económicas que regulavam'. De resto, durante a década de 1950, a organização corporativa ficaria concluída com a criação dos organismos intermédios (federações e uniões de organismos primários) e das corporações, que deviam coordenar e fiscalizar a atividade dos organismos primários. Revelador da industrialização do país nesse período, ao contrário das Casas do Povo que, em termos de associados, estabilizaram entre as décadas de 1950 e 1970, os Sindicatos Nacionais conheceram um crescimento muito significativo nesse período. Assim, no final de década de 1960, os Sindicatos Nacionais tinham mais cerca de 600.000 associados que as Casas do Povo. Neste sentido, como conclui o autor, o facto de terem existido muito mais Casas do Povo do que Sindicatos Nacionais está longe de indicar uma maior preponderância ou representatividade das primeiras.

Ainda que maioritariamente agrícola, a região viria a conhecer o desenvolvimento de importantes polos industriais nos concelhos de Braga, Guimarães e Vila Nova de Famalicão (têxtil). Em 1940, 33% da população ativa do distrito trabalhava na agricultura e apenas 13% na indústria. Em 1970, 35% dos trabalhadores distritais estavam empregados na indústria e 30% na agricultura. Em 1940, o setor têxtil empregava 60% dos trabalhadores do sector secundário e em 1970 54%. O distrito teve 22 Sindicatos Nacionais, sedeados em apenas 3 concelhos — Braga, Guimarães e Barcelos —, ainda que com secções locais em Fafe e Vila Nova de Famalicão. 91% dos sindicatos do distrito foram criados entre 1934 e 1939, o que revela uma relativa estabilidade dos principais sectores produtivos industriais do distrito. Em 1940, os sindicatos nacionais do distrito contavam com 19.721 sócios (contra os 1.317 das casas do povo) e, em 1970, 78.956 (contra os 32.926 das casas do povo).

O principal sindicato dos 22 estabelecidos no distrito, foi o dos Operários da Indústria Têxtil, sedeado em Guimarães e com quatro secções concelhias: Braga, Barcelos, Vila Nova de Famalicão (a mais importante) e Fafe. Contrariamente ao que ocorria nos Grémios, regista-se uma rotatividade considerável na direção do sindicato e das suas secções. Como refere o autor, não é possível identificar uma elite sindical, não só devido às características do regime vigente como também à elevada rotatividade na ocupação dos cargos diretivos. Por outro lado, identifica-se uma elite industrial bem consolidada e firmemente apegada ao controlo sobre os seus sectores de atividade.

O capítulo de Jorge Mano Torres examina as elites empresariais e a organização operária em Braga entre 1960 e 1974, sublinhando as ambiguidades e tensões do corporativismo português. O autor demonstra como o Estatuto do Trabalho Nacional e a rede de sindicatos nacionais, grémios e casas do povo constituíram instrumentos de disciplina social, destinados a enquadrar patronato e trabalhadores sob a tutela do Estado.

Neste contexto, as elites empresariais beneficiaram claramente da estrutura corporativa, que lhes permitia condicionar salários, controlar condições de trabalho e manter a sua posição de poder económico e social. O corporativismo funcionava, assim, como mecanismo de reforço das hierarquias locais, favorecendo a reprodução de uma elite patronal que se projetava para além do espaço económico, intervindo também na política regional e nacional.

O capítulo revela, no entanto, que a ordem corporativa não se impôs sem resistências. Apesar da proibição do sindicalismo livre e da greve, surgiram formas de contestação operária que desafiaram, ainda que de modo limitado, a hegemonia patronal. Estas resistências, expressas em mobilizações clandestinas ou em práticas quotidianas de oposição, mostram que também os trabalhadores podiam configurar-se como "contra-elites", no sentido atribuído por Higley: grupos capazes de afetar substancialmente os resultados políticos e de introduzir fissuras no edifício autoritário.

A articulação entre elites empresariais e resistências operárias permite, portanto, pensar a complexidade da realidade bracarense no final do Estado Novo. Por um lado, evidencia-se a eficácia do corporativismo como instrumento de reprodução das elites; por outro, confirmam-se os limites dessa dominação, sublinhando a importância de considerar as interações entre poder e resistência como parte integrante do estudo das elites. O texto contribui, assim, para ampliar a noção de elite, incorporando a dialética entre dominação e contestação (Poulantzas, 1977).

5. Elites locais e o poder municipal no Porto

Jorge Mota, em 'Elites e poder local: os presidentes da Câmara Municipal do Porto entre o fim do Estado Novo e o pós-25 de Abril (1962–1980)', dedica-se à análise dos percursos pessoais, profissionais, cívicos e políticos dos presidentes da Câmara Municipal do Porto, procurando identificar padrões nestes representantes da elite local. No período em estudo, a Câmara teve seis presidentes que foram estudados a partir de uma abordagem prosopográfica. O autor procura compreender a ação política destes homens e o que a motivou, assim como as suas ligações sociais e económicas. Para isso, analisa a origem geográfica, a formação escolar e académica, a atividade profissional, a idade à data da tomada de posse e o percurso cívico e político dos mesmos. Entende, ademais, que a caracterização académica, profissional e sociopolítica destes quadros das elites regionais poder-nos-á deixar mais perto de compreender as estratégias de recrutamento e de reprodução deste grupo, assim como identificar ruturas e continuidades no processo de seleção das elites políticas locais nos dois regimes que existiram na cronologia em análise.

A primeira grande distinção entre ambos os regimes reside no facto de, durante o Estado Novo, o presidente e o vice-presidente das câmaras municipais serem nomeados pelo Governo e de, após as primeiras eleições autárquicas, realizadas em setembro de 1976, terem passado a ser escolhidas pelo eleitorado num processo competitivo e concorrencial, permitindo o alargamento e a diversificação das elites locais e o acesso de novos indivíduos e grupos sociais a essa condição. Deste modo, conclui o autor, a Revolução, a Constituição e a legislação democráticas vieram conferir autonomia ao poder local e instituir a sua eleição por sufrágio universal direto. A possibilidade de eleição entre diferentes listas e candidatos produziu um alargamento significativo das elites locais.

No que diz respeito aos dois presidentes que geriram a edilidade nos anos finais do Estado Novo (1962–1974), Mota identifica como principais preocupações as questões relacionadas com a habitação, a renovação das zonas históricas, o saneamento e a reorganização dos serviços municipais. No que concerne aos perfis destes dois homens, regista-se, no campo das semelhanças, a formação académica superior, o percurso profissional ligado a importantes estruturas do Estado e do sector privado. Por outro lado, se Nuno Pinheiro Torres era, à chegada à presidência da Câmara Municipal do Porto, detentor de uma profunda ligação ao sistema corporativo do Estado Novo e ao regime, do qual sempre fora um destacado apoiante, Nuno Vasconcelos Porto não era detentor desse currículo. Apesar de não ter esse percurso cívico, demonstrou-se sempre alinhado com o regime e com a manutenção da guerra colonial.

Até à eleição dos primeiros executivos municipais por sufrágio universal e fruto da instabilidade do processo revolucionário e de democratização, a Câmara Municipal do Porto conheceu três presidentes. O primeiro, Artur Andrade, arquiteto de formação, manteve-se no posto até maio de 1975, tinha um notável passado de resistência ao fascismo e era, à data da sua nomeação, um nome consensual, ainda que apontado pelo Partido Popular Democrático, entre os meios oposicionistas portuenses. O recrudescimento das animosidades entre os principais partidos da revolução e da construção da democracia fez com que perdesse o apoio maioritário de que gozara no início do seu mandato. Seguiu-se, no contexto do salto em frente no rumo socialista da revolução, Boaventura Ferreira. Ao contrário de Andrade, Ferreira não era natural da cidade, não tinha um percurso cívico de oposição ao regime e provinha da instituição militar. Politizado em Moçambique entre 1968 e 1971, Ferreira desempenhou um papel fundamental, enquanto chefe do Serviço de Reconhecimento de Transmissões no Quartel-General da Região Militar Norte, na organização da revolução na cidade. O seu prestígio advinha-lhe, justamente, de ter integrado a conspiração militar desde agosto de 1973 e de ser um homem próximo da esquerda revolucionária socialista. No quadro do desmantelamento das estruturas de poder da esquerda política e militar, acabaria por ser exonerado em setembro de 1975 por Pires Veloso, que acabava de substituir Eurico Corvacho no comando da Região Militar Norte. Por fim, Rogério Tavares, um quadro técnico da Câmara, foi a solução encontrada para pacificar a estrutura autárquica e assegurar gestão da edilidade até à realização de eleições. Por fim, seguiu-se Aureliano Veloso, natural de Gouveia mas licenciado em Engenharia Químico-Industrial pela Faculdade de Engenharia do Porto. Convidado a integrar as listas da Coligação Eleitoral de Unidade Democrática, afeta aos sectores socialistas, em 1969, rejeitou. Após o 25 de Abril participou na criação da secção de Lordelo do Ouro do Partido Socialista, embora nunca se tenha filiado no partido cuja lista à autarquia viria a encabeçar em setembro de 1976.

Nesta conformidade, o autor conclui que o 'perfil social dos presidentes da Câmara do Porto apresenta um padrão: homem, de meia-idade, da classe média, com ensino superior, natural do Porto'. Mesmo os que não nasceram na cidade, tal como observado no estudo sobre os Governadores Civis de Porto, Braga e Viana do Castelo, cedo desenvolveram ligação com a cidade. As elites governativas locais eram escolhidas entre a população enraizada na vida do concelho. Todos tinham formação superior. Se a seguir à revolução houve uma maior heterogeneidade no recrutamento de presidentes de câmara no que diz respeito às habilitações literárias, no Porto manteve-se a norma do Estado Novo: juristas, engenheiros e economistas. Da análise efetuada também sobressai a constatação de que o posicionamento em relação ao Estado Novo foi estruturante, fosse de alinhamento ou de oposição.

O capítulo de Jorge Mota dirige-se às elites políticas municipais do Porto entre 1962 e 1980, tomando como objeto de estudo os presidentes da Câmara Municipal. A análise prosopográfica de seis autarcas permite observar, em detalhe, como o poder local se configurava como um espaço crucial de afirmação de elites durante a ditadura e a transição democrática. O autor demonstra que, sob o Estado Novo, a nomeação dos presidentes estava vinculada à União Nacional, funcionando como extensão periférica do poder central e como mecanismo de reprodução das relações de dominação.

A abordagem mostra também como a lógica de recrutamento assentava em redes sociais, económicas e políticas de notabilidade, reforçando a ideia de que o município constituía um espaço de legitimação de elites locais estreitamente ligadas ao regime. No entanto, com a Constituição de 1976 e a introdução de eleições locais, operou-se uma rutura decisiva: a Câmara do Porto tornou-se um verdadeiro espaço democrático, em que novas elites puderam emergir e disputara a legitimidade política perante a cidadania.

Ao enfatizar a passagem de um modelo autoritário de administração local para um sistema democrático de representação, o estudo evidencia as tensões entre continuidade e mudança no processo de renovação das elites. A análise permite ainda destacar que a elite municipal não se limitava ao exercício administrativo, mas tinha funções de representação simbólica, de mediação social e de gestão de recursos estratégicos numa cidade que era, ao mesmo tempo, centro industrial, cultural e político.

Em termos teóricos, o capítulo confirma a importância de aplicar à escala local os conceitos de circulação e de renovação das elites. Tal como salientam Pareto (1984) e Michels (1991), toda as organizações tendem a reproduzir uma minoria dirigente; contudo, a democratização dos municípios após 1976 abriu a possibilidade de maior mobilidade social e política, ainda que nunca eliminasse totalmente as hierarquias do poder.

6. A elite fundiária urbana e o associativismo proprietário

Teresa Nunes, em 'Associação dos Proprietários e Agricultores do Norte de Portugal (1960–1980) ou os intentos de afirmação da elite fundiária urbana', parte da constatação de que a consagração constitucional da propriedade, reconhecida como 'direito natural e imprescritível do indivíduo', é, tal como a luta contra a propriedade privada, um dos traços essenciais da política contemporânea, pelo menos até ao final do século XX. Vista como sagrada e inviolável e garantia nuclear no contexto dos direitos civis e políticos dos cidadãos, a propriedade passa a surgir a par da liberdade e da segurança como eixos estruturantes dos direitos humanos. Fruto da tradição liberal, a propriedade é também equacionada como civilização e prosperidade, além de ser constitutiva do direito de voto. A par da reflexão sobre a propriedade, a autora empenha-se numa leitura dos processos de reconfiguração das elites do Porto desde a crise de 1876 e dos desenvolvimentos do urbanismo, da demografia, dos agregados familiares e das exigências citadinas, que deram ainda maior relevância à posse de bens imobiliários urbanos, já percecionados como 'salvaguarda patrimonial e mecanismo de reprodução', num fenómeno transversal a toda a Europa Ocidental.

No âmbito da organização dos proprietários numa associação de classe, a autora destaca a fundação, em novembro de 1888, da Associação dos Proprietários do Porto que, em fevereiro de 1907, passaria a denominar-se Real Associação de Proprietários e Agricultores do Norte de Portugal, deixando cair o Real após implantação da República. Criada para assegurar a 'defesa dos direitos de propriedade e das especificidades da realidade imobiliária urbana', conduz a uma forte cooperação entre os seus membros e a uma mais eficaz defesa dos seus interesses. Com o decorrer dos anos, a Associação vai alargar a sua incidência geográfica e a tipologia de propriedade abarcada, tendo agora uma importante representação da rural.

Não se tendo registado uma alteração na direção da Associação na passagem da República para o Estado Novo, o presidente e os outros dois membros da direção mantiveram-se os mesmos entre 1920 e 1945. Durante este período, verificou-se também uma aproximação à correspondente organização lisboeta. Fazendo uma análise sociodemográfica aos associados, Nunes conclui que o perfil predominante era o do proprietário urbano com uma idade avançada e com baixa capacidade de investimento. Neste sentido, e dada a proibição de aumento das rendas celebradas antes de 1943, a grande prioridade da Associação será a exigência do descongelamento de todas as rendas e o fim da obrigatoriedade de realização de obras nos edifícios de 8 em 8 anos. Contudo, frustrando as expectativas dos proprietários, no final de 1961, face à crise habitacional que assolava o país, o governo respondeu com a atribuição de novas responsabilidades e encargos aos proprietários e com a recusa de todas as suas revindicações. Em 1972, já em pleno período marcelista, regista-se uma iniciativa parlamentar que visava a implementação de um programa faseado de atualização das rendas. Tendo a propriedade urbana ficado fora da arquitetura institucional do corporativismo português, os membros da classe proprietária não viram os seus interesses receberem a mesma atenção e favor que as classes de proprietários industriais, agrícolas ou comerciais. De resto, como sublinha a autora, entre 1960 e 1974, assiste-se à perda de 'protagonismo económico e de prestígio social dos proprietários urbanos cujos interesses, no caso portuense, eram secundarizados pela necessidade de atenuar as condições de vida dos segmentos médios e baixos das populações'. Ainda assim, e apesar do relativo insucesso na conquista nas principais reivindicações dos proprietários, o número de associados cresceu significativamente. Em 1960, existiam 1630 sócios, e, em 1974, nas vésperas da Revolução, eram já 3102.

Por fim, o 25 de Abril representou um novo e poderoso desafio à Associação dos Proprietários e Agricultores do Norte de Portugal. Num contexto muito adverso à defesa ou ao reforço dos direitos e dos rendimentos dos proprietários, a habitação vai também, fruto da carência existente, ser uma das grandes prioridades dos primeiros governos. Nesse particular, assistir-se-á a uma pressão significativa sobre as casas devolutas e desocupadas para serem atribuídas a moradores pobres e ao investimento público na construção de fogos, na ampliação de bairros existentes na criação de programas revolucionários como o SAAL.

Teresa Nunes desloca o olhar para as elites fundiárias e para os mecanismos de representação coletiva que estas desenvolveram no Norte de Portugal, entre 1960 e 1980. A Associação dos Proprietários e Agricultores surge como espaço privilegiado de articulação entre interesses privados, projeção pública e afirmação política. Ao analisar a génese e a evolução desta entidade, o estudo revela como a elite fundiária urbana procurou salvaguardar os seus privilégios num contexto de crescente transformação social e económica.

A autora inscreve esta problemática na longa duração histórica, recuperando a centralidade da propriedade fundiária desde o liberalismo oitocentista e mostrando como, no século XX, os proprietários continuaram a mobilizar a associação como estratégia de influência política. A análise permite, assim, observar a persistência de uma cultura da propriedade como fator de distinção social, mas também como recurso de poder em sociedades onde a ligação entre terra, família e prestígio permanecia determinante.

O capítulo é igualmente relevante por integrar o caso português num quadro internacional comparativo. A referência às experiências francesa e espanhola, bem como à literatura europeia sobre elites agrárias, permite compreender que a "civilização da propriedade" não era apenas um fenómeno nacional, mas parte de um padrão mais vasto de afirmação conservadora das classes proprietárias. Ao fazê-lo, o texto responde de forma direta à necessidade de situar as elites locais e regionais portuguesas num contexto mais amplo de circulação de modelos e práticas (Charle, 2009).

Este estudo reforça, em suma, a importância de considerar o associativismo como via de consolidação e de reprodução das elites. Mais do que simples entidades de defesa corporativa, estas associações funcionaram como plataformas de legitimação social e política, prolongando no século XX as lógicas de dominação fundiária forjadas no liberalismo.

7. O Minho rural e a consolidação das elites agrárias

Por fim, Natália Pereira aborda o Minho rural, nomeadamente a consolidação e transformação das elites agrárias do distrito de Braga. A autora começa por demonstrar que o corporativismo foi um eixo estruturante da Constituição de 1933 e da orgânica social do Estado Novo, promovendo a paz social e eliminando a luta de classes. No corporativismo, o Estado 'desempenha um papel central, assumindo-se como indispensável na sua função de regulação e controlo da vida económica e social', que, visando a harmonia social, foi, essencialmente, uma estratégia de eliminação do sindicalismo livre e de classe, de constituição de importantes monopólios sectoriais e de recuperação das taxas de acumulação de capital. Isso mesmo se pode ver na constituição dos grémios e das corporações que, além de fixarem preços e de regularem as condições de trabalho, decidiam sobre a entrada de novos agentes no mercado do sector que regulavam. Estes, por seu lado, estavam subordinados à política económica do Estado, até aos anos 1950, fortemente apostada na contenção do desenvolvimento industrial e no favorecimento ao sector agrícola.

O texto centra-se no estudo das elites agrárias no distrito de Braga, esmiuçando a sua participação no 'desenvolvimento e consolidação' do corporativismo a nível local, e a composição social e rotatividade dessas elites na direção de organismos corporativos como os Grémios da Lavoura e as Casas do Povo, os mais expressivos na região.

Entre o final de 1933 e Abril de 1974 foram criados 2254 organismos corporativos: 2152 organismos primários, 90 intermédios e 11 corporações. A larga maioria dos primeiros foi constituída até 1948 e a dos segundos depois desse ano. As corporações surgiriam apenas na década de 1950. Tirando Lisboa, Porto e Setúbal, os organismos corporativos predominantes aquando da instituição do sistema corporativo eram as Casas do Povo, que eram estabelecidas, preferencialmente, ao nível de freguesia — a menor unidade administrativa do sistema político português. Ainda que o objetivo declarado fosse o de constituição de uma casa do povo em cada freguesia, a verdade é que se ficou relativamente longe de atingir essa meta. Com efeito, a maioria das casas do povo acabava por abarcar várias freguesias e algumas eram mesmo de âmbito concelhio.

O Alentejo e o Minho, pelas suas características fundiárias e populacionais, foram eleitas como as regiões modelo para a implementação da rede de casas do povo, nomeadamente pelas suas elites locais e regionais que viram nesse empenho uma forma de obtenção de privilégios, benefícios e promoções no quadro do Estado Novo. Na década de 1970 regista-se novo ímpeto de criação destes organismos, motivado pela reforma assistencial do governo de Marcelo Caetano. A criação dos grémios de lavoura foi mais rápida, estando praticamente consolidada até 1944 (95% do total de grémios).

Braga assumiu-se, neste particular, como um bastião do salazarismo e «um forte aliado do regime». «Região hierarquizada, tradicionalista, governada por aqueles com influência local», maioritariamente agrícola, com uma agricultura pouco modernizada e uma estrutura de pequenos proprietários e agricultores de condições sociais diversas, no distrito de Braga, 80% dos organismos corporativos primários criados durante a vigência do Estado Novo correspondia a casas do povo e grémios da lavoura. Neste período, apenas foram criados 22 sindicatos. Era, no final da década de 40, o terceiro distrito do país com mais organismos corporativos, o que atesta bem o empenho que as elites locais colocaram no esforço de corresponderem às diretrizes de Salazar. No que respeita às casas do povo, 102 das 108 criadas durante o Estado Novo estavam já constituídas no final da década de 1940. No que diz respeito aos grémios da lavoura, foram constituídos 13 no distrito. Destes órgãos concelhios, 11 foram formados em 1940 — em dez desses casos, Natália Pereira identifica a existência anterior de um sindicato agrícola fascista. Entre 1958 e 1974 regista-se uma média de anos de mandato relativamente alta e uma baixa rotatividade nos cargos diretivos, havendo locais em que a estabilidade diretiva foi quase absoluta. Essa permanência era maior entre os presidentes do que entre os secretários e tesoureiros, embora também aí houvesse, na maioria dos concelhos estudados, uma certa estabilidade. Nas Casas do Povo, organismos representativos dos trabalhadores rurais, verifica-se uma muito mais significativa rotatividade dos cargos diretivos, o que revela a ausência de uma elite desta classe. De resto, até 1969, só os proprietários rurais podiam desempenhar os cargos de maior prestígio e responsabilidade nas Casas do Povo. Estes, além de terem os seus interesses defendidos pelos Grémios da Lavoura, dirigiam ainda as Casas do Povo no mesmo sentido.

O estudo de Natália Pereira aborda a inserção das elites agrárias do distrito de Braga no quadro do corporativismo do Estado Novo, entre 1960 e 1974. A análise mostra como o regime utilizou a organização corporativa — através dos grémios da lavoura e das casas do povo — para consolidar a sua presença no território, assegurando a disciplina social e a fidelidade política das comunidades rurais.

O texto evidencia que estas instituições não foram meros instrumentos administrativos: constituíram espaços privilegiados de recrutamento e de reprodução das elites locais. Dirigentes e funcionários corporativos, frequentemente oriundos das famílias mais influentes da região, assumiram papéis centrais na mediação entre o Estado e a sociedade, acumulando capital político e social. Através deles, as elites agrárias reforçaram a sua posição, usufruindo das oportunidades abertas pela ditadura para projetar-se em esferas regionais e nacionais.

O estudo demonstra igualmente que, embora a retórica corporativa proclamasse a harmonia entre classes, na prática os organismos rurais reforçavam a hierarquia social existente. A rotatividade observada entre os cargos diretivos não significava democratização, mas sim a circulação restrita dentro de um mesmo círculo de notáveis, perpetuando a influência das famílias agrárias dominantes.

Ao recuperar estas dinâmicas, o capítulo contribui para compreender por que razão o distrito de Braga permaneceu como bastião de apoio ao Estado Novo até ao final do regime. Mostra ainda que o corporativismo funcionou como mecanismo de integração política e de reprodução social das elites rurais, ilustrando a tese de Bourdieu sobre a acumulação e transmissão de diferentes formas de capital (económico, social, simbólico) enquanto fundamentos da dominação (Bourdieu, 1989).

8. Síntese comparativa e diálogo teórico

A leitura transversal dos capítulos que compõem este volume permite identificar padrões de continuidade e de mudança no funcionamento das elites portuguesas entre os anos finais do Estado Novo e a transição democrática. Os estudos de caso — que abrangem elites políticas nacionais, elites intermediárias como os Governadores Civis, elites municipais, proprietários fundiários, dirigentes agrários e empresariais, bem como resistências operárias — oferecem uma visão multifacetada que confirma a centralidade da categoria "elite" para a compreensão do poder político e social.

Entre os fatores de continuidade, destaca-se a persistência de redes locais de notabilidade, a sobreposição entre poder económico, social e político e o papel determinante da Igreja e das estruturas corporativas na legitimação do regime. Quer se trate dos presidentes de câmara, dos dirigentes agrários ou dos empresários, verifica-se uma forte reprodução social, em que os lugares de poder eram ocupados reiteradamente por membros das mesmas famílias ou círculos de influência. Esta lógica confirma a perspetiva clássica de Mosca e Pareto sobre a inevitabilidade da minoria dirigente e a tendência das elites para se autorreproduzirem.

Entre os fatores de rutura, sobressai a introdução do sufrágio universal, a descentralização democrática e o reconhecimento da liberdade sindical. As eleições de 1975 e a Constituição de 1976 alteraram radicalmente as condições de recrutamento e legitimação das elites políticas, abrindo espaço a novas trajetórias e a maior mobilidade social. Também o fim do corporativismo e a emergência de organizações autónomas de trabalhadores significaram a quebra de monopólios tradicionais, mesmo que não tenham eliminado por completo as hierarquias de poder.

Do ponto de vista teórico, o conjunto dos capítulos dialoga com a tipologia de Higley: o colapso do Estado Novo traduziu-se na passagem de um contexto de elites "desunidas" ou "ideologicamente unificadas" sob a égide salazarista para uma configuração de elites "consensualmente unificadas" em torno da democracia liberal. Paralelamente, a análise das elites agrárias e empresariais confirma a pertinência de recorrer a Bourdieu para compreender como diferentes formas de capital — económico, social e simbólico — se acumulam e se transmitem, assegurando a continuidade da dominação. Finalmente, a inclusão das resistências operárias e das contra-elites sublinha a validade de uma perspetiva mais ampla, inspirada em Poulantzas, que destaca as relações de força e as contradições internas como parte constitutiva da dinâmica das elites.

Em síntese, o volume confirma que a história das elites portuguesas não é apenas a história de indivíduos destacados, mas o estudo de estruturas de poder, de mecanismos de reprodução social e de processos de legitimação que atravessam regimes políticos distintos. A articulação entre teoria e empiria, aqui ensaiada, contribui para consolidar o conceito de elite como categoria analítica indispensável para a compreensão da contemporaneidade.

9. Vias abertas à investigação futura

Os estudos reunidos neste volume representam um avanço significativo no conhecimento das elites locais e regionais portuguesas entre os anos finais do Estado Novo e a transição democrática. Contudo, permanece ainda muito por explorar. Esta conclusão oferece, portanto, também uma agenda de investigação futura.

Em primeiro lugar, importa alargar o leque de elites analisadas. Os capítulos concentraram-se, sobretudo, em elites políticas, agrárias, fundiárias e empresariais. Faltam, porém, estudos aprofundados sobre as elites universitárias, científicas e profissionais, cuja emergência no Noroeste português a partir da década de 1970 transformou profundamente o tecido social e cultural da região. A fundação da Universidade do Minho, a expansão da Universidade do Porto e a criação do Instituto Politécnico de Viana do Castelo trouxeram consigo novas comunidades académicas e técnicas que devem ser entendidas como elites em formação, com forte impacto na vida local e regional (Bebiano, 2011).

Em segundo lugar, seria necessário reforçar a comparação ibérica. O projeto que esteve na origem deste livro incluía também a Galiza, e a aproximação entre os dois espaços abre inúmeras possibilidades de investigação. A análise comparativa permitiria compreender melhor os mecanismos de circulação transfronteiriça de elites, as similitudes e diferenças nos processos de transição e, em geral, a inserção do Noroeste peninsular em dinâmicas europeias mais amplas.

Em terceiro lugar, é fundamental considerar as questões de género e de religião. A presença da Igreja Católica foi reiteradamente identificada como fator estruturante da elite minhota e portuense, mas o seu papel merece uma análise mais sistemática. Do mesmo modo, a participação das mulheres nas elites políticas, económicas e sociais continua a ser marginal na historiografia, apesar de já existirem pistas sobre a sua relevância em contextos associativos, empresariais e culturais.

Por fim, este volume mostra que a categoria de elite não deve ser encarada como uma realidade estática, mas como um campo em permanente redefinição. As investigações futuras devem, portanto, articular história, sociologia e ciência política, para captar as transformações nas formas de legitimação e de reprodução do poder. A digitalização de arquivos, a exploração de novas bases prosopográficas e o recurso a metodologias quantitativas e de análise de redes poderão abrir caminhos particularmente fecundos para renovar o estudo das elites contemporâneas.

O conjunto de estudos aqui reunidos demonstra que a análise das elites continua a ser um caminho fértil para compreender a história política e social portuguesa do século XX. A diversidade tipológica dos casos — governadores civis, presidentes de câmara, proprietários, dirigentes agrários, empresários e mesmo contra-elites operárias — mostra que a categoria de elite é indispensável para interpretar tanto a persistência das estruturas autoritárias como a emergência de novos protagonistas democráticos.

Este volume contribui, assim, para reduzir o "atraso historiográfico" assinalado e para integrar o Noroeste português num debate mais amplo sobre transições políticas e sociais na Europa. As páginas que o compõem confirmam que as elites não são apenas objeto de descrição prosopográfica, mas constituem chave interpretativa para compreender processos de dominação, resistência e mudança. Ao articular teoria e empiria, passado e presente, acreditamos que este livro desempenhará um importante ponto de partida para futuras investigações sobre as elites sociais portuguesas e ibéricas.

A este respeito, importa sublinhar que a aproximação ao espaço galego representa uma via de investigação particularmente promissora. A Galiza partilhou com o Norte de Portugal características estruturais comuns — forte peso da ruralidade, relevância da Igreja Católica, redes familiares de notabilidade, migração massiva e industrialização tardia — que permitem estabelecer paralelos e contrastes esclarecedores. A análise comparada dos dois territórios, ambos periféricos, mas atravessados por dinâmicas de modernização e por transições políticas complexas, oferece a oportunidade de compreender melhor os mecanismos de circulação transfronteiriça das elites, a persistência de culturas políticas regionais e a forma como se articularam com os centros de poder em Madrid e Lisboa.

Neste contexto, a observação conjunta do Norte de Portugal e da Galiza adquire uma importância adicional quando se considera o papel das elites locais no enquadramento das mudanças políticas. Em ambos os espaços, essas elites serviram de mediadoras entre o poder central e as comunidades, assumindo funções de representação, controlo e adaptação às novas conjunturas. As transições ibéricas foram fortemente condicionadas pelas posições e pelas estratégias destas elites, que atuaram simultaneamente como agentes de continuidade e de transformação. Os exemplos são numerosos, desde as propostas abandonistas relativas às cidades de Ceuta e Melilla (no Norte de África), apresentadas nas primeiras iniciativas políticas após a morte do general Franco pelo ministro galego Manuel Fraga Iribarne, até à posição distanciada do atlantismo manifestada por boa parte dos quadros da União de Centro Democrático.

Do mesmo modo, as implicações militares e coloniais do período conferem um interesse acrescido à comparação. A guerra colonial portuguesa (1961–1974) provocou uma profunda crise de legitimidade no interior das forças armadas e no conjunto da elite política, abrindo fissuras que culminaram na revolução. Em Espanha, ainda que o impacto de guerra no Saara não atingisse a mesma dimensão, gerou igualmente tensões internas, incertezas diplomáticas e divisões dentro das próprias forças armadas e da elite franquista. Em ambos os lados da fronteira, a articulação entre império, exército e poder político condicionou a estabilidade dos regimes e a forma como as elites reagiram perante a mudança.

Neste quadro, abre-se também uma linha de investigação sobre as elites militares, que não pode ser dissociada do peso das elites sociais, económicas e religiosas no aparelho castrense do salazarismo e do franquismo. Em ambos os regimes, o núcleo fundamental das elites encontrava-se intimamente ligado às forças armadas, o que confere especial interesse ao contacto entre a

Galiza e o Norte de Portugal. A análise comparada do Movimento das Forças Armadas (MFA) e da União Militar Democrática (UMD), particularmente nos seus núcleos galegos como o de Pontevedra, poderia revelar interconexões decisivas. Trata-se, aqui, de uma possibilidade de investigação que permitiria compreender melhor como, em ambos os lados da fronteira, setores das elites militares se constituíram em agentes de contestação e, em diferentes graus, de transformação do sistema político.

Assim, um olhar simultaneamente português e galego reforça a dimensão ibérica do estudo das elites, permitindo situar as realidades locais e regionais num horizonte europeu mais vasto. Acreditamos, por isso, que este livro não deve ser entendido apenas como uma contribuição para a história de Portugal, mas como ponto de partida para uma agenda comparativa que torne visíveis os múltiplos fios de continuidade e de mudança que atravessam a Península Ibérica no século XX.

Por fim, ainda que a historiografia tenha há muito tempo deixado de lado o enquadramento dos estudos regionais e as explicações teleológicas baseadas exclusivamente na análise das elites políticas, o estudo dos grupos de poder continua a revelar-se útil. Antes de mais porque a sua própria existência e configuração merecem ser revisitadas. Podemos afirmar com segurança quem era considerado parte das elites no contexto das ditaduras ibéricas e das suas transições? Do mesmo modo, estamos certos de que estes se percebiam a si próprios como elementos de influência para além do seu enquadramento geográfico imediato? Ou, em última análise, quem podia ser verdadeiramente identificado como elite no âmbito desses regimes?

Naturalmente, problematizar estas questões exige delimitar e reduzir o campo de análise até o tornar analisável em profundidade, daí o nosso interesse pelo Noroeste ibérico, mais concretamente pelo Norte de Portugal e pela Galiza. A confluência tradicional de relações entre as duas margens do rio Minho, as suas ligações históricas a diferentes níveis — por vezes de rivalidade, outras de colaboração —, parecem-nos um terreno fértil para a análise.

Bibliografia

Almeida, M. A. P. (2003). *As elites municipais e a revolução: Portalegre 1941–1947.* En A. C. Pinto & A. Freire (Eds.), *Elites, sociedade e mudança política* (pp. 9–42). Celta Editora.

Almeida, P. T. de (2003). Elites locais em Portugal: Entre a representação política e o poder social. *Análise Social, 48*, 31–58.
Bebiano, R. (2011). *A Universidade de Coimbra e a mudança social em Portugal (1960–1980)*. Imprensa da Universidade de Coimbra.
Best, H., & Higley, J. (Eds.). (2018). *The Palgrave handbook of political elites*. Palgrave Macmillan.
Bourdieu, P. (1989). *La noblesse d'État: Grandes écoles et esprit de corps*. Minuit.
Bourdieu, P. (1999). *Razones prácticas*. Anagrama.
Bourdieu, P. (1999). *Science de la science et réflexivité*. Raisons d'Agir.
Bourdieu, P. (2002 [1979]). *La distinción: Criterio y bases sociales del gusto*. Taurus.
Cabral, M. V. (2020). A sociedade portuguesa na década de 1960. En J. M. Brandão de Brito & P. B. Santos (Eds.), *Os anos sessenta em Portugal: Duas governações, diferentes políticas públicas?* (pp. 37–50). Edições Afrontamento.
Caeiro, J. M. C. (2004). *Elites e poder: Os grupos económicos em Portugal do Estado Novo à actualidade*. Universidade Lusíada Editora.
Calleja, E. G. (1994). ¿Populismo o captación de élites?: Luces y sombras en la estrategia del Servicio Exterior de Falange Española. En J. Álvarez Junco & R. González Leandri (Eds.), *El populismo en España y América* (pp. 61–92). Editorial Catirel.
Cardoso, J. L. (2012). Corporativismo, instituições políticas e desempenho económico. En F. Rosas & Á. Garrido (Eds.), *Corporativismo, fascismos, Estado Novo*. Almedina.
Cardoso, J. L. (2015). O processo económico. En A. C. Pinto & N. G. Monteiro (Dirs.), *História Contemporânea de Portugal. Vol. 5 — A busca da democracia (1960–2000)*. Fundación MAPFRE.
Charle, C. (1987). *Les élites de la République*. Fayard.
Costa, L. F., Lains, P., & Miranda, S. (2011). *História económica de Portugal (1143–2010)*. Esfera dos Livros.
Costa, R. (2021). *Elites políticas e o poder local: Os Governadores Civis de Vila Real do Estado Novo à Democracia* (Dissertação de mestrado). Escola de Economia e Gestão da Universidade do Minho.
Dahl, R. A. (1961). *Who governs? Democracy and power in an American city*. Yale University Press.
Dellmuth, L. M., Scholte, J. A., Tallberg, J., & Verhaegen, S. (2022). *Citizens, elites, and the legitimacy of global governance*. Oxford University Press.

Dezalay, Y., & Garth, B. G. (2002). *The internationalization of palace wars*. University of Chicago Press.
Fernandes, A. M. (n. d.). A legislação do trabalho e a "primavera política". En J. M. Brandão de Brito & P. B. Santos (Eds.), *Os anos sessenta em Portugal: Duas governações, diferentes políticas públicas?*
Ferreira, F. M., & Pereira, N. (2016). Propaganda e corporativização no terreno: Braga anos 30 e 40. En F. M. Ferreira, F. A. Mendes, & N. Pereira (Eds.), *A conquista social do território: Arquitetura e corporativismo no Estado Novo português* (pp. 13–38). Tenacitas.
Ferreira, N. E. (2008). O corporativismo e as instituições do salazarismo: A Câmara Corporativa (1935–1945). En A. C. Pinto & F. P. Martinho (Eds.), *O corporativismo em português* (pp. 123–145). Imprensa de Ciências Sociais.
Freire, D., & Ferreira, N. E. (2016). Construção do sistema corporativo em Portugal (1933–1974). En F. M. Ferreira, F. A. Mendes, & J. M. Torres (Eds.), *Organizar o país de alto a baixo: Políticas de edificação corporativa no Estado Novo português* (pp. 31–51). Tenacitas.
Gagliardi, A. (2023). Corporativismo, classi popolari, governo del popolo. En G. Cospito, G. Francioni, & F. Frosini (Eds.), *Nazione, popolo, nazionale-popolare: Una costellazione gramsciana* (pp. 97–122). Ibis.
Garcês, A. P. (2005). *O príncipe democrático: Uma análise das elites governantes e do processo político português (1974–2004) (Tese de doutoramento)*. Universidade Católica Portuguesa.
Garrido, Á. (2016). *Queremos uma economia nova! Estado Novo e corporativismo*. Temas & Debates/Círculo de Leitores.
Hartmann, M. (2006). *The sociology of elites*. Routledge.
Higley, J. (1992). *Elites and democratic consolidation in Latin America and Southern Europe*. Cambridge University Press.
Higley, J. (2010). *Elites. An International Encyclopedia of the Social and Behavioral Sciences*. Pergamon.
Higley, J., & Burton, M. (2006). *Elite foundations of liberal democracy*. Rowman & Littlefield.
Lisboa, M., Frias, G., Roque, A., & Cerejo, D. (2006). Participação das mulheres nas elites políticas e económicas no Portugal democrático (25 de Abril 1974 a 2004). *Revista da Faculdade de Ciências Sociais e Humanas, 18*, 163–187.
Lucena, M. de (1976). *A evolução do sistema corporativo português: O salazarismo* (Vol. 1: Teoria política). Perspectivas & Realidades.

Martinho, F. P. (2016). Estado corporativo e organização do trabalho no Brasil e em Portugal (1930–1945). En A. C. Pinto & F. P. Martinho (Eds.), *A vaga corporativa: Corporativismo e ditaduras na Europa e América Latina* (pp. 173–197). Imprensa de Ciências Sociais.
Martins, G. d'Oliveira. (n. d.). Estratégias de superação do modelo autárquico. En J. M. Brandão de Brito & P. B. Santos (Eds.), *Os anos sessenta em Portugal: Duas governações, diferentes políticas públicas?*
Michels, R. (1962 [1911]). *Political parties: A sociological study of the oligarchical tendencies of modern democracy*. Free Press.
Michels, R. (1991). *Sociologia dos partidos políticos*. Editorial Presença.
Mills, C. W. (1956). *The power elite*. Oxford University Press.
Mosca, G. (1939 [1896]). *The ruling class*. McGraw-Hill.
Neves, V. (Coord.). (2022). *Ideias vivas: O debate económico em Portugal*. Edições Almedina.
Pareto, V. (1984). *Tratado de sociologia geral*. Abril Cultural.
Pareto, V. (1991 [1901]). *The rise and fall of elites*. Transaction Publishers.
Parmigiani, A. (2022). *The political power of economic elites in contemporary Western democracies* (UNRISD Occasional Paper, 14).
Patriarca, F. (1995). *A questão social no salazarismo, 1930–1947*. Imprensa Nacional.
Phillips, P. (2018). *Giants: The global power elite*. Seven Stories Press.
Pinto, A. C., & Freire, A. (Eds.). (2003). *Elites, sociedade e mudança política*. Celta Editora.
Pires de Almeida, M. A. (2013). *Presidentes de Câmara e Governadores Civis, 1936–2013*. Assembleia da República.
Poulantzas, N. (1973). *Poder político y clases sociales*. Siglo XXI.
Poulantzas, N. (1977). *Poder político e classes sociais*. Estampa.
Reis, J. (2022). A economia política do conhecimento económico em Portugal. En V. Neves (Coord.), *Ideias vivas: O debate económico em Portugal* (pp. 75–94). Edições Almedina.
Rollo, M. (s. f.). Origem e criação do LNEC. *Ingenium*, *99*, 12.
Rosas, F. (1986). *O Estado Novo nos anos trinta (1928–1938)*. Editorial Estampa.
Rosas, F. (1993). O Estado Novo. En J. Mattoso (Dir.), *História de Portugal* (Vol. VII, pp. 115–160). Editorial Estampa.
Rosas, F. (2012). O corporativismo enquanto regime. En F. Rosas & Á. Garrido (Coords.), *Corporativismo, fascismos, Estado Novo*. Almedina.
Rosas, F. (2012a). O corporativismo enquanto regime. En F. Rosas & Á. Garrido (Eds.), *Corporativismo, fascismos, Estado Novo* (pp. 17–47). Almedina.

Rosas, F. (2012b). *Salazar e o poder: A arte de saber durar* (1.a ed.). Tinta-da-China.
Rosas, F. (2013). *Salazar e o poder: A arte de saber durar.* Tinta da China.
Rosas, F. (2019). *Salazar e os fascismos.* Tinta-da-China.
Rosas, F., Louçã, F., Fazenda, L., Costa, J., & Honório, C. (2010). *Os donos de Portugal: Cem anos de poder económico (1910–2010).* Edições Afrontamento.
Sancho Izquierdo, M., Prieto Castro, L., & Muñoz Casayús, A. (1937). *Corporatismo: Los movimientos nacionales contemporáneos, causas y realizaciones.* Editorial Imperio.
Santos, A. (2005). *Cidades e elites: O caso de Évora* (Dissertação de mestrado). Departamento de Sociologia da Universidade de Évora.
Santos, P. B. (2015). O modelo político do Estado autoritário português: A ideia corporativa na constitucionalização do regime (1931–1933). *Espacio Tiempo y Forma. Serie V, Historia Contemporánea, 27,* 59–84.
Santos, P. B. (2017). Caminhos para a estabilidade autoritária em Portugal (1933–1974). *Aportes, 93*(1), 141–181.
Savage, M., & Williams, K. (2008). *Elites: Remembered, imagined, enacted.* Blackwell.
Schmitter, P. C. (1974). Still the century of corporatism? *The Review of Politics, 36*(1), 85–131.
Schmitter, P. C. (1999). *Portugal: Do autoritarismo à democracia.* Instituto de Ciências Sociais.
Silva, P. (2006). *Technocrats and politics in Chile and Argentina.* Palgrave Macmillan.
Sousa, F. (Coord.). (2014). *Os governos civis de Portugal: História e memória (1835–2011).* CEPESE.
Torres, J. M. (2013). *Os comerciantes e o Grémio do Comércio de Guimarães: Dinâmicas associativas, corporativas e comerciais (1939–1969)* [Dissertação de mestrado, Universidade do Minho]. Instituto de Ciências Sociais, Universidade do Minho.
Valente, J. C. (1996). Instituto Nacional do Trabalho e Previdência (INTP). En F. Rosas & J. M. Brandão de Brito (Eds.), *Dicionário de história do Estado Novo* (Vol. 1). Círculo de Leitores.
Viegas, J. M. L. (1996). *Nacionalizações e privatizações: Elites e cultura política na história recente de Portugal.* Celta Editora.
Weber, M. (1999). *Economía y sociedad.* Fondo de Cultura Económica.
Yun-Casalilla, B. (2009). *Las redes del Imperio.* Marcial Pons.

"De varapau e roçadoira, com o cura e os notáveis à frente": revolução, contra-revolução e elites na democracia portuguesa (1974–1975)

Bruno Madeira[1]

Nota introdutória

'As ideias da classe dominante são, em cada época, as ideias dominantes, isto é, a classe que é a forma *material* dominante da sociedade é, ao mesmo tempo, [a] sua força *espiritual* dominante" (Marx e Engels, 2007: 47). Esta é a proposição marxista em *A ideologia alemã* que nos servirá de chave à interpretação histórica das tentativas de recomposição das elites portuguesas, sobretudo das elites políticas do país. Derrubando uma longa ditadura fascizante que, pelo menos até aos anos 1950s e 1960s, assegurou uma quase imobilidade social e uma reprodução social das elites e da sua condição, a Revolução de 25 de Abril de 1974 originou uma crise revolucionária que, com intensidade e radicalidade diferentes ao longo do seu processo histórico (1974–1976)[2], pôs em causa não só a composição das elites, como a correlação de forças entre as diversas fracções da elite e entre as diferentes elites nacionais (política, económica, social, religiosa, intelectual) e, acima de tudo, a estabilidade e eficácia desse mecanismo de dominação de classe que é a ideologia da classe dominante.

Se numa primeira fase da revolução — que decorre até ao golpe contra-revolucionário frustrado do spinolismo em 28 de Setembro de 1974 —, como veremos, se acentua progressivamente o fosso entre o campo conservador e reaccionário e o campo democrático e progressista e se predomina, neste último, um sentido profundo sentido de unidade — que se configurava na

1 Instituto de Ciências Sociais da Universidade do Minho | Lab2PT–In2Past.

2 Apesar das acções militares de 25 de Novembro de 1975 terem colocado definitivamente fim às pretensões do campo político identificado com a revolução socialista, entende-se que a aprovação da Constituição de República Portuguesa em 2 de Abril de 1976 e os três actos eleitorais desse ano (eleições legislativas, eleições presidenciais e eleições autárquicas), dado os reflexos que ainda denotam relativamente ao período revolucionário, consistem, simultaneamente, no encerramento da crise revolucionária e na instituição da democracia liberal portuguesa.

coexistência pacífica nos primeiros governos provisórios, na presença nos comícios de cada força partidária de representantes dos restantes partidos que se identificavam com o socialismo e na própria realização de comícios e de manifestações unitárias —, os resultados das eleições constituintes de 25 de Abril de 1975 — até hoje o acto eleitoral mais participado da democracia portuguesa — virão potenciar as primeiras brechas nesse espírito unitário que se haviam demonstrado no início de 1975, mas que recuaram em face de novo golpe spinolista em 11 de Março de 1975. Com efeito, tendo apenas como barómetro a capacidade de mobilização de cada partido e de influência sobre a política de massas que se fazia nas ruas do país, os partidos não teriam ainda uma real noção do que é que cada um valia eleitoralmente. A participação maciça da população nas eleições e a clareza dos seus resultados foi lida como uma consagração do socialismo democrático e humanista propugnado pelo PS e pelo PPD ou, numa leitura maximalista, como um pronunciamento claro dos eleitores portugueses pela moderação e contra o socialismo revolucionário. Com efeito, se somarmos os votos do PS, do PPD e do CDS, dos cerca de cinco milhões e setecentos mil eleitores que depositaram os seus votos em urna no dia 25 de Abril de 1975, cerca de quatro milhões e cem mil escolheram um destes três partidos (71,87% do total de votos que permitiram a eleição de 213 dos 250 deputados constituintes). Mesmo que nos queiramos ater aos partidos que defendiam programaticamente um socialismo em democracia, estes recolheram 64,26% dos votos e conquistaram 197 dos 250 assentos da Assembleia Constituinte.

Por outro lado, contrariando a importância social e histórica, a implantação territorial e, no caso do Movimento Democrático Português (MDP), a presença nas comissões administrativas de muitas Câmaras Municipais por todo o país, o PCP e o MDP obtiveram cerca de 950 mil votos (16,6%) e elegeram 35 deputados constituintes. À esquerda do MDP e do PCP, só a União Democrática Popular (UDP), com 44.877 votos (0,79%), consegui eleger um representante. Mesmo que somemos os votos recebidos pela Frente Socialista Popular, o Movimento de Esquerda Socialista, a UDP, a Frente Eleitoral dos Comunistas, o Partido de Unidade Popular e Liga Comunista Internacionalista, a esquerda revolucionária ficou-se por menos de 1 milhão e 200 mil votos (20,57%) e 36 deputados. Embora, como dissemos anteriormente, já se tivessem verificado tensões entre as direcções do PS e do PPD com o MDP, sobretudo quando este, de plataforma unitária das forças democráticas, decidiu constituir-se como partido político e concorrer às eleições constituintes, o acto eleitoral marca uma profunda reorientação da estratégia, do discurso e das alianças políticas de PS, PPD e CDS. Apesar de os dois primeiros continuem sempre a sublinhar o seu compromisso com uma forma de socialismo democrático, a verdade é que no centro e no norte do país veremos quadros dos três partidos a participaram nas manifestações de fiéis organizadas pela Igreja e nos cercos e assaltos às sedes locais do PCP, do MDP, da Intersindical e de outras forças da esquerda revolucionária. Para este revanchismo e ajuste de contas anti-comunista concorreram também os movimentos terroristas de extrema-direita fundados por exilados fascistas e spinolistas em Espanha, nomeadamente o Exército de Libertação de Portugal e o Movimento Democrático de Libertação de Portugal.

Com efeito, embora nunca tenha havido uma aliança entre os partidos moderados e a extrema-direita, a verdade é que o caos e a destruição semeados pela segunda e a agitação popular estimulada pela Igreja eram de feição ao objectivo, comum ao PS, ao PPD e ao CDS, de afastar comunistas e socialistas revolucionários da chefia do governo e do Movimento das Forças Armadas e de os remeter para uma posição marginal, porém controlada e participante, nas instituições políticas da nascente democracia portuguesa. Aqui, o Grupo dos Nove, sobretudo através de Melo Antunes, frustrou os objectivos da extrema-direita, que pretendia a ilegalização do PCP e dos seus aliados. Seja como for, e ao contrário do progressivo afastamento verificado entre 1976 e 1979, há um claro compromisso, ainda que apenas tácito, da cada vez mais consolidada nova elite política democrática portuguesa. Esse compromisso é tecido em torno do programa mínimo anti-comunista e da edificação de uma democracia liberal de feição ocidental no país.

É, portanto, essa unidade das elites políticas claramente delimitada na sequência das eleições constituintes de 1975, reforçada, em Julho desse ano, quando PS e PPD abandonam o IV Governo Provisório e, na prática, provocam o seu derrube e quando os militares mais moderados do MFA fazem publicar o Documento dos Nove, em 7 de Agosto, e iniciam um processo de saneamento das Forças Armadas dos militares alinhados com a ala mais radical do Movimento e definitivamente consagradas com a nomeação do VI Governo Provisório, em Setembro, e com as acções militares de 25 de Novembro, que pretendemos discutir neste trabalho. Lançaremos ainda as bases de uma reflexão, a aprofundar mais tarde, acerca dos projectos de acerto na correlação de forças existente nesse campo político no sentido do reforço dos partidos da direita, PPD e CDS, nomeadamente através do financiamento grupos, publicações e editoras de extrema-direita. Nesse momento, derrotados aqueles que defendiam o aprofundamento da revolução socialista em Portugal, o principal adversário da direita passa a ser o PS e o seu líder histórico, Mário Soares, não obstante o CDS ter integrado o II Governo Constitucional (Janeiro-Agosto de 1978) chefiado pelo PS e por Mário Soares. Com efeito, a prestação do PPD e do CDS nas eleições legislativas e autárquicas de 1976, abria boas perspectivas para a reversão de parte significativo da herança política da revolução tal como consagrada na Constituição da República Portuguesa e para a reabilitação de figuras associadas ao antigo regime. Esse projecto que visava ajustar contas com o espírito de Abril consubstanciou-se com a formação da Aliança Democrática, coligação que uniu PSD, CDS e PPM e que conquistou as primeiras maiorias absolutas da democracia portuguesa nas eleições legislativas de 1979 e de 1980, dando-lhe ampla margem para iniciar um ambicioso plano de reversões cujo o auge seria protagonizado, entre 1985 e 1995, pelo cavaquismo.

1. Teoria das elites e revolução portuguesa (1974–1975)

As elites tendem a ser apresentadas como uma 'característica inerente a todas as sociedades' (Higley, 2010: 15). Mais do que o resultado de vantagens sócio-económicas prévias ao indivíduo, o recrutamento das elites seria o mero resultado das assimetrias de inteligência, de capacidades inatas e de espírito empreendedor. Por conseguinte, a teoria das elites, tal como pensada por Pareto, Mosca, Michels ou, mais recentemente, Higley, aponta recorrentemente para a impossibilidade de a democracia, por efeito das suas políticas sociais tendencialmente igualitárias, de eliminar a existir das elites. Procurando sempre discernir o conceito de elite do de classe, estes autores legitimam através das suas obras a existência de uma minoria dominante e de uma maioria dominada. Esta desigualdade social fortemente hierarquizada não seria da ordem da ideologia ou das opções políticas, económicas e sociais concretas. Pelo contrário, revelaria 'um traço mais fundamental e universal da visa social: a ausência, em qualquer colectividade, de um interesse comum susceptível de se declinar nos pormenores da organização política e das políticas públicas' (Higley, 2010: 15).

Assim, para que qualquer organização — independentemente da sua dimensão ou complexidade — tome constantemente as decisões mais eficazes para o seu desenvolvimento e como nem todos os membros da organização terem a mesma perspectiva sobre as opções que a cada momento se colocam à mesma, devem ser os indivíduos que, pela sua formação, pelo lugar que ocupam na organização ou pela sua capacidade de iniciativa e de decisão, estão mais habilitados a governar o interesse comum a exercer esse poder. Neste sentido, para Higley as elites são 'as pessoas e os pequenos grupos que, em virtude dos lugares estratégicos ocupados em organizações vastas ou poderosas, são capazes de afectar os resultados políticos de modo regular e substancial' (Higley, 2010: 17). Deste modo, às elites está reservada um lugar simbólico e prático de autoridade. Ao contrário de Pareto e Mosca, as elites não existem apenas entre os grupos firmemente estabelecidos e dominantes — na política, na economia, na actividade financeira, na religião, no aparelho de Estado e nas forças armadas. Além desses líderes de facto, existem 'líderes transitórios e individualmente menos conhecidos' de organizações contra-sistémicas ou que, pelo menos, estão desalinhadas em relação às decisões impostas pelas elites. Neste sentido, para Higley, a sua definição de elite contempla também a inclusão e a existência de uma contra-elite, que actuando de forma organizada como a elite dominante, age contra a ordem estabelecida e tem a capacidade de 'afectar os resultados políticos de modo regular e substancial'.

Por fim, Higley apresenta as quatros condições possíveis para as elites. Quando a falta consciência de si e da noção do seu interesse enquanto grupo e a proliferação de ideologias contraditórias predominam, existem 'elites desunidas'. Neste caso, diferentes fracções de classe que compõem a elite nacional digladiam-se para impôr o seu projecto político, social, económico e ideológico, imperando a instabilidade e a fragilidade do sistema político existente e várias sucessões de golpes e contra-golpes. No campo oposto, encontramos as 'elites ideologicamente unificadas', que se caracteriza 'pela adesão a uma ideologia única e específica por parte de todos, ou quase todos, os seus membros. Estes evitam [...] adoptar em público posições conflituais sobre políticas e crenças políticas' (Higley, 2010: 21). Se o contexto de elites desunidas nos remete para o período da I República, em que as diferentes fracções de classe e respectivos interesses sócio-económicos foram incapazes de se pôr de acordo relativo ao modelo e ao sentido da governação do país, o das elites ideologicamente unificadas corresponde à obra de federação das várias direitas operada por Oliveira Salazar nos anos 1930. A unificação ideológica das elites age como um mecanismo de defesa contra o aparecimento de ideias, figuras ou grupos concorrentes. A política de relativa imobilidade social e de favorecimento à criação de grandes monopólios económicos e financeiros que prevaleceu no Estado Novo surge, então, como sendo, simultaneamente, um agente unificador e a tradução dessa unidade.

Se as diferentes fracções de classe que compõem as elites de um país não fizerem uma prova de adesão pública a uma ideologia comum e, pelo contrário, se permitirem divergir publicamente sobre temas importantes para a governação, salvaguardando, porém, a segurança da sua posição enquanto elites e representantes da classe dominante, estamos perante 'elites consensualmente unificadas'. Assim, 'embora os membros e grupos das elites discordem e se oponham entre si em confrontos limitados, o poder está distribuído de tal modo que todos, ou a maioria, podem afectar as decisões políticas o suficiente para os desencorajar de traduzirem as suas divergências em tentativas de tomar pela força o poder executivo' (Higley, 2010: 22). Por fim, o autor refere ainda o caso das 'elites imperfeitamente unificadas'. Neste caso, o consenso e a confiança existem apenas entre as forças componentes de um mesmo campo político — o da direita — para impedir a chegada do campo rival ao poder. Não descurando as divergências que as separam, as várias sensibilidades políticas das elites coligam-se para assegurar maiorias governativas que lhe garantam o monopólio do poder.

A elite governante corresponde, então, à classe política, que é representa diferentes grupos sociais (Bottomore, 1993: 3). Para Pareto e Mosca, a elite governante estratifica-se ainda entre aqueles que ocupam os lugares de poder e aqueles que, não os ocupando, têm capacidade para influenciar as decisões políticas. Neste sentido, a elite também não é teorizada como uma casta, mas antes como um corpo flexível e multiforme que, para sobreviver, está aberto à sua renovação periódica — um processo de reconfiguração orgânico, pacífico e sem sobressaltos políticos ou governativos. A elite assegura a sua manutenção da sua condição através da aceitação de alguns indivíduos vindos dos estratos sociais inferiores e da abertura a grupos sociais afluentes. Se essa flexibilidade não for suficiente para garantir a estabilidade do sistema, a paz social e, mais importante, o reconhecimento pelas massas da legitimidade da elite e da ideologia dominantes, uma revolução poderá produzir uma substituição total da elite por aquela que foi, até à ruptura revolucionária, a contra-elite. Nesta conformidade, 'a classe política é, então, composto por um número de grupos que se podem envolver em diferentes graus de cooperação, competição ou conflito entre si' (Bottomore, 1993: 8). Independentemente desses graus, a governação efectiva caberia sempre a uma ínfima minoria. Assim, para os autores da teoria das elites, havia, sobretudo, que estudar os processos de formação e de circulação das elites ao longo do processo histórico, nunca cedendo ao princípio democrático do poder da maioria.

Com efeito, a Revolução de Abril, ao exonerar ministros e secretários de Estado e ao extinguir a União Nacional/Acção Nacional Popular (ANP), a Polícia Internacional e de Defesa do Estado/Direcção-Geral de Segurança, a Mocidade Portuguesa, a Mocidade Portuguesa Feminina e a Legião Portuguesa e ao impedir que os principais líderes destas organizações participassem politicamente no processo revolucionário, eliminou a minoria que, até aí, havia determinado os destinos do Estado Novo. Inicialmente, fruto da incapacidade de qualquer bloco político-militar conquistar rapidamente a hegemonia, a dimensão e a abrangência social da elite governante aumentou significativamente. Neste sentido, e tendo por base as ideias de formação e circulação das elites, podemos pensar as diferentes etapas da revolução portuguesa como sendo de estreitamento progressivo dos indivíduos e grupos sócio-políticos que as integravam através da progressiva burocratização do Estado e do poder e da supressão ou enfraquecimento das organizações de poder popular. A legitimação da nova elite produziu-se, então, pela via eleitoral e pela aura de moderação dos líderes políticos e militares.

Como afirmam Dogan e Higley, 'a maioria dos regimes políticos [...] nascem de crises abruptas, brutais e temporárias. As crises são a certidão de nascimento dos regimes [...]. As crises envolvem agudas confrontações entre as elites políticas e, frequentemente, produzem mudanças na composição e no funcionamento da elite' (Dogan and Higley, 1998: 3). A eliminação brusca da ordem social e política anterior à revolução e a indefinição momentânea quanto à fixação dos limites da nova ordem, dá aos agentes políticos que agem enquanto líderes nos processos revolucionários uma autonomia significativa e que, consoante a correlação de forças existente e a capacidade de determinar a formação e a composição da nova elite, logo de exercer o poder de facto, lhe permite conformar o regime e a ordem que sairão da crise revolucionária. No caso português, os autores tipificam a crise revolucionária de 1974 como tendo emergido de uma derrota militar, no caso nas guerras coloniais que o Estado

Novo alimentou em África durante 13 anos (Dogan and Higley, 1998: 9). Apesar de o golpe militar liderado pelo Movimento das Forças Armadas ter sido motivado, além de significativas questões corporativas, pela derrota efectiva na Guiné — que declarara a independência de forma unilateral em 24 de Setembro de 1973 — e pela impossibilidade de vencer os movimentos de libertação angolanos e moçambicano, a revolução que começou no momento em que o povo português desobedeceu às orientações do MFA e da recém-empossada Junta de Salvação Nacional e tomou as ruas de assalto, assumiu, sobretudo, aspectos que encontramos no primeiro e no terceiro tipos de crises.

Com efeito, verifica-se a ascensão abrupta de uma nova elite política, sobretudo a partir do reconhecimento dos partidos políticos e da sua participação nos governos provisórios do novo regime. Tal como Dogan e Higley referem em relação ao primeiro tipo de crise apresentado, 'há muita desorganização inicial; as novas instituições políticas não são familiares nem testadas; a ordem do novo regime não é obedecida em toda a parte; grupos diferentes querem seguir direcções distintas ou ir na mesma direção a velocidades diferentes; há velhas rivalidades e contas a ajustar' (Dogan and Higley, 1998: 8). Se pensarmos na sucessão de pequenas crises que marcaram a crise revolucionária portuguesa, todas estas características estão presentes e são determinantes para compreender a gestação e posterior consolidação do novo regime e das novas elites nacionais. Por fim, no terceiro tipo de crise apresentado pelos autores, que corresponde a uma revolução propriamente dita, caracteriza-se por 'interregnos em que todas as expectativas da vida política normal deixam de se verificar, em que não existe, no imediato, um regime claramente constituído e em que o poder político está à solta' (Dogan and Higley, 1998: 9).

É, portanto, na síntese destes três tipos de crise que, se quisermos pensar o processo revolucionário como sendo o da formação de uma nova elite governante, encontramos as características fundamentais que determinaram a conformação da nova ordem. Conformação essa que se divisa, desde logo, na feição da Constituição da República Portuguesa aprovada em 2 de Abril de 1976, menos de dois anos depois da revolução. Recuperando a ideia que, numa crise revolucionária, diferentes grupos podem querer na mesma direcção mas a velocidades diferentes, a Constituição é a materialização desse princípio. Saídos de uma longa ditadura fascizante e antecipando o magnetismo que a ideia de socialismo poderia exercer sobre a população portuguesa, os líderes políticos de quatro dos seis principais[3] partidos da revolução portuguesa afirmaram a sua vontade de implementar em Portugal uma sociedade socialista. À excepção do Centro Democrático Social, os programas do Partido Comunista Português, do Partido Socialista, do Partido Popular Democrático e do Movimento Democrático Português apontavam como grande objectivo o socialismo. Na teoria e no discurso dos líderes do PS e do PPD, as divergências com o PCP e o MDP residiam, sobretudo a partir das eleições para a Assembleia Constituinte, quanto ao ritmo da sua implementação e à democraticidade dos processos em que assentaria a sua construção.

Por outro lado, o Estado Novo através da censura, da perseguição, do encarceramento, da tortura e do assassinato havia legitimado uma contra-elite que entrou rapidamente em acção. Os líderes políticos exilados regressaram rapidamente ao país, os presos políticos foram libertados, os candidatos pelas listas da oposição às eleições fraudulentas do fascismo conformaram as elites nacionais e, sobretudo, locais e todos aqueles que foram impedidos de exercer a sua profissão ou a sua arte surgiram como novos referentes intelectuais e culturais a seguir, oferecendo uma linguagem e uma estética específicas, em clara ruptura com a fossilizada pelo Estado Novo, da nova realidade política. À boleia da fundação do PPD, reivindicaram-se também da contra-elite a maioria dos deputados que em 1969 integraram as listas da ANP — crentes na Primavera Marcelista e na possibilidade de uma transição pacífica para a democracia — e formaram a Ala Liberal, que, entre esse ano e 1973, terá procurado forçar a democratização do regime pela via reformista. Por conseguinte, a legitimação das novas elites políticas é-lhe granjeada por um passado de oposição à ditadura. Contudo, os líderes do PPD não passaram pela prisão nem pelo exílio e, quando constataram que seria impossível transformar o regime a partir de dentro, limitaram-se a retirar da vida política activa. O reformismo dos dirigentes do PPD marca uma clara diferença entre os líderes do PCP, do PS e do MDP, que haviam passado pelos cárceres do Estado Novo ou que foram perseguidos, violentados e prejudicados nas suas aspirações

[3] Apesar da menor expressão eleitoral e implementação territorial da União Democrática Popular e da sua ausência dos sucessivos Governos Provisórios, incluímo-la por estar entre os seis partidos que elegeram deputados para a Assembleia Constituinte em 25 de Abril de 1975.

profissionais por assumirem uma postura de hostilidade aberta em relação ao regime. Por outro lado, ainda no que diz respeito aos 'ajustes de contas' que acabam por se resolver durante os períodos mais conturbados das crises revolucionárias, devemos ainda destacar a divisão do campo oposicionista português em 1969 entre a Coligação Democrática Eleitoral e a Comissão Eleitoral de Unidade Democrática. A primeira congregou, grosso-modo, os candidatos próximos do PCP e daquilo que viria a ser, depois da revolução, o MDP. A segunda juntou os dirigentes da Acção Socialista Portuguesa — que, em 1973, deu lugar à fundação do Partido Socialista — e do grupo dos católicos progressistas que assumia uma importância cada vez mais significativa no contexto da oposição semi-legal ao Estado Novo. Se num momento inicial, as sequelas dessa fractura vão ser amenizadas pelos líderes do PS, do PCP e do MDP, a verdade é que no auge da crise revolucionária, entre as eleições constituintes de 1975 e o golpe de 25 de Novembro desse ano, ficarão expostas e marcarão uma clara divisão entre os que se reivindicavam de um socialismo democrático e humanista e os que advogavam um socialismo revolucionário. Por fim, encontramos ainda entre a elite dirigente da ordem nascente quadros vindos do aparelho de Estado e da administração pública do regime deposto — a elite não-governante tal como teorizada por Pareto (Hartmann, 2007: 12).

Da purga sucessiva dos elementos mais revolucionários de entre a classe política, da despromoção ou expulsão dos quadros mais radicais das Forças Armadas e da subalternização crescente das organizações de poder popular, nasce e consolidação a nova elite que inicia, desde logo, o processo de 'transformação numa casta fechada' (Michels *apud* Hartmann, 2007: 17) — ou no que viria a ser definido na democracia portuguesa como o arco da governação (PS, PPD/PSD e CDS). Como frisa Carlton, a ideia de consciência de classe não se aplica às elites. Ao contrário da classe que se torna numa 'classe em si mesma porque porque toma consciência subjectiva da sua situação objetiva de classe', 'uma elite é uma elite porque *é* uma elite' (Carlton, 1996: 3). Independentemente da élite se ver como uma classe — a classe política —, a sua condição de liderança resulta do domínio exercido de forma efectiva dos instrumentos de governação política e do seu reconhecimento pela maioria da população de ser a elite governativa legitima.

No nosso entender, no quadro do processo revolucionário português e da implantação e normalização da democracia política, a divisão das elites entre o bloco democrático e o bloco colonialista só subsistiu até aos golpes contra-revolucionários spinolistas de 28 de Setembro de 1974 e de 11 de Março de 1975. O reconhecimento do direito dos povos das ex-colónias à independência e a assunção da descolonização como uma das maiores prioridade da ordem nascente, eliminou as barreiras que impediam que as elites reaccionárias e as novas elites democráticas (da qual foram afastados o PCP, o MDP e os restantes partidos de esquerda revolucionária) convergissem no sentido de um objectivo comum: pôr termo à influência política do socialismo revolucionário nos órgãos do poder central e local, nos lugares cimeiros do aparelho de Estado e nas estruturas das Forças Armadas. Por outro lado, o consenso em torno do afastamento do PCP e dos seus aliados e da ala esquerda do MFA também não era suficiente para que se conformasse uma elite politicamente unificada. A marginalização e a travessia do derserto daqueles que haviam estado associados ao regime deposto não permitiu que, no imediato, se processasse uma síntese entre as velhas e as novas elites, nem a articulação da classe política em torno de uma ideologia coerente.

Nesta conformidade, a hipótese que avançamos neste trabalho é que se sucedem duas elites consensualmente unificadas na revolução portuguesa e na construção da nova ordem político-social. Num primeiro momento, receando a desfiguração que Spínola e os seus aliados políticos e militares poderiam provocar no Programa do MFA e nos obstáculos que poderia colocar à efectiva democratização do país, o bloco formado por todos os partidos do PPD para a sua esquerda, funcionará como uma contra-elite que, apesar de maioritária numericamente e presente no I Governo Provisório não conseguira assegurar nem a chefia do Estado nem a do executivo. A primeira vitória deste bloco ocorrerá com a demissão de Palma Carlos em Julho de 1974 e a sua vitória definitiva — e correspondente afastamento das elites spinolistas — com o esmagamento do golpe de Estado dirigido por Spínola em 28 de Setembro desse ano. Daí em diante, começam a verificar-se as primeiras tensões entre os diferentes grupos que compunham a nova elite. Porém, será preciso esperar pelas eleições constituintes de 25 de Abril de 1975 para que se operasse uma clara ruptura nesse bloco.

Com efeito, os resultados eleitorais da esquerda revolucionária fizeram-na representante de pouco mais que 20% dos eleitores portugueses, percentagem que não reflectia o poder que efectivamente detinham na condução da governação e na fixação da linha política no MFA. Conscientes da sua representatividade francamente maioritária, as lideranças do PS, do PPD e do CDS convergem no sentido de derrubarem Vasco Gonçalves, primeiro-ministro dos II, III, IV e V Governos Provisórios, de sanearem os militares mais radicalizados das estruturas de comando das Forças Armadas ou até da própria instituição militar, de expulsarem o MDP/CDE das Comissões Administrativas de um número muito significativo de Câmaras Municipais, sobretudo no centro e no norte do país e de confinarem o PCP a um papel marginal e residual na vida política portuguesa. Querendo ir mais longe, as elites reaccionárias, aquarteladas em Espanha e no Brasil, procuraram através da acção terrorista e do caos que essa semeava, retomar o controlo da situação, reverter o rumo que o processo revolucionário tomara até aí e ilegalizar o PCP, remetendo-o, tal como durante o Estado Novo, para a clandestinidade. Neste sentido, este trabalho propõe que as elites democráticas e as elites reaccionárias constituíram, pelo menos até 25 de Novembro de 1975, numa elite consensualmente unificada.

2. A conflituosa reconfiguração das elites portuguesas na primeira fase da revolução (25 de Abril de 1974-28 de Setembro de 1974)

A rápida sucessão dos acontecimentos a partir do momento em que os militares levam a cabo um golpe de Estado para apear as elites políticas do Estado Novo no poder e para iniciarem um processo de transição democrática e em que o povo, desrespeitando as próprias indicações que o Movimento das Forças Armadas (MFA) insistentemente fazia ecoar através da rádio e da televisão, inundou as ruas de Lisboa e transformou o golpe em revolução, gerou um rápido processo de eliminação (temporária ou parcial) das elites políticas e militares conservadoras que se afirmaram na primeira fase da revolução (até ao frustrado golpe contra-revolucionário de 28 de Setembro de 1974) e da sua substituição por novas figuras e novos estratos sociais. Não se trata de uma constatação do axioma atribuído a Danton que estabelece que, tal como Saturno, a revolução acaba sempre por devorar os seus próprios filhos, mas da formulação de uma hipótese de trabalho que propõe pensar a reconfiguração das elites no Portugal revolucionário e democrático a partir de diversas tentativas de formação de uma consciência de classe (dominante, intermédia e dominada) e de articulação de uma ideologia dominante que permitisse a consolidação de um novo bloco das elites portuguesas consensualmente unidas.

A questão ideológica tem aqui uma importância dupla: por um lado, enquanto garante de coesão da nova elite e, por outro, como mecanismo de dominação de classe. Como demonstrou Parry, 'as massas podem integrar-se no sistema existente [ou naquele que se está a construir e a moldar] apenas se puderem ser persuadidas a aceitar a direcção política de uma minoria [...]. Com efeito, as massas estão dispostas a seguir uma ideia, como a glória, o império ou a nação, aquilo a que Mosca chamaria uma 'fórmula política', Pareto uma 'derivação', outros uma 'ideologia' ou um 'mito'' (Parry, 1972: 19). A irreversibilidade da opção pelo desmantelamento do império colonial português através do reconhecimento do direito dos povos das ex-colónias portuguesas em África tornou inviável — como a extrema-direita chegou a ensaiar entre Maio e Setembro de 1974 — a manutenção de uma fórmula política centrada na glória, no império e na nação, mantendo intacta a ideologia dominante do Estado Novo. Por outro lado, mesmo ao nível das elites a manutenção do império estava longe de consistir numa base mínima de entendimento que favorecesse a unidade e consolidação das mesmas. De facto, as elites associadas ao Partido Socialista (PS), ao Partido Popular Democrático/Partido Social Democrata (PPD/PSD) e ao Centro Democrático Social (CDS) manifestaram o seu apoio à descolonização.

Assim, num primeiro momento da revolução, podem divisar-se dois blocos que disputavam o poder e, sobretudo, a capacidade de determinar a ideologia dominante que sustentaria o regime a criar. Por um lado, encontramos a massa heterogénea que, no plano político e militar, defendia como prioridades imediatas a democratização, a descolonização e o desenvolvimento do país. Por um outro, um grupo igualmente heterogéneo que, comandado a partir da Presidência da República por António de Spínola e da Chefia do Governo por Adelino da Palma Carlos, reunia a fracção secundária da elite do salazarismo e do marcelismo e os quadros políticos e militares que, embora ligados ao 25 de Abril e à Junta de Salvação Nacional e ao I Governo Provisório que dele emanaram, tudo fizeram para conquistar o controlo absoluto sobre o rumo dos acontecimentos. Este bloco tem a particularidade de ter juntado grupos que haviam estado em confronto nos anos finais do fascismo português, reformistas marcelistas, ultras, salazaristas e defensores de uma solução política para a Guerra Colonial. Unia-os, porém, o objectivo maior de impedir a descolonização e de encontrar uma solução assegurasse a existência de um Portugal pluricontinental que nunca deixaram de defender. Não só o império colonial português era visto como necessidade vital e produto da ontologia e da teleologia nacionais e como garantia indispensável à independência nacional face ao histórico expansionista do vizinho espanhol, como era apresentado como alternativa aos sonhos europeístas (Madeira, 2023). Embora depois do 25 de Novembro de 1975, o CDS tenha criado um centro de estudos cujos trabalhos foram profundamente críticos da descolonização tal como ocorreu no biénio 1974–1975, até ao 28 de Setembro de 1974 apenas Spínola, os seus aliados militares e civis e os partidos de extrema-direita defenderam a manutenção do colonialismo português e tentaram, por todas as formas, conservar em mãos lusas o império colonial africano.

Superadas as diferenças que os afastavam antes da revolução e na sequência da recusa do MFA em reforçar os poderes de Spínola em relação à questão colonial, este bloco procurou, através do denominado 'golpe Palma Carlos', antecipar a eleição para Presidente da República, acreditando, dessa forma, poder conquistar uma legitimidade social e eleitoral às posições defendidas por António de Spínola e, ao mesmo tempo, deslegitimar o papel moderador e programático do MFA. Simultaneamente ao acto eleitoral que deveria consagrar Spínola, realizar-se-ia um referendo constitucional que se pronunciaria sobre um texto de iniciativa presidencial e do chefe do executivo, remetendo para data incerta a eleição de uma assembleia constituinte que, procurando harmonizar as mundividências e os projectos dos diferentes partidos para o país, ficaria responsável por discutir, elaborar e aprovar a Lei Fundamental de Portugal e cujo funcionamento constava do Programa do MFA. O 'golpe Palma Carlos' visou, sobretudo e além da implantação de um regime presidencialista, desarmar a maioria política, militar e sociológica que era a favor da descolonização. Na sequência do crescimento da animosidade entre o Chefe de Estado e o MFA a propósito da questão colonial e da democratização, o 'golpe Palma Carlos' foi a primeira tentativa clara de inverter radicalmente o sentido político da revolução e de instituir uma elite alinhada com o projecto federalista de Spínola. Palma Carlos, incentivado por Spínola, estava ainda empenhado na fundação de um partido conservador que aglutinasse todas as sensibilidades colonialistas contra-revolucionárias e colonialistas.

A derrota do 'golpe', a demissão de Palma Carlos em 9 de Julho de 1974 e a formação de um novo governo provisório, agora chefiado por Vasco Gonçalves e com uma representação significativa dos militares da ala esquerda do MFA, obrigarão o Presidente da República a recalibrar a sua intervenção na vida política nacional. O fracasso da tentativa de criação de um partido conservador por Palma Carlos — missão que Spínola depois atribuirá a Diogo Freitas do Amaral e que resultará, dez dias depois da demissão de Palma Carlos, na fundação do CDS — tornou ainda mais importante o apoio que os partidos da direita radical declararam a Spínola e ao projecto imperial-federalista que este defendia. Partidos esses que representavam diferentes tendências e sensibilidades das elites secundárias do Estado Novo ou das elites conservadoras do campo civil e militar que aderiram à revolução e que se organizaram em partidos como o Movimento Federalista Português-Partido do Progresso (MFP-PP), o Partido Liberal (PL), o Partido Trabalhista Democrático Português (PTDP), o Movimento Popular Português (MPP), o Partido da Democracia Cristã (PDC), o Movimento de Acção Portuguesa (MAP) e Partido Nacionalista Português (PNP)[4].

Obrigado pela correlação de forças existente à época, que era cada vez mais favorável às forças progressistas e democráticas, a dar a sua concordância à descolonização, Spínola fez uma declaração ao país, em 27 de Julho, em que reconhecia o direito à auto-determinação dos povos das colónias portuguesas em África e a irreversibilidade do processo de descolonização, ratificando o decreto-lei que haveria de orientar os processos que conduziriam à independência da Guiné-Bissau, de Moçambique, de Cabo Verde, de São Tomé e Príncipe e de Angola — a descolonização de Timor seria muito mais atribulada e o abandono dos timorenses à invasão indonésia por parte das autoridades portuguesas acabaria por dar origem a um flagelo humanitário cuja resolução só viria a ocorrer em 1999. Fragilizado mas não se dando por derrotado, Spínola procura — no que será secundado por Champalimaud, que prometerá 'financiamento ilimitado' às direitas se estas se unificassem (Sánchez Cervelló, 1995: 134), um dos mais importantes industriais e bancários portugueses — federar num único movimento ou numa coligação todos

[4] Para uma caracterização mais aprofundada de cada um destes partidos e movimentos consultar Madeira (2020) e Marchi (2020).

estes partidos e reunir os sectores conservadores das Forças Armadas que ainda lhe eram fiéis na metrópole e nas colónias africanas. Sem que a Igreja se intrometesse ainda claramente nas dinâmicas políticas do processo revolucionário, Spínola não deixou de contar com o apoio de muitos párocos que, pelas aldeias, vilas e cidades de província, apelavam à contenção e agitavam o espantalho do comunismo como instrumento ideológico de condicionamento e de manipulação das massas. É neste contexto que se começa a urdir a convocação da manifestação de uma pretensa maioria silenciosa que, ao contrário da maioria activista que lançava o caos nas ruas e nas empresas do país, estaria já exausta do fervor revolucionário e dos sucessivos boicotes do MFA e do II Governo Provisório às iniciativas de Spínola.

O golpe deveria ser pluricontinental e ter expressão simultânea na metrópole, em Angola e em Moçambique. Contudo, os colonos europeus em Moçambique anteciparam-se e entraram em sublevação no dia 7 de Setembro de 1974, permitindo que o MFA tomasse medidas para frustrar os planos para Angola e a metrópole. Na revista *Resistência*, afirmou-se que o processo que conduziu ao 28 de Setembro correspondeu a um alargamento do sentimento anti-comunista e anti-revolucionário a fracções consideráveis do corpo de oficiais e, concomitantemente, da 'base social da contra-revolução', que 'passa a abranger muitos mais que de modo algum podiam ser suspeitos de não estarem com o '25 de Abril' desde a primeira hora e mesmo de não terem participado dele', ao contrário dos partidos direitistas já analisados, cujos intentos democráticos foram postos em causa desde o início. Nesse sentido, 'a resistência nacional era já tão profunda que só os desatentos, os pessimistas e os com interesse em enganaram-se a si próprios podem ter suposto que a resistência portuguesa se deixara abalar decisivamente'[5] com a derrota sofrida em 28 de Setembro e que, como tal, ficaria desarticulada ou irreversivelmente incapaz de se reorganizar para continuar a combater as formações de esquerda.

Em *Portugal: os novos centuriões*, Pierre Audibert e Daniel Brignon puseram em causa a existência da propalada 'maioria silenciosa' e defenderam que esta era apenas composta pelos sectores direitistas que rapidamente se mobilizaram e grandemente investiram para a divulgar e fazer parecer uma realidade:

---

[5] 'Para a História duma Revolução — A Resistência Nacional', *Resistência* (15 de Novembro de 1975).

> curiosa maioria silenciosa! Apenas nascida, manifestou-se imediatamente afixando cartazes na cidade e comprando centenas de entradas para essa corrida política [episódio de confrontações e ataques verbais ao Primeiro-Ministro, Vasco Gonçalves, na Praça de Touros do Campo Pequeno que ocorreu a 26 de Setembro]. Mas qual é ela? Reúne todos aqueles para os quais a história avança depressa demais, os angustiados, os indecisos... e também os nostálgicos do antigo regime. Na realidade, ela será o terreno de manobras da extrema-direita. (Audibert and Brignon, 1975: 189)

Os jornalistas franceses, que acompanharam de perto a Revolução portuguesa, colocaram em causa a pretensa espontaneidade dos movimentos em torno da manifestação da 'maioria silenciosa' e viram nela uma sucessão de acontecimentos que as direitas radicais habilmente procuraram explorar no sentido da consecução dos seus objectivos políticos. Vai no mesmo sentido a reflexão de Armando Cerqueira sobre esse período, considerando que a percepção de António de Spínola de que a conjuntura lhe era cada vez mais desfavorável, e 'na tentativa de inverter a situação, passou a apelar aos sectores da direita política, os quais organicamente se aliaram ao velho general no primeiro e amplo ensaio, de quase regresso ao passado. São dessa fase os discursos à 'maioria silenciosa'. [...] A táctica de António de Spínola consistiu em criar as condições para poder proclamar o estado de sítio e, como consequência, assumir plenos poderes' (Cerqueira, 2015: 140–141). O relatório elaborado pelo Movimento das Forças Armadas[6] e o 'livro branco' que o Partido Comunista Português editou a respeito da manifestação da chamada maioria silenciosa[7] corroboram as teses de Audibert, Brignon e Cerqueira, entre outros.

A direita, contudo, insistiu no carácter espontâneo dos acontecimentos verificados em Maputo, então Lourenço Marques, e procurou desligá-los de qualquer movimento político em Portugal. Alpoim Calvão, por exemplo, considerou que o '7 de Setembro [...] foi um grito de alma da etnia europeia e de muitas etnias africanas que viviam em Moçambique. Foi o estertor de um corpo que se sentia morrer. Apenas — apenas isso — manifestação

---

[6] Cf. Movimento das Forças Armadas — *Relatório do 28 de Setembro de 1974*. Lisboa: Movimento das Forças Armadas, 1975.

[7] Cf. Partido Comunista Português — *28 de Setembro: A Conspiração da 'Maioria Silenciosa'*. Lisboa: Edições Avante!, 1975.

espontânea, precipitada, um gesto súplice de quem se aferra à derradeira esperança' (Calvão, 1976: 135).

Tal como a tentativa de golpe em Moçambique, também em Lisboa a intentona contra-revolucionária foi derrotada, sendo para isso determinantes as barreiras que os partidos de esquerda, a Intersindical e o Movimento das Forças Armadas montaram e que conseguiram impedir o acesso à capital por parte dos 'manifestantes'. Nas buscas que nelas se realizaram, registaram-se várias apreensões de armas, o que põe ainda mais em causa o reiterado cariz pacífico de uma manifestação que se pretendia contra o extremismo, apartidária e a favor do general António de Spínola.

Eduardo Freitas da Costa admitiu, por conseguinte, que estava em marcha um golpe contra-revolucionário encabeçado por Spínola e que, apesar de mal-sucedido e das críticas apontadas, este pressupunha um considerável grau de preparação e de organização. As acusações de irresponsabilidade, de indecisão, de fraca capacidade de juízo e de inconsequência dirigidas a António de Spínola devem ser ponderadas tendo em conta o histórico ressentimento que a direita, apesar da aliança conjuntural, alimentava contra o general, devido à publicação de *Portugal e o Futuro* e por ter alinhado com os militares que realizaram o 25 de Abril. A actuação de Spínola no período em que foi Presidente da Junta de Salvação Nacional e as deficiências de comando e chefia que terá manifestado no 28 de Setembro e, mais tarde, no 11 de Março, não deixarão de ser assinaladas e cobradas pelas direitas radicais, que se sentiram, uma e outra vez, defraudadas pela acção do general (Costa, 1979: 198–199). Não obstante, uma parte da direita radical haveria ainda de se aliar ao general em torno do Movimento Democrático para a Libertação de Portugal, grupo terrorista que, juntamente com o Exército de Libertação de Portugal, pôs o país a ferro e fogo no Verão de 1975 e que abordaremos no próximo ponto.

Segundo Manuel Maria Múrias, o general não tinha a 'menor experiência ou formação política' e 'perdera o controle da situação' (Múrias, 1998: 302). O jornalista relevou ainda a 'ternurenta ingenuidade' dos organizadores da manifestação da 'maioria silenciosa' por estarem à espera de que afluíssem a Lisboa 'para cima de 300.000 pessoas' (Múrias, 1998: 302). Relativamente aos objectivos de Spínola, Múrias disse que o general aprovara a festarola esperando que uma grande movimentação de massas pudesse legitimar e justificar a sua ditadura e, simultaneamente, travar o processo de descolonização de Angola que supunha ser controlado pelos comunistas. Liquidar-se-ia a esquerda festiva, [...] proibir-se-ia porventura o PC; poder-se-iam arranjar as coisas para que Portugal continuasse fiel aos ditames da civilização ocidental e cristã com o capitalismo à solta na Metrópole, e os pretos em África entregues a si próprios, comendo-se cristãmente uns aos outros, religiosamente sujeitos a Roma, mas servindo os interesses estratégicos dos EUA, em vez da União Soviética. (Múrias, 1998: 305)

Múrias entendia, portanto, que António de Spínola, apesar das suas declarações nesse sentido, nunca defendeu um projecto realmente patriótico ou nacionalista para Portugal: pretenderia apenas, escorado num atlantismo submisso, inserir o país na órbita dos Estados Unidos da América. Por outro lado, o seu projecto federativo não teria em conta a elevação do estatuto e da condição de vida dos povos autóctones dos territórios africanos e asiáticos, mas apenas a sua entrega aos circuitos do capitalismo mundial. Apesar destes considerandos, o autor assumiu a existência do projecto golpista, embora se tenha referido apenas ao envolvimento de militares, e, visto que saíra derrotado, aproveitou o malogro do plano contra-revolucionário da manifestação da 'maioria silenciosa' para atacar Spínola pela sua vaidade, pela sua inépcia e por sempre ter defendido um projecto político incompatível com os interesses nacionais.

Apesar da existência de diferentes narrativas e interpretações, à direita, acerca do 28 de Setembro, o facto é que se tratou do primeiro ensejo de reacção sério, organizado e impetuoso contra a Revolução e o consequente processo de democratização do país. No final de Setembro de 1974, as direitas política e militar saíram derrotadas, mas foram, como realça Wilfred Burchett, 'apenas parcialmente eliminadas, o que as levou, como era de prever, a tentar novamente um golpe contra-revolucionário' (Burchett, 1975: 295), a empenhar-se em acções terroristas que assolaram o país, os partidos e movimentos de esquerda e os sindicatos entre 1975 e 1977 e a conluiarem-se com o Grupo dos Nove e outras formações militares e políticas para, em 25 de Novembro de 1975, conseguirem, também elas, uma vitória parcial: o afastamento do PCP e da esquerda militar das estruturas de poder e do MFA e a precipitação do encerramento do ciclo revolucionário iniciado a 25 de Abril de 1974.

Derrotada e politicamente neutralizada, o sentimento predominante entre a direita e o campo spinolista é sintetizada por Nogueira Pinto ao afirmar que éramos, nesse Verão de 1974, uns miúdos, num quadro de fim, no quadro do apocalipse numa terra de brandos costumes: entre Lisboa e Luanda, Coimbra e o Uíge, depois Joanesburgo e Madrid, protagonistas de uma série de episódios e sequências que nos ultrapassavam, em que procurávamos salvar valores e coisas que a mais ninguém interessavam, nem mesmo àqueles que iam ser os seus náufragos e os seus *colateral damage*, em Angola e Moçambique. E queríamos formar uma resistência da qual também ninguém via a necessidade, nessa ocasião. Entre generais do antigamente, majores spinolistas, burgueses inquietos, aprendizes de conspiradores, militares politicamente correctos [...] fiz a minha última guerrilha de adolescente, vivi o meu último episódio da tal 'cruzada adolescente' contra o mal e uma prova séria de que as ideias tinham consequências. Perdi — perdemos — e crescemos: nada convencidos [...]. Nunca fiquei convencido desta história. (Pinto, 1996: 4)

A resistência aos golpes contra-revolucionários spinolistas ofereceu a última possibilidade do campo democrático se unir e formar um bloco coeso. Porém, a eliminação da oposição conservadora e reaccionária — pelo menos até 25 de Novembro de 1975 — não deu lugar à pacificação da vida política nacional. Por um lado, os governos provisórios — apoiados até ao IV por PS, PPD, PCP e MDP, não só através dos seus representantes no executivo mas através de comunicados e das intervenções públicas dos seus dirigentes — chefiados por Vasco Gonçalves vão responder à ofensiva política e militar do campo spinolista e às tentativas de sabotagem financeira por parte dos grandes grupos capitalistas do país com uma campanha de nacionalizações, com o estímulo à reforma agrária e com programas habitacionais vanguardistas, entre muitas outras medidas que visavam o abreviamento temporal da implantação do socialismo em Portugal. É sob o signo da resistência ao 'radicalismo' da esquerda revolucionária do MFA e do espectro partidário — sobretudo, do ataque às posições conquistadas, directa ou indirectamente, por PCP e MDP — que se estruturará durante o verão de 1975 a conquista da hegemonia por parte daquela que viria a ser a elite governante — a classe política — do novo regime democrático.

3. O anti-comunismo como força dominante de uma elite consensualmente unificada (das eleições constituintes de 25 de Abril de 1975 ao 25 de Novembro de 1975)[8]

Um ano depois do golpe revolucionário o país foi chamado a eleger os seus representantes para a Assembleia que haveria de discutir, redigir e aprovar a nova Constituição. Em contraponto com a sua e influência nas ruas e na mobilização popular e laboral, os resultados eleitorais revelaram que a representatividade política do PCP estava aquém da sua capacidade de actuação e que se limitava à Grande Lisboa, ao Sul do Ribatejo, ao Alentejo, ao Algarve e ao Grande Porto. No mesmo sentido, a performance eleitoral do MDP, que na sequência do saneamento das Câmaras Municipais do fascismo se fez responsável pela gestão de muitas das comissões administrativas eleitas *ad hoc* para gerirem os municípios portugueses até à realização de eleições democráticas, não traduziu o prestígio local que se julgava que as contra-elites da oposição semi-clandestina ao Estado Novo detinham.

Nas eleições mais concorridas da democracia portuguesa — participaram cerca de 92% dos eleitores inscritos —, o Partido Socialista saiu como o grande vencedor e o único a poder reclamar uma efectiva expressão nacional, conquistando mais de dois milhões de votos e 116 dos 250 assentos parlamentares em disputa. Em segundo lugar, o Partido Popular Democrático conquistou cerca de 1 milhão e meio de votos e 81 mandatos. A votação neste partido revelou também que o essencial da sua base social de apoio estava no centro e no norte do país, além de um claro predomínio nas regiões autónomas dos Açores e da Madeira. Este resultado revela a capacidade que o PPD teve — embora se tratasse de um partido de elite criado a partir de cúpulas restritas em Lisboa — em absorver as estruturas locais do Estado Novo e de se assumir como plataforma representativa dos sentimentos conservadores que predominavam no centro e no norte do país. Com efeito, a criação tardia do CDS — partido cujo perfil iria mais ao encontro das sensibilidades e

8 Este subcapítulo é baseado na tese de doutoramento do autor (Madeira, 2020: 268–301).

das prioridades políticas, sociais, económicas e culturais das elites locais — impediu que este conquistasse aquela que seria a sua mais do que previsível base social de apoio. Mesmo com o crescimento verificado nas eleições legislativas — nas quais ficou em terceiro lugar, à frente do PCP — e nas eleições autárquicas de 1976 — em que conquistou a presidência de 36 municípios (apenas menos um que a Frente Eleitoral Povo Unido (FEPU)[9]) e a eleição de 317 vereadores (face aos 268 da FEPU, aos 624 do Partido Social Democrata e aos 691 do Partido Socialista[10]).

O Partido Comunista Português obeteve cerca de 712 mil votos nas eleições constituintes e ficou representado na Assembleia Constituinte por uma bancada de 30 deputados. Com efeito, os cerca de 12,5% do número total de votos revelaram um partido com grandes dificuldades a norte da capital do país e permitiram que, sobretudo, o PS e o PPD começassem a combater de forma muito mais assertiva a influência do PCP e do MDP no aparelho de Estado, nas ruas e no poder local e que a legitimidade e representatividade dos órgãos de poder popular começasse a ser posta em causa e, sobretudo, contrariado em função da legitimidade eleitoral de que estes partidos se sentiam cobertos em função dos resultados das eleições de 25 de Abril de 1975. O CDS — cuja implantação social e política era também ainda uma incógnita — alcançou um resultado razoável tendo em conta as baixas expectativas com que a sua candidatura foi encarada no início do processo eleitoral. Com quase 435 mil votos, conquistados, sobretudo, no norte do país, o CDS garantiu a eleição de 16 deputados para a Assembleia Constituinte.

Numa Assembleia cujos trabalhos foram mais protagonizados pelas discussões do período antes da ordem do dia — ou seja, pelo debate da situação política nacional que antecedia a discussão acerca da Constituição —, o CDS, procurando capitalizar a sua ausência dos sucessivos governos provisórios, usou o hemiciclo para se afirmar como a única força político-partidária contrária ao aparente consenso socialista que uniria os restantes partidos que aí tinham assento. De resto, reforçando essa percepção numa opinião pública que então se começava a formar, os 16 deputados do Centro Democrático

[9] Coligação formada pelo Partido Comunista Português, o Movimento Democrático Português e a Frente Socialista Popular

[10] Apesar da distância considerável no número de vereadores eleitos entre PS e PSD, ambos os partidos conquistaram a presidência do mesmo número de Câmaras Municipais: 115.

Social foram os únicos que romperam a unanimidade no momento de votar a nova constituição do país. No dia 2 de Abril de 1976, o CDS seria mesmo o único partido com assento na Assembleia Constituinte a votar contra a aprovação da Constituição da República Portuguesa que inscrevia, no seu preâmbulo, o desígnio de contribuir para a construção de uma sociedade socialista. O posicionamento durante os trabalhos da Assembleia Constituinte, o Verão Quente e o voto contra a Constituição serão fundamentais para que, face à reorganização e ao ressurgimento da extrema-direita na sequência do 25 de Novembro de 1975, este campo político viesse apelar ao voto no CDS nas eleições legislativas de 1976.

A par da ofensiva institucional dirigida por PS, PPD e CDS, os spinolistas e a extrema-direita também concorreram activamente para o desígnio de expurgar o país da influência do PCP e dos seus aliados. Além de algumas confissões posteriores de operacionais e estrategas dos movimentos terroristas, o tema foi sempre evitado ou secundarizado pela extrema-direita. À data dos factos, e nos anos imediatamente subsequentes, ou não se pronunciaram sobre os ataques, ou valorizavam — muitas vezes sem referir a violência empregue, os danos patrimoniais e as vítimas causadas — uma pretensa resistência nacional ao comunismo ou, num cínico jogo de espelhos, responsabilizaram a esquerda revolucionária pelas bombas. Nesta narrativa que procurava criar uma realidade alternativa, e no caso do Partido Comunista Português, apresentava-se a vítima como sendo maquiavélica ao ponto de encenar a destruição das suas sedes, de ferir e até de matar os seus militantes para, depois, poder ganhar a comiseração da população e, assim, avançar no seu plano de instauração de uma 'ditadura comunista'.

No final de Agosto de 1975, quando se agudizava a violência política no país, a revista *Resistência* publicou dois textos que analisavam e contextualizavam os ataques verificados até então. Num discurso violento e de incentivo ao avolumar dos assaltos e dos ataques, considerava-se, em primeiro lugar, que a expulsão das forças revolucionárias de determinada cidade ou concelho equivalia a libertar essa zona. Assim, 'o que dá a verdadeira medida da capacidade organizativa das forças libertadoras é o seu sucesso na condução de acções que duma forma definitiva arrancam o poder das mãos dos usurpadores'[11]. Considerando que se estava perante uma 'verdadeira avalanche' e

[11] 'Zonas Libertadas', *Resistência* (30 de Agosto de 1975).

um 'amplíssimo levantamento do povo português'[12], advertiam os militares e os políticos que hesitavam em juntar-se ou em apoiar abertamente estas acções de que poderiam vir a ser ultrapassados pela maioria da população portuguesa e passarem, também eles, a serem considerados inimigos — 'só os que atentaram contra a Pátria não podem ter lugar neste grande e [...] sagrado 'compromisso nacional' que Portugal exige de nós'[13]. Sobredimensionando a sua real capacidade de intervenção e de influência das massas populares, pressionavam o PS, o PPD e o CDS a aderirem ao movimento anti-comunista ou, pelo menos, a não obstruírem as manifestações e os assaltos. Por outro lado, e como o poder continuava, a nível central, nas mãos das forças progressistas, exortavam 'a verdadeira 'resistência nacional''[14] a promover a união das diversas zonas já 'libertadas', articulá-las e fazer com que funcionassem à margem do Estado ou em oposição a este.

As manifestações populares anti-comunistas, convocadas pela ou com o apoio da Igreja foram transformadas, na narrativa direitista, em desígnio nacional, ungidas pelos bispos, financiadas por empresários que desde o início se empenharam em limitar os avanços da Revolução e operacionalizada por militares direitistas. A contra-revolução violenta foi equiparada a uma guerra de libertação. Jaime Nogueira Pinto afirmou que a direita que fora ilegalizada ou encarcerada, na sequência dos golpes frustrados de 28 de Setembro e de 11 de Março, ressurgira actuante, no Verão de 1975, 'à antiga portuguesa, de varapau e roçadoira, com o cura e os *notáveis à frente*, à voz de um Arcebispo que pregava a cruzada anti-comunista'[15].

Reconhecendo o papel central que a Igreja teve nestas mobilizações, escamoteava-se o necessário apoio que as mesmas necessariamente tiveram de elementos ligados aos maiores partidos não-marxistas. Não era a direita renascida que se erguia, nem era, tão pouco, a espontaneidade do povo do Norte do país a ser espicaçada nas prédicas eclesiais. Era, isso sim, a coligação de esforços da frente anti-marxista, que, uma vez derrotados os principais

[12] 'Zonas Libertadas', *Resistência* (30 de Agosto de 1975).
[13] 'As Forças do Futuro', *Resistência* (30 de Agosto de 1975).
[14] 'Zonas Libertadas', *Resistência* (30 de Agosto de 1975).
[15] Pinto, Jaime Nogueira, 'O futuro da direita', *A Rua* (16 de Agosto de 1976).

inimigos comuns, se desmembraria rapidamente — como se verificou no pós-25 de Novembro.

Carlos Dugos considerou que os não-comunistas se sentiam antes das eleições constituintes como uma 'ilha isolada nos seus anseios, rodeada pela amplitude comunista que a tudo se sobrepunha' (Dugos, 1975a: 9). A tomada de consciência de que corresponderiam à larga maioria da população nacional terá, então, tornado esses elementos mais 'capazes de arriscarem umas posições de confrontação política' (Dugos, 1975a: 9). Ainda assim, argumentou, essa confrontação foi escalando de forma a corresponder ao aprofundar da via revolucionária, até chegar ao ponto de ruptura em que os portugueses se terão consciencializado de que 'o problema já não estava em 'fascismo' ou 'democracia', socialismo ou capitalismo, burguesia ou proletariado, mas unicamente em comunismo e não comunismo' (Dugos, 1975b: 70). Esta alegação de que as manobras contra-revolucionárias no Norte do País foram uma reacção em crescendo ao intensificar do processo revolucionário foi também defendida por Paradela de Abreu, mentor do plano Maria da Fonte. O editor afirmava, em 1976, que a ditadura comunista só foi evitada em Portugal devido 'à reacção do povo do Norte. Reacção no exacto sentido de reagir contra a prepotência, o insulto, a irresponsabilidade, a incompetência, a vigarice e, pior do que tudo, a tentativa de ocupação do Poder Político por forças totalitárias' (Abreu, 1076: 7).

Um povo que se sentiria, de acordo com esta narrativa, aviltado pelo desrespeito a que estariam a ser votadas as suas tradições e cultura pelos governos provisórios e que não poderia mais tolerar a influência e o poder dos comunistas, que estariam a destruir o modo de vida que sempre fora o seu, abalando as estruturas em que sempre se revira e pondo em causa as verdades pelas quais sempre se regera. Povo que, nas palavras de Vera Lagoa, não era passível de confusão com as 'massas alienadas por *slogans* e lavagens ao cérebro' que enchiam as ruas dos principais centros urbanos ou com as 'populações controladas, vigiadas, sem alma e sem carácter próprios' que existiriam nos Estados de sistema socialista (Lagoa, 1978: 159). Para Lagoa, o povo que foi mobilizado contra as forças revolucionárias representava a 'Autencidade', a 'Verdade', a 'espontaneidade natural' e a 'sabedoria de séculos'. É evidente nestas passagens a intenção dos vários autores citados de enaltecer a acção anti-comunista das populações a norte do rio Tejo, vendo nela não um ataque mas uma defesa dos valores e das tradições nacionais.

Assim, mais do que pretender violentar os revolucionários, esse povo do Norte quereria apenas fazer-se ouvir — 'quando o Norte ardeu, estava apenas a comunicar: as sedes do PCP foram apenas órgãos de comunicação social' (Abreu, 1976: 7). Frisando-lhe o carácter espontâneo e apartidário — somente nacional e, por conseguinte, anti-comunista —, procuravam ofuscar e omitir os intensos jogos políticos de bastidores, as conspirações que envolveram partidos, Igreja, militares e gente afecta ao Estado Novo. Com efeito, Miguel Carvalho demonstrou cabalmente que o carácter popular e espontâneo destas mobilizações nunca existiu. Pelo contrário, considerou que estas foram orquestradas, financiadas e concretizadas por vários grupos cujos interesses — políticos, económicos, sociais ou culturais — haviam sido postos em causa com o aprofundar do processo revolucionário: 'ELP, MDLP, Igreja, ex-agentes da PIDE e da Legião, elementos de guerrilhas e movimentos avessos à independência das ex-colónias, mercenários, ex-militares, serviços de inteligência estrangeiros, banqueiros, empresários e industriais. A extensão da rede de cumplicidades e ramificações para pôr Portugal pós-revolução a arder não olhou a meios nem a divergências de pormenor' (Carvalho, 2017: 79).

O anti-comunismo não foi apenas, a partir de Abril de 1975, arma política da direita. Depois das eleições, o Partido Socialista e o Partido Popular Democrático apontaram baterias ao Partido Comunista Português, ao Movimento Democrático Português e, em muito menor grau, à esquerda revolucionária. Todos procuraram estimular e capitalizar um sentimento anti-comunista cultivado e doutrinado, sobretudo nas populações rurais do Norte, a partir das cátedras das escolas, dos púlpitos das igrejas e dos discursos políticos proferidos nas centenas ou milhares de sessões de esclarecimento e comícios que se realizaram por todo o país ou que foram transmitidos e reproduzidos na rádio, na televisão e nos jornais.

Manuel Maria Múrias, contrariando substancialmente o que escrevera durante a segunda metade dos anos 1970 e a primeira dos anos 1980, revelou mais tarde que os comunistas foram vítimas de uma bem orquestrada campanha de desestabilização interna, cujo único propósito era retirar-lhes, o mais rapidamente possível, qualquer tipo de influência política e mesmo, se possível, ilegalizá-los. Essenciais nesta campanha terão sido, para Múrias, os agentes ao serviço dos Estados Unidos da América e o Movimento Reorganizativo do Partido do Proletariado (MRPP). Os primeiros, procurando fazer de Portugal a 'vacina anti-comunista da Europa', terão colocado 'agentes provocadores' no seio dos partidos cujo discurso e acção eram mais radicalizados, por forma a contribuir para o escalar da confrontação política e para semear o caos nas ruas — 'a desordem portuguesa fora meticulosamente planeada. O Partido Comunista, mais uma vez como no Chile, ia na simplíssima esparrela. Cunhal afinal parecia um tonto' (Múrias, 1998: 315). Quanto ao MRPP, o autor considerou que o radicalismo do partido levou 'a desordem aos seus últimos limites', tendo terrificado 'o burguês, obrigando-o a reagir' (Múrias, 1998: 313). Por outro lado, o partido liderado por Arnaldo Matos fizera do PCP o seu inimigo figadal e denunciara incessantemente o 'social-imperialismo' dos comunistas e a sua pretensa intenção de impor em Portugal uma ditadura de figurino soviético. Rapidamente, o MRPP 'tornara-se o principal responsável pela amotinação contínua que parecia desfazer toda a ordem social' (Múrias, 1998: 317–318) e cuja responsabilidade era, depois, atribuída aos comunistas. O comportamento do MRPP ao longo do processo revolucionário pode ser mais bem entendido à luz do financiamento avultado que teria recebido da CIA (Múrias, 1998: 317) e das reuniões secretas que Arnaldo Matos manteve com Mário Soares, Francisco Sá Carneiro e elementos ligado ao Grupo dos Nove (Carvalho, 2017: 60).

Parte substancial da doutrinação e da mobilização anti-comunista partiu das igrejas portuguesas. Ao contrário dos republicanos do início do século XX, os revolucionários de 1974 não quiseram afrontar nem entrar em conflito com a Igreja Católica. Salvo raras excepções — mais resultado do voluntarismo de alguns agentes políticos e culturais do que da linha política estabelecida pelos partidos políticos — a intervenção política dos vários governos provisórios, e mesmo dos partidos revolucionários, tendeu a buscar uma relação pacífica com a Igreja e contribuir para que esta se inserisse na nova ordem democrática. Porém, a Igreja, ciente da sua influência social e do seu poder, continuava 'demasiado conservadora e intolerante, recusava adaptar-se aos novos tempos' (Cerqueira, 2015: 299) e não hesitou em aliar-se, objectivamente, aos grupos terroristas da extrema-direita que surgiram no Verão de 1975.

4. Terrorismo e violência política como estratégia de intervenção de sectores das elites portuguesas

Os principais movimentos terroristas da direita radical foram o Exército de Libertação de Portugal, o Movimento Democrático para a Libertação de Portugal e o plano Maria da Fonte. Os dois primeiros foram organizados em Madrid e foi a partir dessa cidade que planearam e coordenaram a sua actividade em solo português. O último grupo, que manteve relações com o MDLP e o ELP, preferencialmente com o primeiro, resulta de um plano do editor Paradela de Abreu, para o qual também terão contribuído Sanches Osório e Jorge Jardim, que foi aprovado, em Braga, pelo Arcebispo D. Francisco Maria da Silva. Em conjunto, os três movimentos e outros subgrupos terão sido responsáveis, de acordo com a contabilização feita em *Dossier Terrorismo* (1977), pela concretização de 566 acções violentas entre Maio de 1975 e Abril de 1977 — o acerto do relatório das acções contra-revolucionárias é confirmado por Francisco Van Úden, comandante operacional do ELP (Bernardo, 2004: 399).

Seguindo ainda a listagem publicada em *Dossier Terrorismo*, os 566 ataques corresponderiam à soma de 310 atentados bombistas, 136 assaltos, 58 incêndios, 36 espancamentos, 16 atentados a tiro e 10 apedrejamentos (PCP, 1977: 41). Geograficamente, o terror direitista concentrou-se, principalmente, no Norte (44,3%) e no Centro (21,4%) do país. Seguem-se a Área Metropolitana de Lisboa (20,4%) e as Regiões Autónomas (7,7%) — que tiveram os seus próprios movimentos direitistas, simultaneamente terroristas e separatistas. Por fim, e com escassa relevância percentual surgem o Alentejo (3,9%), o Algarve (1,9%) e dois ataques realizados contra representações portuguesas no estrangeiro (0,4%).

Tendo em conta as acções violentas listadas em *Dossier Terrorismo*, apresentamos uma primeira sistematização das mesmas tendo por base os seguintes intervalos cronológicos: Maio de 1975 (primeiro ataque) a Novembro de 1975 (profunda alteração política provocada pelo 25 de Novembro), Dezembro de 1975 a Abril de 1976 (aprovação da Constituição da República Portuguesa e realização das primeiras Eleições Legislativas) e Maio de 1976 a Abril de 1977 (data dos últimos ataques registados):

Quadro 1: Ataques terroristas por períodos (1975–1977)

Períodos	N.º	%
Maio de 1975 a Novembro de 1975	289	50,3%
Dezembro de 1975 a Abril de 1976	157	27,3%
Maio de 1976 a Abril de 1977	129	22,4%

Fonte: Partido Comunista Português, Dossier Terrorismo (Lisboa: Edições Avante!, 1977).

Como é visível no Quadro 1, a maioria das acções terroristas registou-se no primeiro período assinalado, tendendo depois a decrescer progressivamente. Apesar de haver uma redução do número de ataques a partir de Dezembro de 1975, a que não é alheia a dissolução do MDLP no início de 1976, a verdade é que continuou a ser perpetrado um número considerável de acções violentas contra partidos revolucionários, individualidades identificadas com as forças progressistas, cooperativas, associações e até contra a Embaixada de Cuba. No segundo e no terceiro períodos assinalados, surgem novas organizações terroristas: por exemplo, os Viriatos, a Cruzada Renascida Anticomunista (CRAC) e os Comandos Operacionais de Defesa da Civilização Ocidental (CODECO). Estas arregimentarão os operacionais descontentes com o fim do MDLP e do ELP, assim como mercenários portugueses que, até então, haviam estado em Angola a combater o MPLA, tomando parte no bloco militar que juntou a FNLA, a UNITA e forças militares sul-africanas e congolesas.

Para analisar a natureza e os objectivos dos ataques, tipificámo-los em oito categorias de alvos: i) partidos; ii) sindicatos; iii) ataques individuais; iv) bancos e empresas (agressões a trabalhadores ou assaltos); v) cooperativas, associações, comissões associadas aos órgãos de poder popular; vi) órgãos de imprensa, transmissores e tipografias; vii) serviços públicos, órgãos de poder autárquico, consulados e embaixadas; viii) diversos (auxílio à fuga de prisioneiros, ataques a casas paroquiais e igrejas, incêndios florestais, atentados contra forças e unidades militares e outros sem razão aparente):

Quadro 2: Ataques por alvos e por períodos (1975–1977)

Períodos **Alvos**	**Maio 1975 /** **Nov. 1975**	**Dez. 1975 /** **Abr. 1976**	**Maio 1976 /** **Abr. 1977**	**N.º**	**%**
Partidos	140	27	12	179	31,0
Sindicatos	8	14	2	24	4,2
Ataques individuais	58	62	33	153	26,6
Bancos e empresas	13	3	14	30	5,2
Órgãos de poder popular	11	12	13	36	6,3
Órgãos de imprensa	17	2	2	21	3,7
Serviços públicos	8	9	6	23	4,0
Diversos	34	28	47	109	19,0
Total	289	157	129	575	100,0

Fonte: Partido Comunista Português, Dossier Terrorismo (Lisboa: Edições Avante!, 1977).

Como se conclui pela análise dos dados apresentados, entre Maio de 1975 e Abril de 1977, predominaram os ataques a sedes locais de partidos revolucionários, sobretudo e por larga maioria as do Partido Comunista Português e a indivíduos conotados com a esquerda revolucionária. Contudo, só no primeiro período cronológico os ataques aos partidos foram maioritários, diminuindo progressivamente nos dois períodos seguintes. Este elemento indica-nos, claramente, que, até ao 25 de Novembro, os movimentos terroristas visavam objectivos políticos e tinham uma capacidade de mobilização social a Norte do Tejo que lhes permitia organizar cercos, assaltos e incêndios às sedes partidárias.

Numa segunda fase do bombismo direitista, destacaram-se os ataques individuais e os que inserimos na categoria 'Diversos'. Esta variação dos alvos prende-se com uma menor identificação das acções terroristas com objectivos políticos concretos — apear os comunistas do poder, afastar a esquerda militar dos órgãos de decisão do MFA e reverter, o mais possível, as medidas revolucionárias — e com uma crescente propensão destes grupos para o delito comum e para a realização de acções motivadas por ódios ou interesses pessoais. Mais, ao contrário do que se verificara no Verão de 1975, os militantes e dirigentes locais dos partidos não-marxistas e a Igreja já não davam o seu apoio, directo ou indirecto, às manifestações e às acções violentas que delas decorriam. A diminuição significativa da intensidade e regularidade dos ataques e as alterações significativas na tipologia dos seus alvos permite-nos concluir que para o sucesso da campanha anti-comunista de 1975 foi fundamental o apoio ou a inacção das estruturas locais e nacionais do PS, do PPD e do CDS e das corporações militares que se subtraíram ao comando de de indivíduos ligados à esquerda militar.

Em suma, a violência deixa de ter como justificação e pretexto os propósitos de 'salvação nacional', de pôr fim a uma alegada usurpação do poder pelo PCP e seus aliados e de ocidentalização da democracia portuguesa. Com a nova correlação de forças surgida do 25 de Novembro, parte significativa dos apoiantes, operacionais, planeadores e financiadores do ELP, do MDLP e do plano Maria da Fonte retraiu-se e procurou intervir politicamente nos novos moldes institucionais e legais. Sobrou uma franja de marginais e de anti-comunistas primários que sentiram que a luta iniciada em Maio de 1975 não ficara selada em Novembro desse ano, sendo ainda necessário ilegalizar o PCP e os comunistas, expulsar de Portugal qualquer representação diplomática dos países socialistas e eliminar qualquer resquício do período revolucionário — no fundo, sobraram aqueles que desejavam voltar ao dia 24 de Abril de 1974 através do recurso a meios violentos de acção. A esses se somaram outros que, por interesse pessoal ou pela simples vertigem da violência, continuaram a organizar e financiar as 286 acções terroristas que se registaram em Portugal entre Dezembro de 1975 e Abril de 1977.

Segundo a informação colhida em *Dossier Terrorismo*, o número de mortos provocado pelas acções terroristas ter-se-á cifrado em 14, quatro dos quais eram bombistas que faleceram na sequência de acidentes na preparação, no manuseamento ou no transporte de explosivos. A este propósito, deve ainda fazer-se notar que mais de metade das mortes ocorreu depois de 25 de Novembro de 1975, o que atesta o recrudescimento da violência a partir dessa data, que de resto também já havíamos mencionado. Os dados presentes na obra supracitada, bem como outros disponíveis noutras fontes, não permitem aferir com exactidão o número total de feridos que terão resultado destas acções e, ainda menos, os danos patrimoniais delas decorrentes.

De entre as acções perpetradas na sequência de manifestações populares ou da acção de grupos terroristas, destacam-se ainda, pela sua violência:

i) a 18 de Julho, o assalto ao Centro de Trabalho do PCP em Aveiro e da União dos Sindicatos desse distrito: 'do recinto de uma fábrica abandonada lançam-se *cocktails molotov* ao edifício dos comunistas onde se encontram mulheres e crianças' (Carvalho, 2017: 46);
ii) a 10 de Agosto, o incêndio das sedes do PCP, do MDP/CDE, da União dos Sindicatos e do Mercado do Povo, em Braga. A mobilização fora feita pela Igreja e José Freire Antunes apelidou-a, pela destruição semeada, de 'romagem de fogo e de sangue'. Gritando 'morte ao comunismo! Duas mil pessoas encaminham-se então para o Campo da Vinha. Começam a atirar pedras à sede do Partido Comunista. Os cabecilhas tentam penetrar no edifício. A turba aumenta de histerismo' (Antunes, 1980: 131–133). Do outro lado, os militantes comunistas procuraram defender a sua sede e foram disparados tiros de ambos os lados da barricada, 'a manifestação engrossa, os comunistas encurralados. Faz-se tudo para destruir a fachada. Uns trepam às varandas. O tiroteio prossegue. É arrancada a placa e a bandeira do partido. Exibida como troféu' (Antunes, 1980: 133). Apesar de ter quartel próximo, a GNR não procurou pôr

cobro à violência dos manifestantes. Só mais tarde, com a chegada de militares vindos do Porto, e depois de várias pessoas terem ficado feridas, é que se conseguiu pôr termo ao confronto e à destruição. Como ironizou Freire Antunes, 'o *lúmpen* da cidade dos arcebispos teve o seu dia de glória. Cruzados da bomba e do azeite, tinham dado uma lição aos comunistas. Não se exortava dos púlpitos à destruição dos 'ninhos comunistas'? Deus gostaria. E o MDLP pagava' (Antunes, 1980: 135). Novamente, entre os manifestantes encontravam-se militantes do CDS, do Partido Popular Monárquico, do PPD e do PS: 'não espantará, por isso, que naquela tarde de canícula, em Braga, a grandiosa manifestação tivesse em Romeu Maia, dirigente distrital socialista, um dos mais dinâmicos organizadores' (Carvalho, 2017: 170);

iii) a 18 de Agosto, o assalto ao Centro de Trabalho do PCP em Ponte de Lima, que resultou em cem feridos e na morte de José da Costa Lima;

iv) entre 25 e 27 de Agosto, os 'três dias de violência em Leiria: assaltos, saques, fogos no Centro de Trabalho do PCP, nas sedes da LCI, MES e FEC e nos escritórios de dois advogados antifascistas' (PCP, 1977: 64). Tal como em Braga, o que fora anunciado como uma manifestação de apoio ao bispo local e à Igreja Católica transformara-se muito rapidamente num ataque violento às estruturas dos partidos revolucionários;

v) a 27 de Novembro, o assassínio, no Porto, de um dirigente sindical;

vi) a 7 de Janeiro de 1976, a destruição à bomba da Cooperativa Árvore, no Porto;

vii) a 14 de Janeiro de 1976, a destruição à bomba das instalações do SAAL/Norte, no Porto;

viii) a 2 de Abril de 1976, o assassínio de Maximino Sousa e de Maria de Lurdes Correia, através de uma bomba colocada no carro do padre Max;

ix) a 22 de Abril de 1976, o ataque bombista à Embaixada de Cuba, em Lisboa, do qual resultaram duas vítimas mortais.

Apesar de Ramiro Moreira — operacional do ELP e do MDLP, militante do PPD e membro do corpo de segurança desse partido — ter confessado a autoria material deste e de outros ataques bombistas, a direita procurou sempre demarcar-se da violência e responsabilizar os comunistas pela orquestração das operações. Nesse sentido, pouco mais de um mês depois, Jaime Nogueira Pinto dedicou-se, nas páginas do jornal *A Rua*, a discutir a quem favoreceria a onda de violência e, por conseguinte, quem poderia estar por detrás dela: 'nestas coisas de crimes, atentados, bombas, é sempre boa regra ver a quem aproveitam. Não seria a primeira vez que a pista ia dar às próprias *vítimas*, cujos hábitos golpistas têm sido já sobejamente demonstrados'[16]. À direita e aos agrupamentos anti-comunistas, segundo Jaime Nogueira Pinto, o terrorismo não traria qualquer vantagem e, por conseguinte, só a esquerda revolucionária poderia ter interesse e beneficiar deste tipo de acções de modo a 'tentar criar à direita uma situação tal que esta tenha de regressar à clandestinidade, ao silêncio, à agitação. [...] Reduzir a direita ao silêncio é o seu primeiro objectivo'[17]. Tendo, como assumiu mais tarde, participado nas últimas actividades do MDLP e do ELP e mantendo ligações com muitos dos portugueses que continuaram em Angola a combater o MPLA e que haviam, entretanto, regressado a Portugal e engrossado as fileiras dos movimentos terroristas, o exercício de Nogueira Pinto deve ser compreendido como uma manobra de distração e de branqueamento da acção da direita;

x) a 1 de Maio de 1976, a acção bombista contra o Centro de Trabalho do PCP na Avenida da Liberdade, em Lisboa, da qual resultaram seis feridos e um morto;

xi) também a 1 de Maio de 1976, agressão em Ponte da Barca a um militante comunista que acabaria por falecer três dias depois;

xii) a 21 de Maio de 1976, a colocação de uma bomba na casa de um militante do MDP/CDE, em São Martinho do Campo, que provocou dois feridos e uma vítima mortal.

5. O 25 de Novembro de 1975 como consagração da nova elite consensualmente unificada

O processo político, militar, económico e social que culminaria no 25 de Novembro de 1975 foi já bastante estudado e prestou-se às mais variadas interpretações — de retorno aos princípios originais do 25 de Abril e de consagração da Democracia liberal, de golpe contra-revolucionário que juntou uma ampla e heterogénea plataforma anti-marxista para derrotar a Revolução

16 Pinto, Jaime Nogueira, 'A quem aproveitam as bombas?', *A Rua* (1 de Julho de 1976).
17 Pinto, Jaime Nogueira, 'A quem aproveitam as bombas?', *A Rua* (1 de Julho de 1976).

e de manobra comunista para, simultaneamente, obliterar as forças que se encontravam à sua esquerda e garantir a sua participação regular na nova ordem política saída do golpe. Não sendo de somenos importância a reflexão acerca da teia de cumplicidades e esforços que foi estabelecida entre todos os partidos, militares e civis que se encontravam à direita do Partido Comunista Português, além de algumas formações maoistas, como o MRPP e a Aliança Operário-Camponesa (AOC), para, pelo menos a partir de Julho de 1975, criar um ambiente de guerra civil latente, de caos na economia, de desordem nas ruas e nos quartéis, de impossibilidade de governação, de conspiração activa em todos os sectores da sociedade, de terrorismo bombista e incendiário e de afronta aberta aos poderes revolucionários.

Em *Revolução e Contra-Revolução em Portugal (1974–1975)*, Armando Cerqueira deixou bem claro, através de extensa exemplificação, que a maioria dos actos de insubordinação, de indisciplina e de desrespeito pelas ordens da cadeia de comando partiram dos 'moderados' e da direita militar, contrariando a tese que ambos os grupos defenderam e que atribuía a desordem nos quartéis às acções da ala revolucionária das Forças Armadas. Cerqueira disse ainda que a convergência em torno dos Nove pressupunha o receio 'da agudização do processo revolucionário e da radicalização dos 'motores' deste — as esquerdas militares e os diversos partidos da esquerda', tendo abandonado 'o socialismo enquanto objectivo, guardaram apenas a reinstauração da democracia enquanto finalidade e deslizaram para a direita, aliando-se informalmente aos partidos de que antes desconfiavam (PS, PPD) e à direita militar que haviam combatido, exemplo dos spinolistas Ramalho Eanes e Jaime Neves' (Cerqueira, 2015: 240). O autor responsabilizou ainda os 'moderados' por terem entregue, ao contrário do que havia sido previamente acordado, o VI Governo Provisório a elementos próximos do PS e do PPD, consoante a representatividade que cada partido havia obtido nas Eleições Constituintes, assim como 'as FA à direita militar conservadora-reaccionária' (Cerqueira, 2015: 241).

O 25 de Novembro teria, então, por objectivo pôr termo a esta pretensa crise, procedendo ao afastamento e à restrição significativa da influência comunista, retirando dos postos de comando os militares revolucionários e eliminando os focos da alegada alienação ou destruição cultural escorada no marxismo. Buscar-se-ia, pela via do golpe de Estado encabeçado pelos Nove, uma reconciliação nacional que aliviasse a tensão social que fora premeditadamente alimentada. O equilíbrio alcançado foi, contudo, insuficiente para as direitas radicais portuguesas. Para elas, só a derrota definitiva da esquerda, a ilegalização do Partido Comunista e dos marxistas revolucionários de vários matizes e a reversão da maioria das medidas políticas, económicas, sociais e culturais dos governos provisórios de Vasco Gonçalves poderiam representar uma vitória e uma compensação satisfatória pela 'balbúrdia sanguinolenta do primeiro ano e meio de revolução'[18].

Pinheiro de Azevedo e António de Spínola alimentaram a tese de que os acontecimentos de 25 de Novembro de 1975 foram orquestrados pelo PCP com o fito de se livrar da oposição à sua esquerda, tanto a política como a militar, tendo-a atirado, no entender de Spínola, 'para a frente de um *putsch* aventureiro, com a finalidade de ficar só em campo, pretendendo, ao mesmo tempo, aniquilar o autêntico sector democrático das Forças Armadas, que não julgava capaz de aguentar o embate. Abatida a extrema-esquerda e liquidada a ala militar que se lhe opunha, o PC surgiria como o vencedor e assumiria o comando da situação' (Spínola, 1976: 19). O almirante Pinheiro de Azevedo, à data do golpe primeiro-ministro, considerou, mais tarde, que, para além do intuito de desferir um golpe fatal na extrema-esquerda, o PCP teria interesse no desfecho que o 25 de Novembro veio a registar, por permitir o fim das hostilidades, da violência, dos assaltos e da destruição bombista de que vinha sendo alvo, sobretudo no Norte do país. E acrescentou: 'decerto o PC sabia que se preparava um levantamento militar e popular anti-marxista em todo o país previsto para 30 de Novembro. Neste ponto, o interesse do PC coincidia com o Grupo dos Nove. Na realidade, executaram uma manobra conjunta com vista a um contragolpe controlado. Isto é, um contragolpe que parasse onde convinha a todos' (Azevedo, 1979: 123).

Ou seja, alertados por um golpe militar já em marcha cujos objectivos políticos seriam divergentes dos do Grupo dos Nove e do Partido Comunista Português, ambos teriam jogado na antecipação, provocando um golpe que esvaziaria, ou pelo menos conteria, a coligação anti-marxista que se preparava para agir no dia 30 de Novembro. No fundo, para Pinheiro de Azevedo, o 25 de Novembro não passou de uma grande encenação que tinha por objectivo assegurar, simultaneamente, um papel de destaque ao PCP na nova ordem

[18] Múrias, Manuel Maria, 'Nós retiramo-nos', *A Rua* (22 de Maio de 1981).

política saída do golpe e a recuperação do espírito social-democrático que os Nove alegavam estar na origem do 25 de Abril. Os militares que dirigiram politicamente o golpe teriam então, na 25.ª hora, e quando os sectores mais conservadores e reaccionários pediam que ele fosse levado às suas últimas consequências, salvado o Partido Comunista Português, impedindo que 'este perdesse o controlo do aparelho do Estado e da Intersindical' (Azevedo, 1979: 124).

Neste sentido, o 25 de Novembro defraudou e desiludiu parte dos que com ele se alinharam, por se ter, nas palavras de Pinheiro de Azevedo, reduzido a uma 'luta entre marxistas em que ganhou a facção moderada'. Por conseguinte, o almirante defendeu que os derrotados do golpe 'foram a extrema-esquerda, os partidos centristas e todo o povo liberal e cristão' (Azevedo, 1979: 128). O papel, os interesses e a participação da direita são, uma vez mais, omitidos, como se o país estivesse amputado de um lado do espectro político — que se organizou, conspirou, actuou e formou alianças ao longo de todo o processo revolucionário — e só existisse, politicamente, do centro para a esquerda. Em suma, na viragem dos anos 1970, e tirando os pequenos partidos e órgãos de imprensa direitistas, ninguém queria ainda assumir o legado e a representação objectiva da direita.

Apesar de ver no 25 de Novembro de 1975 uma sublevação inacabada ou insuficiente, a verdade é que a direita beneficiou, quase de imediato, dos seus resultados. Os seus 'exilados' puderam regressar, paulatinamente, a Portugal, sem problemas de maior com a justiça, os seus jornalistas, cronistas e escritores passaram a manifestar-se, pública e abertamente, contra o processo revolucionário, as suas políticas e os seus dirigentes, empregando uma linguagem cada vez mais belicosa e, sobretudo a partir de 1976, viram reunidas as condições para uma reorganização política que se traduziu no aparecimento de novos órgãos de imprensa e de novas empresas editoriais, no ressurgimento legal do Partido da Democracia Cristã e, depois, a formação de novos movimentos, associações e partidos direitistas — ainda que tenha sido o CDS o principal beneficiário da agitação popular anti-comunista e da organização dos retornados com propósitos contra-revolucionários.

De facto, descreveu José Freire Antunes, militares e civis direitistas, no decurso das operações de 25 de Novembro, exigiram, 'sem pudor, a cabeça dos comunistas, a repressão sumária. Estes cantadores da morte querem enfiar cem mil comunistas nas cadeias e na ilegalidade. O que pressupõe, naturalmente, que desejam uma polícia política para os meter na ordem, um Estado altamente repressivo e o regresso ao salazarismo, em suma' (Antunes, 1980: 323). Foram, contudo, contrariados pelo Grupo dos Nove, que impediu uma revanche que seria, atendendo às palavras de Freire Antunes, violenta e assassina.

Mais comedido na caracterização dos propósitos do Grupo dos Nove e de quantos ao seu lado alinharam no 25 de Novembro, Jaime Nogueira Pinto considerou apenas, em Setembro de 1976, que 'o abortado golpe *esquerdista* fizera outra vez a balança tombar para o centro'[19], no que se pode entender como uma derrota para a esquerda marxista e para a direita nacionalista, ainda que permitindo a ambas continuarem a sua intervenção política. Já Álvaro Pais responsabilizou a direita que se acomodara no CDS e no PPD pela insuficiência dos resultados alcançados em 25 de Novembro. Para o autor, foi uma '*direita* mole, desavergonhada, masoquista, antes vermelha que morta' a que 'colaborou objectivamente com o grupo dos Nove na anulação das consequências do 25 de Novembro' e que 'retirou ao movimento nacional e popular anti-comunista de 75 as suas características regeneradoras e patrióticas'[20]. Assim, além dos militares e partidos 'moderados' e dos comunistas interessados na sua auto-preservação, também uma 'direita dos interesses', sedenta de se integrar plenamente no regime democrático pluralista e de beneficiar das suas oportunidades — ainda que, para isso, tivesse de abdicar ou de subverter parte essencial do corpo doutrinário que efectivamente defendia — terá também traído o que considerava ser a revolta nacional anti-comunista e anti-revolucionária que pusera o país a arder e à beira da guerra civil na segunda metade de 1975.

Retrospectivamente, a análise histórica direitista do 25 de Novembro haveria de considerá-lo 'uma meia vitória'[21], que, tendo permitido afastar a esquerda revolucionária do comando do Movimento das Forças Armadas, não logrou 'ordenar politicamente o país em termos de se poder recuperá-lo económica e

19 Pinto, Jaime Nogueira, 'Do Estado e da Revolução', *A Rua* (2 de Setembro de 1976).

20 Pais, Álvaro, A direita e a crise do regime', *O Diabo* (18 de Janeiro de 1983).

21 '25 de Novembro: uma vitória militar que se transformou numa derrota política', *A Rua* (25 de Novembro de 1976).

socialmente'[22]. Para António Quadros, o golpe de Novembro foi também uma 'semi-vitória, quer porque era demasiadamente tarde para reparar a catástrofe de uma descolonização anti-nacional e fautora dos regimes de ditadura marxista [...], quer porque foi mantida sem emendas uma Constituição cuja liberdade é contraditada pela institucionalização do Conselho da Revolução [...], quer enfim porque foram conservadas situações chocantes de ditadura do proletariado, de colectivização e de apropriação partidária em vastas áreas do país' (Quadros, 1978: 32). É por se ter tratado, para a direita, simultaneamente, de uma vitória e de uma derrota que Jaime Nogueira Pinto se lhe referiu como '*match* nulo' (Pinto, 2000: 42) e como 'Thermidor' da Revolução portuguesa[23]. Em termos mais dramáticos, mas representativos da angústia, do pessimismo e da insatisfação com que a direita radical encarou os resultados concretos do 25 de Novembro, no romance *Novembro*, Nogueira Pinto encerrou a obra com o seguinte diálogo entre um taxista e um activista contra-revolucionário:

'– Ganhámos, não foi?
– Se quer que lhe diga, não sei. Acho que perdemos todos. Mas podia ter sido pior' (Pinto, 2011: 634).

Seja como for, e independentemente da frustração à direita, o 25 de Novembro cumpriu o desígnio comum aos diferentes grupos que agiram no verão e no outono de 1975: expulsar os comunistas da órbita do poder. PS e PPD — os dois partidos cujos resultados eleitorais afirmavam como tendo uma expressão nacional — e o Grupo dos Nove, porém, não estavam interessados na ilegalização do PCP. Além da convicção de que não poderia haver democracia em Portugal sem o Partido Comunista, a influência efectiva dos comunistas — apesar dos resultados eleitorais não terem correspondido a expectativas mais optimistas sobre a sua real representatividade — era suficiente para, em caso de ilegalização, lançar o país num conflito sangrento que poderia apenas aproveitar à extrema-direita, desejosa de regressar ao poder e de ajustar contas com a revolução de Abril.

---

22 '25 de Novembro: uma vitória militar que se transformou numa derrota política', *A Rua* (25 de Novembro de 1976).

23 Pinto, Jaime Nogueira, 'Tempo de Coruja', *O Diabo* (10 de Fevereiro de 1981).

6. Notas conclusivas

A crise revolucionária que derrubou uma ditadura fascizante velha de 48 anos e que sacudiu Portugal entre 25 de Abril de 1974 e 25 de Novembro de 1975 tinha, forçosamente, de provocar uma alteração profunda ao nível das elites governantes — outra realidade, que merece ser estudada, é a dos quadros superiores e intermédios da administração do Estado. A ditadura alimentara sempre descontentes à direita da Situação e entre os velhos republicanos e conservadores democráticos. As limitações à industrialização e à modernização do país farão também surgir uma elite não-governante mais identificada com os interesses do capital industrial e financeiro — e menos sensíveis aos do capital agrícola e colonial — e que encetou vários esforços de reforma do regime sem nunca deixar o poder cair na rua. Foi justamente a incapacidade de Marcelo e da elite governante de operar essa reforma democrática do regime, fazendo-o entrar num processo de transição pacífica que assegurasse a manutenção das principais estruturas de poder e das suas elites — ainda que transigindo com a entrada de alguns elementos vindo da contra-elite não-marxista.

A aparente fragilidade e esgotamento do regime depois da morte de Salazar, a massificação do descontentamento com a política de prosseguimento da guerra colonial a qualquer custo e a inquietação e exaustação alimentadas por anos de repressão e silenciamento incentivaram a população, primeiro, de Lisboa, depois, do Porto e das principais cidades e vilas do país a sair à rua e a exigir um corte abrupto e radical com o regime deposto. Neste contexto, perfilam-se como elites temporárias os dirigentes do Movimento das Forças Armadas, o Presidente da República nomeado por esse Movimento, o chefe e os ministros do I Governo Provisório e os líderes políticos dos partidos que haviam estado na oposição ao Estado Novo ou que agora se constituíam argumentando reunir e representar figuras e correntes de opinião que nunca se tendo estruturado enquanto organizações antes da revolução, haviam oferecido oposição ao regime deposto.

A tentativa de Spínola e dos seus aliados — antigos e novos — de obter um poder hegemónico sobre a governação do país, desrespeitando parte substancial do Programa do MFA e revertendo algumas das medidas já aprovadas, fez com que os partidos comprometidos com a democracia — sobretudo o PS, o PPD, o PCP e o MDP — formassem um bloco suficientemente coeso para, em colaboração com Movimento das Forças Armadas, resistir às tentativas golpistas das hostes spinolistas. Depois das derrotas do campo spinolista em 28 de Setembro de 1974 e em 11 de Março de 1975 e da neutralização na sequência do primeiro golpe dos partidos de extrema-direita, a argamassa estratégica que unira estes partidos começou a ceder e deu lugar ao avolumar das tensões entre o bloco composto pelo PS, pelo PPD e pelo CDS e o bloco revolucionário liderado pelo PCP e pelo MDP. Como vimos, os resultados eleitorais das eleições de 25 de Abril de 1975 revelaram um cenário de representatividade de cada partido relativamente diferente da relação de forças que existia no governo, no aparelho de Estado, no poder local, na imprensa e nas Forças Armadas. Apesar de todos os partidos se terem comprometido com o MFA a não transpor para a governação a realidade que os resultados viessem a mostrar, conscientes de terem sido votados por mais de 64% dos portugueses (71,82% se somarmos o CDS a esta equação), PS e PPD lançaram-se rapidamente à ofensiva contra o PCP e o MDP. A elite consensualmente unida que emergirá do 25 de Novembro de 1975 é, justamente, composta por estes três partidos. E para se estabelecer como tal não hesitou em colaborar ou, pelo menos beneficiar, da violência política que colocou o país a ferro e fogo entre Julho e Novembro de 1975.

Bibliografia

Abreu, P. (1976). Nota do editor. En F. Barradas & E. de Azevedo (Eds.), *Os cravos na ferradura* (4.ª ed.). Editorial Intervenção.
Antunes, J. F. (1980). *O segredo do 25 de Novembro: O verão quente de 1975 e os planos desconhecidos do grupo militar.* Publicações Europa-América.
Audibert, P., & Brignon, D. (1975). *Portugal: Os novos centuriões.* Difel.
Azevedo, P. de (1979). *O 25 de Novembro sem máscara.* Intervenção.
Bernardo, M. A. (2004). *Memórias da Revolução (1974–1975).* Prefácio.
Bottomore, T. (1993). *Elites and society.* Routledge.
Burchett, W. (1975). *Portugal depois da Revolução dos Cravos.* Seara Nova.
Calvão, A. (1976). *De Conacry ao MDLP.* Editorial Intervenção.
Carlton, E. (1996). *The few and the many: A typology of elites.* Scolar Press.
Carvalho, M. (2017). *Quando Portugal ardeu: Histórias e segredos da violência política no pós-25 de Abril.* Oficina do Livro.
Cerqueira, A. (2015). *Revolução e contra-revolução em Portugal (1974–1975).* Parsifal.
Costa, E. F. da (1979). *Spínola: O anti-general.* Edições Fernando Pereira.

Dogan, M., & Higley, J. (1998). Elites, crises, and regimes in comparative analysis. En M. Dogan & J. Higley (Eds.), *Elites, crises, and the origins of regimes* (pp. 1–22). Rowman & Littlefield Publishers.
Dugos, C. (1975a). *Comunismo? — O povo é quem mais ordena*. Edições Acrópole.
Dugos, C. (1975b). *Revolução em perigo*. Edições Acrópole.
Hartmann, M. (2007). *The sociology of elites*. Routledge.
Higley, J. (2010). *Elites e democracia*. Livros Horizonte.
Lagoa, V. (1978). *A cambada* (2.ª ed.). Editorial Intervenção.
Madeira, B. (2020). "Homens entre ruínas"? *Ideias, narrativas, mundividências e representações das direitas radicais portuguesas (1974–1985)* (Tese de doutoramento). Faculdade de Letras da Universidade do Porto.
Madeira, B. (2023). A direita radical portuguesa, o fim do império e as aspirações neocoloniais (1976–1980). *Revista de História das Ideias, 41*, 273–294.
Marchi, R. (2020). *À direita da Revolução: Resistência e contra-revolução no PREC (1974–1975)*. Objectiva.
Marx, K., & Engels, F. (2007). *A ideologia alemã*. Boitempo.
Movimento das Forças Armadas. (1975). *Relatório do 28 de Setembro de 1974*. Movimento das Forças Armadas.
Múrias, M. M. (1998). *De Salazar a Costa Gomes*. Nova Arrancada.
Parry, G. (1972). *Le élites politiches*. Il Mulino.
Partido Comunista Português. (1975). *28 de Setembro: A conspiração da "maioria silenciosa"*. Edições Avante!
Partido Comunista Português. (1977). *Dossier terrorismo*. Edições Avante!
Pinto, J. N. (1996). *Alegações em causa própria*. Edição do autor.
Pinto, J. N. (2000). *Visto da direita: 20 anos de Futuro Presente*. Hugin.
Pinto, J. N. (2011). *Novembro* (4.ª ed.). A Esfera dos Livros.
Portugal, M. de (1976). *Crónicas e cartas de Manuel de Portugal*. Editora Ulisseia.
Quadros, A. (1978). *A arte de continuar a ser português*. Edições do Templo.
Sánchez Cervelló, J. (1995). A contra-revolução no PREC (1974–1975). En J. Medina (Dir.), *História de Portugal* (Vol. XIV). Clube Internacional do Livro.
Spínola, A. de (1976). *Ao serviço de Portugal*. Ática/Bertrand.
Tíscar, M. J. (2014). *A contra-revolução no 25 de Abril: Os "Relatórios António Graça" sobre o ELP e Aginter Press*. Edições Colibri.
Velasco Martínez, L. (2025). Transiciones a la democracia en el espaço ibérico durante la tercera ola. En V. Renobell Santarén, D. González Guillem & A. Chaves-Montero (Coords.), *Nuevos paradigmas de la democracia en un mundo en transformación* (pp. 1071–1083). Dykinson.

Os Governadores Civis de Braga, Porto e Viana do Castelo (1957-1980). Os Agentes do Poder Central nos Distritos entre a Ditadura e a Democracia

Conceição Meireles Pereira[1] *e Isilda Monteiro*[2]

Introdução

Este estudo debruça-se sobre os Governadores Civis de três distritos do noroeste de Portugal — Porto, Braga e Viana do Castelo[3] —, entre 1957 e 1980, isto é, entre os finais do regime autoritário e inícios do democrático, pretendendo analisar os perfis sociopolíticos de vinte e duas personalidades e sua adequação às funções governativas para que foram nomeados, evidenciando o seu papel político. Detalhando os objetivos do presente trabalho, importa perceber o recorte social e político dos indivíduos recrutados, designadamente a sua relação em termos de naturalidade, contexto familiar e atividade profissional com o distrito para o qual foram nomeados, bem como o significado e impacto do exercício do cargo nos seus percursos políticos e cívicos. Quanto ao universo selecionado de Governadores Civis, e tendo em conta o momento de rutura política que a cronologia escolhida encerra, este estudo contempla apenas aqueles que foram nomeados para o cargo, não considerando os secretários que asseguraram transitoriamente tais funções nos meses posteriores à Revolução de Abril de 1974, em cumprimento do decreto-lei n.º 170/74, justamente com data de 25 de abril, que exonerou os Governadores Civis e determinou a nomeação de novos detentores deste cargo.

Não obstante terem sido tomados como base os estudos e levantamentos já efetuados relativos aos Governadores Civis de Portugal (Costa, 2004; Almeida, 2013; Sousa, 2014), foi possível retificar alguns dados e acrescentar outros, tanto sobre a duração do exercício do cargo como de natureza biográfica,

1 Faculdade de Letras da Universidade do Porto | CITCEM
2 Escola Superior de Educação Paula Frassinetti | CITCEM
3 Os três distritos correspondiam à antiga província do Minho ou Entre Douro e Minho.

sobre as personalidades que dirigiram os Governos Civis dos três distritos em análise para responder às questões e objetivos enunciados, recorrendo a um manancial diversificado de fontes[4]. Ainda no campo das metodologias adotadas, proceder-se-á ao cotejo frequente dos resultados obtidos com os de estudos congéneres, num diálogo constante entre a análise argumentativa desta investigação e a literatura existente sobre os Governadores Civis a nível nacional e na sua cronologia plena (Almeida, 2013; Sousa, 2014), sobre um específico Governo Civil (Costa, 2004) ou de vários Governos Civis entre o Estado Novo e a Democracia (Costa, 2021; Almeida e Ponce Alberca, 2020), analisando o último a região sul de Portugal e de Espanha.

É consabida a pluralidade de perspetivas teóricas que se tem desenvolvido sobre o conceito de elite desde os finais do século XIX, quando surgiram os seus precursores (como Mosca, Pareto e depois Michels), com múltiplos contributos posteriores de especialistas de várias disciplinas sociais (entre outros, filósofos, sociólogos, politólogos e historiadores). A palavra elite(s) tem sido utilizada pelos cientistas sociais para designar os 'eleitos', que se distinguem da massa sobre a qual dominam, 'em consequência de possuírem um qualquer atributo distintivo, altamente valorizado pela sociedade em questão: nascimento, riqueza, profissão, saber...', sendo que quem domina, quem tem autoridade, é uma minoria, não obstante o regime, apesar do seu grau de democraticidade se repercutir na forma do exercício do poder e na mobilidade social (Cruz e Guimarães, 2017: 4–5). Numa sistematização da genealogia da teoria das elites, Norberto Bobbio lembra as suas origens antidemocráticas e antissocialistas e que alguns dos seus pioneiros sublinharam que a diferença entre regimes aristocráticos e autocráticos e regimes liberais e democráticos residia no facto de nos primeiros existirem 'elites fechadas e restritas', enquanto nos segundos as 'elites são abertas e amplas' (Bobbio, 1998: 388); nesta entrada de dicionário, o intelectual italiano apresentou ulteriores conceções da teoria das elites, não escondendo o seu ceticismo sobre o tópico no final do texto. Não obstante a ideologização que o conceito encerra, dos seus primórdios à atualidade,

---

[4] Diário oficial, imprensa periódica, atas das sessões da Assembleia Constituinte e da Assembleia da República, arquivos digitais, registos paroquiais, passaportes, registo civil, anuários e livros de inscrições das Universidades de Coimbra, Lisboa e Porto, listas de antiguidade do Exército, gravações de imagem e áudio da RTP Arquivos, base de dados online das Ordens Honoríficas.

neste estudo tem pertinência a abordagem de elite política para integrar os Governadores Civis no sentido de pertencerem ao grupo de 'governantes', aceção tradicional e lata, e 'classe política', na expressão de Raymond Aron, que evidencia o seu exercício de funções relativas à governação (Aron, 1988), apesar de considerarmos as elites de oposição, e concordando que a História 'continua a desempenhar um papel central na análise, na longa duração, dos processos de constituição e reconhecimento das elites', pelo estudo destes grupos, 'da sua composição e do perfil dos sujeitos neles integrados', pela 'observação da formação e modalidades de seleção do grupo, do espaço de renovação e meios de mobilidade' (Cruz e Guimarães, 2017: 4–5). De certa forma, esses objetivos têm norteado a publicação recente de amplas obras sobre a classe política portuguesa dos séculos XIX e XX, com numerosos autores a colaborarem nos vários volumes que as compõem (Almeida, 2023; Sousa e Pereira, 2012–2017; Sousa e Pereira, 2021, entre outros).

1. Evolução dos distritos enquanto circunscrições de governação: da Monarquia Constitucional à Democracia

Criada pela Divisão Administrativa de 1835 (que estabeleceu dezassete distritos no território continental português e Ilhas Adjacentes)[5], na fase de instauração do Liberalismo, a instituição do Governo Civil visava estabelecer uma ponte entre o novo sistema político, a custo alcançado, e os lugares e suas populações, funcionando como mediador entre o poder central e os poderes locais. Desde a sua génese, esse órgão funcionou 'como uma extensão do poder político central a todo o território nacional, tendo por missão representar o poder executivo e coordenar os serviços do Estado no território sob sua responsabilidade, o distrito' (Sousa, 2014: 9). O seu papel de extensão do Governo de Lisboa nas capitais de distrito, com diversificadas atribuições

5 Poucas foram as mudanças introduzidas posteriormente nesta divisão estabelecida pelo decreto de 18 de abril de 1835. Ainda no mesmo ano, o distrito de Lamego passou a denominar-se distrito de Viseu, mudando a respetiva sede para esta cidade; em 1926 foi criado o distrito de Setúbal (constituído por concelhos anteriormente integrados no distrito de Lisboa); e, finalmente, em 1976, foram extintos os distritos autónomos dos Açores e da Madeira, que deram origem às duas regiões autónomas.

e competências, revelar-se-ia importante nas transições de regimes, mas também na sua consolidação como, desde logo, se verificou na Monarquia Constitucional, depois na Primeira República, e ainda com maior expressão no Estado Novo, ao replicar as formas de exercício do poder central de cerceamento das liberdades e de controlo das instituições de governo local, designadamente das Câmaras Municipais e dos cidadãos (inclusive por meio da atuação das forças policiais), e toda a sua conceção político-administrativa centralista e corporativa. Nesta conformidade, o poder executivo prevalente encontrava em homens de confiança nomeados para os Governos Civis os agentes para efetuar e cumprir à escala das circunscrições distritais os princípios e desígnios do regime.

Inevitavelmente, no período democrático aberto pelo 25 de Abril 1974, procedeu-se à substituição destas elites políticas, com o propósito de retomar a tradição demoliberal de ligação às comunidades locais e cumprir os desígnios de descentralização. Todavia, a extinção dos Governos Civis, há muito debatida, foi apenas efetivada em 2011. Tidos como estruturas geradoras de clientelismo manejadas pelos partidos que dominassem o Governo e sorvedouro de dinheiros públicos, os Governos Civis foram desativados e as suas competências transferidas para outras entidades da administração pública.

Como bem analisa Catroga (2013), o caso caraterístico da 'governamentalidade' portuguesa assentou em combinatórias de escalas — nacional, regional e paroquial — que explicam as oscilações de soluções, com as posições entre centralistas e descentralistas a serem esgrimidas desde o segundo terço do século XIX.

Em bom rigor, divisão distrital foi questionada desde os seus primórdios, nomeadamente sob a administração setembrista. Em 1836, o Governo de Passos Manuel decretou: 'Artigo primeiro. Em lugar dos Governadores Civis haverá administradores gerais. Artigo segundo. Fica subsistindo provisoriamente a atual divisão dos distritos administrativos'[6]. Apesar deste caráter provisório, o *Código Administrativo Português* de 1842, de Costa Cabral, consagrou a divisão do território em distritos administrativos (que, por sua vez, se dividiam em concelhos), sendo cada um deles administrado por um magistrado com a denominação de Governador Civil.

---

6 *Diário do Governo*, n.º 216, 12.09.1836.

Já nos alvores da Primeira República, não obstante o ministro do Interior António José de Almeida ter apresentado à Assembleia Constituinte, em agosto de 1911, uma proposta de projeto-lei relativo à divisão administrativa do território que referia a existência de províncias, distritos, concelhos e paróquias, sendo a província a federação de distritos (Sousa, 2014: 74), a Constituição republicana promulgada nesse ano não mencionava as províncias, mas apenas os poderes distritais e municipais e, em 1914, foi inclusivamente rejeitado na Câmara dos Deputados um projeto do Senado que visava a divisão do país em seis províncias (cada uma delas integrando vários distritos), pelo que este regime não alterou a divisão administrativa do território nacional (Sousa, 2014: 75).

A flutuação de opiniões nesta matéria esteve também evidente no período ditatorial. Em 1930, o geógrafo Amorim Girão publicou o esboço de uma carta regional de Portugal, onde defendia a extinção da divisão administrativa distrital e a sua substituição pela divisão em províncias ou regiões, argumentando que os distritos retalhavam, por vezes, regiões mais vastas, cuja unidade importava preservar; uma portaria desse ano (17 de outubro) considerava urgente fazer a 'remodelação provincial do país', nada dizendo, porém, sobre os distritos (Sousa, 2014: 76–77). No subsequente relatório da comissão encarregada da divisão provincial, Girão já não defendia a supressão dos distritos por considerar que poderia ferir a dignidade dos povos e prejudicar a economia e interesses das populações. Esta discussão em torno da supressão dos distritos intensificou-se até à Constituição de 1933, mas Salazar terá compreendido que a manutenção dos distritos e dos Governadores Civis se ajustava melhor às necessidades do exercício do poder autoritário.

Segundo Fernando Catroga, o Estado Novo encontrou uma solução relativamente original que o autor denomina 'patriotismo de campanário': a conceção de pequenas pátrias que compunham a pátria (que correspondia à pátria cívica e contratual dos liberais) foi complementada com a ideia de proteção divina de legitimação católica; paralelamente, num plano teórico, este regime atribuía prioridade à nação, enquanto, na prática, cabia ao Estado a função condutora para a concretização histórica da nação, o que lhe conferia primazia (Catroga, 2013: 380).

Olhando os principais documentos legislativos do regime, a Constituição de 1933 estabeleceu que o território continental se dividia em 'concelhos que se formam de freguesias e se agrupam em distritos e províncias' (Título VI, art.º 124.º). Esta fórmula foi consignada no Código Administrativo de 1936, que previa órgãos próprios para os concelhos, freguesias e províncias e atribuía três ordens aos concelhos, freguesias e distritos. De 1.ª ordem havia apenas dois distritos (Lisboa e Porto), os de 2.ª ordem eram aqueles com sede em capitais de província, e os não compreendidos nos casos anteriores constituíam distritos de 3.ª ordem. Todavia, em todos os distritos haveria um Governador Civil, sendo definidas as condições de nomeação para esse cargo (Título VII)[7]. Os distritos deixaram de ser autarquias, passando a constituir 'circunscrições' (Melo, 2009: 16). O decreto-lei n.º 31.095 de 31 de dezembro de 1940 aprovou este Código Administrativo e o Estatuto dos Distritos Autónomos das Ilhas Adjacentes, mantendo a divisão em três ordens e as condições para se ser nomeado Governador Civil. A revisão constitucional de 1959 reatribuiu o estatuto de autarquia ao distrito (retirando-o da província), passando os distritos à categoria de 'autarquias locais de carácter supramunicipal' (Amaral, 2012: 657). Nesta conformidade, e para 'garantir à administração distrital eficiência superior àquela que se verificou por parte da generalidade das juntas de província e das antigas juntas gerais do distrito', ainda em 1959, o decreto-lei n.º 42.536, de 28 de setembro, introduziu alterações nos distritos de 2.ª ordem (que passaram a ser: Braga, Vila Real, Castelo Branco, Coimbra, Viseu, Santarém, Évora, Beja e Faro) e acrescentou a possibilidade dos membros das antigas juntas distritais, com serviço mínimo de quatro anos, serem nomeados para o cargo de Governador Civil.

A redução para duas ordens de distritos deu-se apenas em 1970, pelo decreto-lei n.º 30/70 de 16 de janeiro: os distritos de Lisboa e Porto continuavam a ser os únicos de 1.ª ordem, todos os restantes agrupavam-se na 2.ª. Este diploma corrigiu ainda o texto do decreto-lei n.º 49.410, do ano anterior, que nas tabelas de remunerações tinha considerado os Governadores Civis como funcionários, referindo expressamente: 'Os Governadores Civis são

---

[7] O detentor deste cargo devia ser cidadão português de origem e estar no gozo dos direitos civis e políticos, bem como encontrar-se compreendido em alguma das categorias seguintes: diplomado com curso superior, ser funcionário civil com categoria igual ou superior a chefe de repartição; ser oficial do Exército ou da Armada com patente não inferior, respetivamente, a capitão e capitão-tenente; ter exercido o cargo de governador civil, de presidente de Câmara, de vereador ou vogal de Junta de Província, no mínimo durante quatro anos.

personalidades que exercem a função política de representar o Governo nos distritos e nessa qualidade estão fora das hierarquias da Administração'.

No período democrático, pela Constituição de 1976, o distrito perdeu o estatuto de autarquia local, que então foi atribuído à freguesia, ao município (substituindo a designação de concelho) e à região administrativa (art.° 236.°). No entanto, enquanto as regiões administrativas não estivessem concretamente instituídas, a Constituição previa a manutenção da divisão distrital no espaço por elas não abrangido (art.° 291.°). Nos anos seguintes, a produção legislativa sobre a matéria prosseguiu, reforçando o caráter transitório introduzido pelo texto fundamental. A lei n.° 97/77 de 25 de outubro de 1977 definiu as atribuições e competências das autarquias (freguesia e município) e respetivos órgãos, estabeleceu no distrito a Assembleia Distrital e o Conselho do Distrito, porém, como o distrito não era uma autarquia, esses órgãos não podiam ser considerados do distrito, mas sim, segundo Freitas do Amaral, órgãos desconcentrados do Estado (*apud* Sousa, 2014: 85). Dois anos depois, a lei n.° 1/79, de 2 de janeiro, sobre finanças locais reiterou a circunstância de as regiões não estarem ainda instituídas e definiu princípios das finanças distritais (art.° 22.°), que se mantiveram na revisão de 1984 (decreto-lei n.° 98/84, de 29 de março). Neste ano, o decreto-lei n.° 399-B/84, de 28 de dezembro, regulou provisoriamente alguns aspetos sobre o cargo de Governador Civil, referindo que o seu estatuto seria definido posteriormente, o que veio a acontecer em 1992, pelo decreto-lei n.° 252/92, de 19 de dezembro, que reconhecia vantagens 'em homogeneizar, tanto quanto possível, o conjunto variado e difuso de diplomas em que se traduz a moldura legal da sua atuação e das suas competências'. Definitivamente, o Estado português patenteou sucessivas dificuldades em regular o exercício deste cargo, pese embora o tenha mantido por mais de 175 anos.

2. A questão da duração do exercício do cargo de Governador Civil

2.1. A política e a lei: quatro momentos de substituição massiva dos Governadores Civis (1968–1980)

Um dos aspetos omissos na legislação tinha a ver com a duração das funções destes agentes políticos. Depreende-se que poderiam ocupar o cargo tanto tempo quanto o Governo ou os próprios titulares o entendessem.

As substituições dos Governadores Civis decorriam de circunstâncias relacionadas não só com o seu percurso pessoal ou político, que justificavam o pedido formal de demissão, mas também de tensões e desalinhamentos políticos entre o detentor do cargo e o ministro da tutela (do Interior no Estado Novo e da Administração Interna na Democracia)[8]. Apresentam-se dois exemplos no período e espaço em estudo. A exoneração do brigadeiro Manuel Gonçalves da Silva do Governo Civil do Porto, em 23 de fevereiro de 1962, pelo ministro do Interior Alfredo dos Santos Júnior, plausivelmente ocorreu por este ter considerado que ele agira com brandura na repressão de uma manifestação contra a guerra colonial realizada na cidade sede do distrito (Costa, 2004: 753). Nos alvores do regime democrático, evidencia-se o caso do Governador Civil de Braga José de Araújo Sampaio, em 18 de outubro de 1975, que, apesar do registo oficial indicar que tinha sido exonerado a seu pedido[9], foi afastado do cargo por Almeida Costa, ministro da Administração Interna do Governo Provisório de Pinheiro de Azevedo, juntamente com os Governadores Civis de Lisboa, Faro e Castelo Branco, todos eles ligados ao MDP/CDE ou ao PCP. Na tomada de posse do novo titular de Braga, Eurico de Melo, o motivo da substituição ficou bem claro nas palavras do ministro:

> 'O Governador Civil é o representante do Governo em cada distrito. Em face das reformas que se projetam, ele tem de ser, ao nível daquela autarquia, o garante da execução da política do Governo, inteiramente identificado com ela assegurando, de antemão, o seu cumprimento, em termos de isenção, competência e idoneidade. Procura-se, ainda, naturalmente, a conciliação possível com o que se admite possa ser a implantação partidária nas diversas regiões do país. São somente estes condicionalismos, e só estes, que podem e devem motivar a substituição dos Governadores Civis. O que se pretende é que sejam não os executores da sua política ou dos partidos onde, porventura, militem, mas os executores da política do Governo'[10].

8 Mesmo quando se percebe a intervenção da tutela no afastamento dos titulares do cargo, nos diplomas de exoneração dos Governadores Civis é usualmente indicado ter sido pedida pelo próprio.

9 Inclusive 'com louvor público pelo zelo, interesse e espírito de sacrifício posto no exercício das suas funções'. *Diário do Governo*, 2ª série, n.º 252, 30.10.1975.

10 *Diário da Assembleia Constituinte*. Lisboa, sessão de 4.11.1975, p. 393.

Contudo, também ocorreram substituições massivas de Governadores Civis no âmbito de alterações políticas mais profundas, com os Governos a assegurar no território nacional, estrategicamente, uma rede de influência assente em personalidades da sua confiança política.

Entre 1957 e 1980, assinalam-se quatro momentos — um no Estado Novo, os restantes na Democracia — em que a exoneração dos Governadores Civis e a nomeação de novos titulares resultou do interesse político do Governo.

O primeiro verificou-se quando Marcelo Caetano assumiu a chefia do Governo em 27 de setembro de 1968. Entre outubro desse ano e novembro do seguinte, o ministro do Interior, António Gonçalves Rapazote, exonerou os Governadores Civis de treze distritos do continente, nomeando para o cargo homens da sua confiança. Tendo empossado cada um deles em cerimónias realizadas na sede do distrito respetivo, publicou os discursos que então proferiu no livro que intitulou *Ao Compasso da Renovação (1968–1969)*, no qual marcou o seu entendimento relativamente à importância do Governador Civil no âmbito da 'descentralização local, articulada a nível distrital, sob a tutela do Ministério do Interior' (Melo, 2009: 17).

Os três distritos em estudo não escaparam à renovação operada por Rapazote. Em Braga, exonerou Francisco Pessoa Monteiro em 20 de novembro de 1968, tendo nomeado no mesmo dia o comerciante António Santos da Cunha, irmão de Antão Santos da Cunha, um político do regime que, depois de ter sido Governador Civil de Castelo Branco e do Porto, fazia então carreira parlamentar na Assembleia Nacional. Em Viana do Castelo, em 8 de fevereiro de 1969, demitiu o médico Alfredo Lourenço Pinto, fazendo-o substituir por José de Araújo Novo. No Porto, em 31 de março de 1969, exonerou Jorge da Fonseca Jorge (então fragilizado por um grave acidente de viação que sofrera no início desse mês, e do qual resultara ainda a morte do presidente da Câmara do Porto[11]) e substituiu-o pelo major do Estado Maior do Exército, Paulo Gouveia Durão.

Com o 25 de Abril de 1974, a rutura política repercutiu-se na total substituição dos Governadores Civis, já que pelo decreto-lei n.° 170/74 publicado nesse mesmo dia, as suas funções passavam a ser exercidas pelos secretários dos Governos Civis. Tal situação decorreu até agosto e setembro desse ano, quando

---

11 *Defesa de Espinho*. Espinho, 15.11.1969.

novos titulares foram nomeados pelo II Governo Provisório chefiado por Vasco Gonçalves, do qual Costa Brás foi ministro da Administração Interna.

Até 1980, a Democracia assistiu a mais dois momentos em que estes agentes do Governo foram substituídos na sua quase totalidade: em setembro de 1976, na sequência da entrada em funções do I Governo Constitucional de Mário Soares, e em fevereiro de 1980, após a tomada de posse do IV Governo Constitucional, chefiado por Sá Carneiro. Assim, em setembro de 1976, cessaram funções Eurico de Melo, Governador Civil de Braga, e Paulo Costa Teixeira, Governador Civil de Viana do Castelo, sendo nomeados para os seus lugares os socialistas Parcídio Summavielle Soares e Alberto de Oliveira e Silva, respetivamente. No Porto, contudo, permaneceu o notável do PS, Mário Cal Brandão, nomeado em 27 de agosto de 1974 e que, consecutivamente, exerceu o cargo até 14 de fevereiro de 1980. Foi nessa data que o novo Executivo, constituído após as eleições legislativas que deram a vitória à AD, exonerou quinze Governadores Civis e nomeou novos titulares em função dos 'critérios políticos' enunciados por Eurico de Melo, recém-empossado como ministro da Administração Interna: sete eram do PSD, quatro do CDS, um do PPM e três independentes, embora com ligação a esses partidos[12]. Assim, em Braga, no Porto e em Viana do Castelo foram exonerados os homens fortes do PS: Parcídio Summavielle Soares, Mário Cal Brandão e Alberto de Oliveira e Silva, respetivamente.

Todavia, eventualmente para reforçar o seu apoio às personalidades que tinham escolhido há já algum tempo, os Governos procederam a algumas renomeações, formalizadas por publicação no Diário Oficial, sem ocorrer qualquer interrupção no exercício do cargo, pelo que consideramos um único mandato. O único caso de existência de dois mandatos distintos no grupo e cronologia em análise foi protagonizado por Alberto de Oliveira e Silva, Governador Civil de Viana do Castelo, que tendo sido nomeado para o cargo em 23 de setembro de 1976 pelo ministro da Administração Interna do I Governo Constitucional, Manuel Costa Brás, cessou funções em 30 de janeiro de 1978 para tomar posse como ministro da Administração Interna do II Governo Constitucional (de coligação PS/CDS); porém, não ocupou o cargo de forma efetiva, alegadamente por razões de saúde: poucos dias depois, em 3 de fevereiro, foi substituído interinamente pelo ministro adjunto do primeiro-ministro, Almeida Santos,

---

[12] RTP Arquivos, *Nomeação de Governadores Civis*, 14.2.1980. Consult. em 18.3.2024.

vindo a ser exonerado a seu pedido no dia 27 desse mês. Este Governo Civil, que, entretanto, se mantivera sem titular, em 8 de junho de 1978 voltou a ser dirigido por Oliveira e Silva, que foi empossado por Jaime Gama, o ministro da Administração Interna que lhe sucedera.

2.2. Duração do exercício do cargo dos Governadores Civis de Braga, Porto e Viana do Castelo (1957–1980)

No período escrutinado, oito indivíduos exerceram o cargo de Governador Civil em Braga (cinco antes do 25 de Abril e três depois) e sete tanto no Porto como em Viana do Castelo (se bem que no período 1974–1980 apenas um desempenhou o cargo no Porto e dois em Viana). Contudo, para o regime estadonovista, se consideramos separadamente os Governadores Civis nomeados pelo Governo chefiado por Salazar (2.7.1957-27.9.1968) e os que foram nomeados pelo Governo de Marcelo Caetano (27.9.1968-25.4.1974), verifica-se que a rotatividade no cargo, em Braga e Viana do Castelo, foi mais acentuada durante o marcelismo, apesar de se tratar de um período consideravelmente mais curto (Quadro n.º 1). Na governação marcelista, Braga e Viana do Castelo tiveram três Governadores Civis, mais um do que entre 1957 e 1968. No caso do Porto, verifica-se a situação inversa — a rotatividade foi maior entre 1957 e 1969, contabilizando quatro Governadores Civis nomeados no salazarismo e apenas dois no marcelismo.

Quadro 1: Governadores Civis por distrito e regime político (1957–1980)

	Estado Novo (Salazar)	Estado Novo (Marcelo Caetano)	Democracia	
Governo Civil	N.º de Governadores Civis	N.º de Governadores Civis	N.º de Governadores Civis	Total
Braga	2	3	3	8
Porto	4	2	1	7
Viana do Castelo	2	3	2	7

A duração do período em funções é muito variável no universo estudado: o mais curto tem a ver com uma fase de transição política (o último Governador Civil do Estado Novo no Porto, Mário Valente Leal, tinha iniciado funções duas semanas antes da Revolução), enquanto o mais longo foi o de Francisco

Monteiro (Quadro n.º 2). Refira-se que dois destes indivíduos morreram no exercício da função, ambos Governadores Civis de Braga: António de Azevedo Abranches e António Santos da Cunha.

Quadro 2: Tempo de exercício do cargo de Governador Civil por Governo Civil e regime político

Governo Civil	Regime Político	Governador civil	Período em funções	Tempo total de exercício do cargo (dias)
Braga	Estado Novo (Salazar)	António Eduardo de Azevedo Abranches (Tondela, 4.8.1901-Braga, 3.10.1961)	2.7.1957-3.10.1961 (falecimento)	1554
		Francisco Leandro Pessoa Monteiro (Cantanhede, 18.06.1904-Braga, 27.8.1979)	2.2.1962-30.11.1968	2493
	Estado Novo (Marcelo Caetano)	António Maria Santos da Cunha (Braga, 10.11.1911-Braga, 26.3.1972)	30.11.1968-26.03.1972 (falecimento)	1212
		Francisco Carlos Leite Dourado (Póvoa de Varzim, c. 1930)	18.4.1972-19.03.1973	335
		Manuel Augusto de Ascensão Azevedo (Vila Nova de Famalicão, c. 1934)	9.3.1973-25.4.1974	402
	Democracia	José de Araújo Pereira Sampaio (Braga, 10.6.1929-?)	30.9.1974-18.10.1975	383
		Eurico Silva Teixeira de Melo (Santo Tirso, 28.9.1925-Porto, 1.8.2012)	8.10.1975-22.9.1976	340
		Parcídio Matos Summavielle Soares (Fafe, 27.3.1941)	23.9.1976-14.2.1980	1239

Governo Civil	Regime Político	Governador civil	Período em funções	Tempo total de exercício do cargo (dias)
Porto	Estado Novo (Salazar)	Elísio de Oliveira Alves Pimenta (Porto, 23.11.1909-Porto, 25.2.2002)	26.3.1957-3.4.1961	1467
		Manuel Gonçalves da Silva (Póvoa de Varzim, 3.5.1898-Póvoa de Varzim, 17.1.1976)	3.4.1961-23.2.1962	325
		João de Brito e Cunha (Matosinhos, 17.7.1907-Matosinhos, 26.8.1982)	23.2.1962-2.1.1964	670
		Jorge da Fonseca Jorge (Cantanhede, 9.10.1912-Porto, 9.11.1984)	2.1.1964-31.3.1969	1903
	Estado Novo (Marcelo Caetano)	Paulo Eduardo Silva de Gouveia Durão (Lisboa, 18.1.1912-Porto, 12.10.1986)	31.3.1969-11.4.1974	1509
		Mário Valente Leal (Espinho, 1.11.1915)	11.4.1974-25.4.1974	14
	Democracia	Mário Manuel Cal Brandão (Porto, 25.3.1910-Porto, 21.10.1996)	27.8.1974-14.2.1980	1997
Viana do Castelo	Estado Novo (Salazar)	Tristão de Araújo Leite Bacelar (Alcobaça, 13.2.1912-Bissau, 26.9.1968)	27.5.1959-4.9.1963	1561
		Alfredo Eduardo Lourenço Pinto (Caminha, 18.12.1920-Caminha, 6.3.2003)	4.9.1963-8.2.1969	1984

(Continuação)

Quadro 2: (Continuação)

Governo Civil	Regime Político	Governador civil	Período em funções	Tempo total de exercício do cargo (dias)
	Estado Novo (Marcelo Caetano)	José Gonçalves de Araújo Novo (Viana do Castelo, 28.1.1917)	8.2.1969-22.6.1971	864
		Manuel Eduardo de Meneses Alarcão Ferreira Bastos (Lisboa, 18.9.1913-Lisboa, 18.10.1996)	22.6.1971-6.9.1972	452
		António Vasco Machado Maciel Barreto Alves de Faria (Barcelos, 8.1.1931-?, 2011)	16.9.1972-25.4.1974	586
	Democracia	Paulo Joaquim Costa Teixeira (?, c.1932-?, 2012)	13.9.1974-22.9.1976	740
		Alberto Marques de Oliveira e Silva (Viana do Castelo, 9.10.1924-Porto, 10.2.2011)	23.9.1976-30.1.1978; 8.6.1978-14.2.1980	495 616 Total — 1111

A nível nacional, a Ditadura (1926–1974) apresentou uma duração média do cargo superior à dos restantes regimes políticos — 1116 dias (3,1 anos), seguido da Democracia (1974–2011) — 1034 dias (2,8 anos) (Sousa, 2014: 238). Valores próximos foram obtidos por Almeida (2013: 38): 4,6 anos para o Estado Novo (1936–1974) e 3,2 para o período democrático. Nos casos deste estudo, e para o regime democrático, Viana do Castelo apresenta um valor semelhante (2,5 anos), enquanto o Porto (5,5 anos) e Braga (1,8 anos) exibem, respetivamente, valores consideravelmente mais acima e mais abaixo; já no regime autoritário, a duração média do cargo está em sintonia com os valores gerais do país: Braga (3,3 anos), Porto (2,7 anos) e Viana do Castelo (3 anos) (Quadro n.º 3).

Quadro 3: Duração média do cargo de Governador Civil por distrito e regime político

	Estado Novo		Democracia	
Governo Civil	**N.º de Governadores Civis**	**Média do tempo de exercício do cargo (anos)**	**N.º de Governadores Civis**	**Média do tempo de exercício do cargo (anos)**
Braga	5	3,3	3	1,8
Porto	6	2,7	1	5,5
Viana do Castelo	5	3	2	2,5

No entanto, apenas oito Governadores Civis destes três distritos (quase um terço dos estudados) exerceram o cargo por um período igual ou superior a quatro anos: dois em Braga e em Viana, e quatro no Porto, em ambos os regimes, embora no democrático só se assinale o caso de Mário Cal Brandão no Porto (Quadro n.º 4). Também no Governo Civil do Porto é de destacar o exercício de Paulo Gouveia Durão durante praticamente todo o consulado marcelista.

Entre o conjunto analisado, os três com maior longevidade repartem-se pelos três Governos Civis: Francisco Pessoa Monteiro em Braga (6,8 anos); Mário Cal Brandão no Porto (5,5 anos); e Alfredo Lourenço Pinto em Viana do Castelo (5,4 anos).

Quadro 4: Tempo de exercício do cargo de Governador Civil ≥ a quatro anos por Governo Civil e regime político

Governo Civil	Regime Político	Governador Civil	Período em funções	Tempo de exercício do cargo (anos)
Braga	Estado Novo (Salazar)	António Eduardo de Azevedo Abranches	2.7.1957-3.10.1961	4,3
		Francisco Leandro Pessoa Monteiro	2.2.1962-30.11.1968	6,8

(Continuação)

Quadro 4: (Continuação)

Governo Civil	Regime Político	Governador Civil	Período em funções	Tempo de exercício do cargo (anos)
Porto	Estado Novo (Salazar)	Elísio de Oliveira Alves Pimenta	26.3.1957-3.4.1961	4
		Jorge da Fonseca Jorge	2.1.1964-31.3.1969	5,2
	Estado Novo (Marcelo Caetano)	Paulo Eduardo Silva de Gouveia Durão	31.3.1969-11.4.1974	4,1
	Democracia	Mário Manuel Cal Brandão	27.8.1974-14.2.1980	5,5
Viana do Castelo	Estado Novo (Salazar)	Tristão de Araújo Leite Bacelar	27.5.1959-4.9.1963	4,3
		Alfredo Eduardo Lourenço Pinto	4.9.1963-8.2.1969	5,4

3. Análise dos perfis dos Governadores Civis de Braga, Porto e Viana do Castelo (1957–1980)

3.1. A idade no início das funções

Um dos aspetos do estudo do perfil dos indivíduos em questão remete para a sua idade à data de início de funções (Quadro n.º 5). Denotar-se-ão, nestes três distritos do Noroeste, alterações substanciais relativamente a outras regiões do país? Constata-se, desde logo, que o mais novo a iniciar funções neste cargo foi Summavielle Soares (35 anos) e o mais velho foi Cal Brandão (64 anos).

Quadro 5: Idade dos Governadores Civis à data da nomeação por Governo Civil e regime político

	Braga		Porto		Viana do Castelo		
Grupo etário	Estado Novo	Democracia	Estado Novo	Democracia	Estado Novo	Democracia	Total
35–39		1					1
40–44					2		2
45–49		1	1		1		3
50–54	1	1	2		1	1	6

Grupo etário	Braga		Porto		Viana do Castelo		Total
	Estado Novo	Democracia	Estado Novo	Democracia	Estado Novo	Democracia	
55–59	2		2		1		5
60–64			1	1			2
Desconhecido	2					1	3

Embora não tenha sido possível apurar a idade de três indivíduos, os restantes distribuem-se pelos seis grupos etários considerados. Todavia, só se registou um caso para o primeiro intervalo (abaixo dos 40 anos) e dois para o último (entre 60 e 64 anos); especial incidência é notada nos grupos etários 50–54 e 55–59 anos (respetivamente seis e cinco indivíduos), com os mais velhos a evidenciar maior representatividade no regime ditatorial.

Quanto às idades médias, Sousa (2014: 242) aponta 44,6 anos na Ditadura (1926–1974) e 48,6 na Democracia (1974–2011); Costa (2021: 71,76) relativamente a Vila Real, obteve 47,2 anos para o Estado Novo (1936–1974) e 52,3 para o período democrático (1974–2011); já o estudo sobre Governadores Civis de cinco distritos do sul do país (Setúbal, Portalegre, Évora, Beja e Faro) entre 1970 e 1980 apurou a idade média à nomeação de 53,3 nos anos finais do Estado Novo e 42,2 no pós-25 de Abril (Almeida e Ponce Alberca, 2020: 233).

Quadro 6: Idade média dos Governadores Civis à data da nomeação por Governo Civil e regime político

Governo Civil	Regime Político	Idade média dos Governadores Civis à data da posse
Braga	Estado Novo	55
	Democracia	43,3
Porto	Estado Novo	55
	Democracia	64
Viana do Castelo	Estado Novo	50
	Democracia	52

Os casos em estudo apresentam idades médias ligeiramente mais altas: perto de 53,3 no Estado Novo e 53,1 na Democracia (Quadro n.º 6). Estes valores, quanto ao Estado Novo, coincidem com o terceiro estudo citado, enquanto para a Democracia aproximam-se do segundo.

3.2. A naturalidade — a questão da nomeação por afinidade com as regiões

No tocante à naturalidade, uma análise de todos os distritos desde 1835 até 2011 mostra que impera uma grande variedade, se bem que a maior concentração se registe nos distritos de Lisboa e Porto, e apresente 57% de Governadores Civis a exercerem funções fora do distrito da sua naturalidade (Sousa, 2014: 242–247). A pertença ao distrito por nascimento relaciona-se com uma questão razoavelmente complexa, que, entre outros aspetos, se prende com a possibilidade de compreender se o recrutamento teria uma base regional para eventualmente mitigar o caráter centralista da sua nomeação e se era considerado que os naturais do distrito estariam mais habilitados para melhor identificarem e solucionarem os problemas locais, sendo inclusive mais bem aceites que os de fora. No entanto, como a maioria destes agentes foram escolhidos para desempenhar o cargo fora dos seus distritos de origem, tal situação parece indicar que às preocupações locais/regionais se sobrepunham os interesses políticos. O citado estudo sobre os cinco distritos do sul de Portugal entre 1970 e 1980, que trabalhou um total de vinte e nove Governadores Civis, apurou que as percentagens dos nascidos dentro e fora dos distritos para que foram nomeados eram respetivamente de 42,9% e 57,1% (o que coincide com os resultados obtidos por Sousa), permitindo concluir que o distrito de origem não era um fator determinante. Mas em Espanha, ao invés, era comum evitar nomeações de Governadores para a sua província de nascimento, numa tentativa de reforçar a autonomia do Governador face a eventuais influências de redes locais, objetivo que, contudo, provou ser ilusório, pelo que os autores admitem não ter respostas conclusivas relativamente a hipotéticas diferenças entre os Governadores espanhóis e os portugueses devido ao maior nível de 'localismo' dos segundos, ou se estes estavam melhor sintonizados com os seus distritos respetivos (Almeida e Ponce Alberca, 2020: 233–235).

No conjunto em análise, desconhecida apenas a naturalidade de um Governador Civil (Paulo Costa Teixeira), apurou-se que onze titulares do cargo nasceram no distrito em que exerceram funções (52,4%), sendo os outros dez (47%) naturais de outros distritos (Quadro n.º 7), em linha com os valores apresentados para o território nacional e para os cinco distritos do sul de Portugal entre 1970 e 1980.

Quadro 7: Governadores Civis naturais/não naturais do distrito em que exerceram o cargo

Regime Político	Braga		Porto		Viana do Castelo	
	Governador Civil natural do distrito onde exerceu o cargo	Governador Civil natural de outro distrito	Governador Civil natural do distrito onde exerceu o cargo	Governador Civil natural de outro distrito	Governador Civil natural do distrito onde exerceu o cargo	Governador Civil natural de outro distrito
Estado Novo	2	3	3	3	2	3
Democracia	2	1	1		1	
Total	4	4	4	3	3	3

No entanto, consideramos que esta 'afinação localista' não deve apenas ser qualificada pelo local de nascimento, mas também pelas relações familiares com o distrito onde desempenhou o cargo, designadamente a sua residência nesse distrito desde a juventude, a naturalidade dos seus progenitores e/ou do cônjuge. Vejamos os exemplos ilustrativos destas variações.

António Azevedo Abranches nasceu em Tondela, mas ainda criança foi viver para Braga[13], pois o pai, Augusto de Abranches e Menezes, tinha sido colocado como diretor da Repartição das Finanças dessa cidade, na qual este Governador Civil casou, em 1932, com Maria Teresa de Carvalho Coutinho de Lacerda, natural de S. João do Souto, Braga[14]. Por sua vez, Francisco Pessoa Monteiro, embora nascido em Cantanhede, casou em 1936 em Braga, com Aurora Carolina Chaves Mourão[15], natural da freguesia de S. Vítor dessa cidade[16]. O major Paulo Gouveia Durão nasceu na extinta freguesia do Coração de Jesus, em Lisboa, mas os pais eram naturais do Porto (sede do distrito de que veio a ser Governador do Porto) — o pai, Júlio Mesquita Gouveia Durão, oficial do

13 *Tribuna Livre*. Amares, ano VI, 7.10.1961.
14 ADB, *Registos Paroquiais*, Braga, S. João do Souto, Batismos, Liv.° 1901–1902, n.° 55.
15 AUC, *Registos Paroquiais*, Cantanhede, Murtede, Liv.° 1897–1905, n.° 22.
16 ADB, *Registo de passaportes*, Liv.° 1950-03-18/1952-01-07, n.° 1017.

Exército, nasceu em Santo Ildefonso, e a mãe, Corina Noémia da Silva, na Sé[17]. Quanto a Tristão Leite Bacelar, natural de Alcobaça, tinha origens familiares em Viana do Castelo, uma vez que os seus progenitores (Tristão de Araújo Abreu Bacelar e Ida Rodrigues Leite) eram naturais dessa cidade (de Santa Luzia e Monserrate, respetivamente), e em 1941 casou com Margarida Maria Palhares Ribeiro, igualmente nascida em Viana do Castelo (Monserrate)[18].

Face a esta análise, apurámos que apenas seis Governadores Civis não tinham ligações ao distrito para o qual foram nomeados, o que permite evidenciar que ¾ dos indivíduos estudados nasceram ou tinham enquadramento familiar no distrito onde exerceram funções (Quadro n.° 8). A diferença entre estes valores e os anteriores, que contabilizam apenas o distrito de naturalidade dos titulares do cargo de Governador Civil, mostra que, para se compreender a base regional do recrutamento, o campo de análise tem de ser alargado ao seu percurso de vida e relações familiares.

Quadro 8: Governadores Civis naturais e/ou com ligações familiares ao distrito em que exerceram o cargo

	Braga		Porto		Viana do Castelo	
Regime Político	Governador Civil natural e/ou c/ ligações familiares ao distrito onde exerceu o cargo	Governador Civil natural de outro distrito	Governador Civil natural e/ou c/ ligações familiares ao distrito onde exerceu o cargo	Governador Civil natural de outro distrito	Governador Civil natural e/ou c/ ligações familiares ao distrito onde exerceu o cargo	Governador Civil natural de outro distrito
Estado Novo	4	1	4	2	3	2
Democracia	2	1	1		1	
Total	6	2	5	2	4	2

17 ADP, *Registos Paroquiais*, Porto, Paranhos, Casamentos, Liv.° 1910, n.° 11.

18 ADV, *Conservatória do Registo Civil de Viana do Castelo*, Nascimentos, Liv.° 1913.10.14 -1913.12.31, n.° 1282.

3.3. Profissões, formação académica, percursos profissionais, políticos e cívicos

No que concerne as ocupações profissionais destas personalidades, optámos por as agrupar segundo a *Classificação Portuguesa das Profissões 2010* do Instituto Nacional de Estatística, considerando, assim, três grandes grupos: i) Especialistas das Atividades Intelectuais e Científicas; ii) Representantes do Poder Legislativo e de Órgãos Executivos, Dirigentes, Diretores e Gestores Executivos; iii) Profissões das Forças Armadas (Quadro n.º 9). O primeiro grupo é o mais expressivo, com relevância das profissões ligadas ao Direito, e não se verifica, no conjunto estudado, a presença frequente de militares durante o Estado Novo, como indica para o todo nacional Almeida 2013: 23.

Quadro 9: Governadores Civis por grupo profissional e profissão, Governo Civil e regime político

	Braga		Porto		Viana do Castelo	
Grupo profissional/ profissão	**Estado Novo**	**Democracia**	**Estado Novo**	**Democracia**	**Estado Novo**	**Democracia**
Especialistas das Atividades Intelectuais e Científicas						
Magistrado judicial	1		1		1	
Advogado		1	1	1		1
Médico	1				1	
Engenheiro químico		1				
Total	2	2	2	1	2	1
Representantes do Poder Legislativo e de Órgãos Executivos, Dirigentes, Diretores e Gestores Executivos						
Dirigente superior da Administração Pública						
Comerciante	1		2		2	
Total	1		2		2	
Profissões das Forças Armadas						
Oficial do Exército			2		1	
Oficial da Armada						1
Total			2		1	1
Desconhecido	2	1				

No tocante à formação académica, verifica-se que a licenciatura em Direito é predominante (12 casos), o que está em linha com os cargos políticos e administrativos em geral, enquanto a Engenharia e as Escola do Exército e Marinha têm três representações cada, Medicina foi cursada por dois e a Escola Comercial por um, sendo este a exceção, pois não detinha um curso superior (Quadro n.º 10).

Quadro 10: Formação académica dos Governadores Civis por Governo Civil e regime político

Formação Académica	Braga		Porto		Viana do Castelo		Total
	Estado Novo	Democracia	Estado Novo	Democracia	Estado Novo	Democracia	
Direito	3	2	3	1	2	1	12
Medicina	1				1		2
Engenharia Civil			1				1
Engenharia Geográfica					1		1
Engenharia Química		1					1
Curso da Escola do Exército			2				2
Curso da Escola Naval						1	1
Curso na Escola Comercial	1						1
Desconhecida					1		1

No seu desempenho profissional, verifica-se que estes indivíduos assumiram várias posições e cargos, tanto no setor público como privado, por vezes como resultado da sua progressão na carreira. Comecemos pelos Governadores Civis de Braga.

António de Azevedo Abranches destacou-se na carreira jurídica: em 1934 foi nomeado juiz do Tribunal do Trabalho e, em 1938, instrutor da Polícia de Investigação Criminal de Braga, da qual viria a ser diretor; foi também subdelegado do procurador da República, vice-presidente da Comissão Reguladora do Comércio do Algodão em Rama, juiz adjunto do Intendente Geral dos Abastecimentos, juiz do Tribunal das Execuções Fiscais do Porto (1950), juiz do Tribunal da 2.ª Instância do Contencioso das Contribuições e Impostos[19], e, em 1957, quando assumiu o cargo de Governador Civil, era juiz conselheiro

[19] *Tribuna Livre*. Amares, ano VI, 7.10.1961.

do Tribunal Administrativo. Tanto Francisco Leite Dourado como Manuel de Ascensão Azevedo, ambos licenciados em Direito, integraram na década de 1980 o quadro da Secretaria Geral do Ministério do Emprego e da Segurança Social como assessores; o primeiro foi delegado do Instituto Nacional do Trabalho e Previdência (no Estado Novo) e presidente da Mesa da Assembleia Geral da Sopete — Sociedade Poveira de Empreendimentos Turísticos (1989 e 1994). Quanto a Eurico de Melo, engenheiro químico pela Universidade do Porto, foi assistente da sua Faculdade e, a partir dos anos 1990, integrou o Conselho de Administração de várias entidades bancárias (Santander, Totta e Açores, Crédito Predial Português) como vogal e presidente.

Alguns casos do Porto também merecem menção. Durante mais de vinte anos, o engenheiro João de Brito e Cunha foi quadro dos serviços técnicos da Câmara Municipal do Porto como diretor dos Serviços de Urbanizações e Obras, assumindo depois a presidência da Caixa de Pensões, Assistência e Crédito dos Funcionários dessa edilidade (1941 e 1955). Paulo Gouveia Durão, major do Corpo do Estado Maior, já na reserva quando assumiu o Governo Civil, foi gestor e administrador da empresa Arbofil, na Trofa, e presidente do Conselho Fiscal da EFACEC. Por sua vez, Mário Valente Leal foi juiz em Castro Daire (1948), delegado do procurador da República na Ilha Graciosa, Montalegre, Melgaço, Arouca, Albergaria-a-Velha, Ovar e Leiria e ajudante do procurador da República em Viseu, corregedor do 1.º Juízo Criminal, juiz desembargador do Tribunal da Relação do Porto (1964), juiz conselheiro do Tribunal de Contas (1965) do qual se tornou vice-presidente (1971) e, em 1976, dois anos após ter dirigido o Governo Civil do Porto, presidiu a Comissão Instaladora das Secções Regionais do Tribunal de Contas nas Regiões Autónomas dos Açores e Madeira. Chefiou a representação portuguesa ao VII Congresso das Instituições Superiores de Fiscalização das Finanças Públicas, realizado no Canadá (1971) e foi presidente do Conselho de Fiscalização dos CTT e TLP (1975).

Situações semelhantes podem encontrar-se nos percursos profissionais dos homens que chefiaram o Governo Civil de Viana do Castelo no período em apreço. O médico Alfredo Lourenço Pinto integrou os serviços médico-sociais, centros de saúde e hospitais concelhios; foi vogal distrital de Viana do Castelo na Comissão de Planejamento Regional-Norte (1971–1974) e, já no período democrático, da Comissão Instaladora da Administração Regional de Saúde de Viana do Castelo (1979–1982) e presidente da Administração

Regional de Saúde de Viana do Castelo (dez.1982-fev. 1985). O engenheiro geógrafo Manuel Ferreira Bastos teve uma carreira como dirigente superior da Administração Pública no Ultramar e, nos anos 1970, foi chefe de missão dos Serviços Cartográficos de Macau. Já o magistrado António Alves de Faria, que dirigiu o Governo Civil de Viana no final do marcelismo, foi juiz desembargador no Tribunal da Relação do Porto, que passou a presidir desde inícios de 1997, sendo reeleito para esse cargo em janeiro de 2000, aposentando-se no ano seguinte. O capitão-tenente da Marinha Paulo Costa Teixeira (comandante quando terminou as suas funções de Governador Civil), tornou-se adjunto do Chefe do Estado Maior das Forças Armadas em 1986, passando à reforma dez anos depois, com a patente de vice-almirante.

Além dos seus percursos profissionais, ascendentes, como vimos, mesmo após a mudança de regime, importa determo-nos nos cargos políticos que exerceram antes e depois do desempenho nos Governos Civis. Entre os de Braga, três tinham já exercido esse cargo como substitutos (dois nesse Governo Civil e um no de Bragança) e um como titular no Governo Civil de Castelo Branco. Mas o cargo mais frequente é o de presidente da Câmara Municipal, pois em todos os Governos Civis encontramos indivíduos que já haviam desempenhado esse múnus, num total de seis (todos no Estado Novo), só num caso fora do distrito de que depois se tornariam Governadores Civis — António Santos da Cunha, que presidiu a duas câmaras (da Póvoa de Lanhoso e de Braga)[20]. Um destes homens foi presidente de uma Comissão Administrativa concelhia (Fafe), outro membro de uma Câmara Municipal (Luanda) e outro ainda membro da Comissão Administrativa da Junta Geral do Distrito de Braga. Quatro tinham sido deputados à Assembleia Nacional (Araújo Novo foi também procurador à Câmara Corporativa), o que evidencia a circulação entre cargos de confiança governativa, enquanto Alberto de Oliveira e Silva, nos alvores da Democracia, depois de ter sido deputado

---

[20] É possível que tenha havido atritos nas relações entre os principais detentores do poder local: os Governadores Civis e os presidentes das Câmaras Municipais. No que diz respeito ao grupo dos primeiros aqui abordados, na literatura compulsada apenas foi encontrada uma pendência noticiada pelo jornal *A Terra Minhota* entre Alfredo Lourenço Pinto, que liderou o Governo Civil de Viana do Castelo de setembro de 1963 a fevereiro de 1969, com o presidente da edilidade Joaquim José Artur Andrade Pereira de Santiago, que o terá acusado de negligência relativamente às eleições (Almeida, 2014: 555).

à Assembleia Constituinte, transitou da Assembleia da República para o Governo Civil de Viana do Castelo (Quadro n.º 11).

Quadro 11: Cargos políticos exercidos antes de serem nomeados Governadores Civis de Braga, Porto e Viana do Castelo

Governo Civil	Regime Político	Governador Civil	Cargos políticos desempenhados até ao exercício do cargo
Braga	Estado Novo (Salazar)	António Eduardo de Azevedo Abranches	Governador Civil de Braga substituto (1938)
		Francisco Leandro Pessoa Monteiro	Governador Civil de Braga substituto (1944)
	Estado Novo (Marcelo Caetano)	António Maria Santos da Cunha	Presidente da Câmara Municipal da Póvoa de Lanhoso (1949) Presidente da Câmara Municipal de Braga (1949-1961)
		Francisco Carlos Leite Dourado	Governador Civil de Bragança substituto (1970-1971)
		Manuel Augusto de Ascensão Azevedo	Governador Civil de Castelo Branco (1969-1973)
	Democracia	Parcídio Matos Summavielle Soares	Presidente da Comissão Administrativa da Câmara de Fafe (1974-1976)
Porto	Estado Novo (Salazar)	Elísio de Oliveira Alves Pimenta	Presidente da Câmara Municipal Melgaço (1944-1949) Deputado à Assembleia Nacional (1949-1953; 1953-1957)
		Manuel Gonçalves da Silva	Membro da Câmara Municipal de Luanda Membro da Comissão Administrativa da Junta Geral do Distrito de Braga (1928)
		João de Brito e Cunha	Presidente da Câmara Municipal de Vila Nova de Gaia (1955-1960) Deputado à Assembleia Nacional (1957-1961)

(Continuação)

Quadro 11: (Continuação)

Governo Civil	**Regime Político**	**Governador Civil**	**Cargos políticos desempenhados até ao exercício do cargo**
Viana do Castelo	Estado Novo (Salazar)	Alfredo Eduardo Lourenço Pinto	Presidente da Câmara Municipal de Caminha (1959–1963)
	Estado Novo (Marcelo Caetano)	José Gonçalves de Araújo Novo	Presidente da Câmara Municipal de Viana do Castelo (1949–1958) Procurador à Câmara Corporativa (1953–1957) Deputado à Assembleia Nacional (1957, 1965)
		António Vasco Machado Maciel Barreto Alves de Faria	Presidente da Câmara Municipal de Barcelos (1967–1972)
	Democracia	Alberto Marques de Oliveira e Silva	Deputado à Assembleia Constituinte (1975) Deputado à Assembleia da República (3.6.1976-6.10.1976)

O Código Administrativo de 1936 estabelecia que o cargo de Governador Civil era incompatível com o exercício de qualquer outro cargo público e da advocacia, pelo que todos os titulares entre 1957 e 1974 exerceram a função em regime de exclusividade. Na Democracia, o decreto-lei n.° 530/74, de 9 de outubro, acrescentou às incompatibilidades com outro cargo público as áreas da arquitetura, da engenharia e a atividade de empreiteiro de obras públicas 'na área do respetivo Governo Civil' (art.° 2.°). Esta nova moldura legal enquadrou, embora não sem alguma polémica, o caso de Mário Cal Brandão: foi o primeiro Governador Civil do Porto após o 25 de Abril, cargo que desempenhou de forma contínua até 14 de fevereiro de 1980, acumulando essas funções com as de deputado à Assembleia Constituinte (2.6.1975-2.4.1976) e de deputado à Assembleia da República (3.6.1976-31.8.1979), em representação de Aveiro. Se na Assembleia Constituinte essa acumulação não suscitou dúvidas em termos legais, uma vez que a Lei Eleitoral para a Assembleia Constituinte era omissa sobre inelegibilidades (decreto-lei n.° 621-C/74, de 15 de novembro), o mesmo não aconteceu na Assembleia da República. A Lei Eleitoral de 1976 (decreto-lei n.° 93-A/76, de 29 de janeiro) permitia a candidatura dos Governadores Civis a deputado, desde que não fosse 'pelo círculo onde exerçam a sua atividade' (art.º 7.º), competindo ao Regimento do Parlamento definir as incompatibilidades para o exercício do cargo. Foi justamente no debate na especialidade deste Regimento que o caso Cal Brandão se tornou o centro da discussão.

Na sessão de 13 de julho de 1976, foi apreciado o artigo 4.º sobre os motivos para a suspensão do mandato de deputado, referindo a alínea c) a nomeação para várias funções políticas, incluindo a 'de Governador Civil do distrito por cujo círculo tenham sido eleitos'[21]. O constitucionalista Vital Moreira, pelo PCP, propôs que se retirasse a expressão 'do distrito por cujo círculo tenham sido eleitos', alegando que a nomeação de deputados para Governadores Civis, sendo estes representantes políticos do Governo nos distritos (independentemente de corresponderem ou não aos círculos por que tinham sido eleitos), devia determinar a suspensão do mandato de deputado. Esta proposta de emenda suscitou acesa discussão, com os deputados do PS e do PPD a manifestarem-se contra. José Luís Nunes (PS), aludindo ao 'nosso camarada Cal Brandão', defendeu que não havia razões para que o cidadão que fosse 'Governador Civil por um distrito diferente' daquele que o havia eleito não pudesse manter o seu mandato de deputado, tanto mais que a competência dos Governadores Civis era 'meramente distrital'. Por sua vez, outro constitucionalista, Jorge Miranda (PPD), argumentou que a prática da Assembleia Constituinte tinha mostrado que 'era perfeitamente compatível o ser-se Governador Civil de um distrito e ser-se deputado de outro'. Amaro da Costa (CDS) interpelou o PS sobre a contradição em que estava a incorrer ao alegar que havia um efeito vinculativo do deputado ao círculo que o elegeu, quando o artigo 1.º do Regimento, já aprovado, afirmava que os deputados representavam todo o país e não os círculos por onde eram eleitos, e se tal posição era consentânea com a separação dos poderes, visto o Governador Civil representar o Governo, o que não acontecia com os deputados. Respondendo às questões, António Arnaut (PS) considerou que não havia qualquer contradição ao Regimento, nem nenhuma limitação à separação

21 A par de membro do Governo, da Comissão Consultiva para as Regiões Autónomas e do Governo Regional e para os cargos de provedor de Justiça e de ministro da República.

dos poderes, porque um Governador Civil exercia 'a sua jurisdição apenas no círculo ou na área territorial do distrito'. Reforçando a sua proposta, Vital Moreira alegou que era difícil imaginar a compatibilidade do desempenho de dois cargos tão exigentes, lembrando que a discussão devia ser genérica e não centrada em casos concretos. José Luís Nunes encerrou este debate com aquela que seria a verdadeira justificação para a posição assumida pelo seu partido e pelo PPD, nesse momento inicial da experiência democrática:

> Nós estamos numa fase difícil, embora estimulante, de transição para a democracia, de fortalecimento das instituições democráticas. Ora, nessa fase muitas vezes existem dificuldades de enquadramento e de quadros. As pessoas fazem falta em muitos sítios ao mesmo tempo — as pessoas de qualidade, evidentemente. De forma que esta alínea c) é uma disposição meramente dispositiva. Pode-se aceitar que um Governador Civil admita a acumulação do mandato, mas pode também aceitar-se que esse Governador Civil verifique, na prática, que é impossível acumular as duas coisas e admita a suspensão do mandato.

Por unanimidade, tanto a alínea c) como a proposta de emenda apresentada pelo PCP baixaram à Comissão do Regimento para apreciação. Dez dias depois, na sessão plenária de 23 de julho, Jorge Miranda, relator da Comissão, submeteu o artigo 4.° a aprovação, em cuja alínea c) não constava qualquer tipo de condicionante, sendo a nomeação para Governador Civil um motivo relevante para que o deputado requeresse a sua substituição temporária. Contudo, foi adicionado ao artigo um novo ponto, que estipulava a sua não aplicação aos deputados eleitos anteriormente à aprovação deste Regimento, sem prejuízo do direito de optarem pela suspensão do mandato. Submetido à votação, o artigo 4.° foi aprovado por unanimidade. Estava, assim, salvaguardada a legalidade da presença de Mário Cal Brandão como deputado na Assembleia da República, cargo que continuou a exercer cumulativamente com o de Governador Civil do Porto até agosto de 1979. Atitude diferente assumiu, alguns meses depois, Alberto de Oliveira e Silva, também ele deputado da Assembleia da República, que por ter sido nomeado Governador Civil de Viana do Castelo em 23 de setembro de 1976 solicitou a sua substituição em 6 de outubro seguinte[22].

---

[22] *Diário da Assembleia da República*. Lisboa, sessão de 6.10.1976, p. 711.

No que toca a cargos políticos exercidos depois do desempenho como Governador Civil, a questão é saber se esse posto funcionou como trampolim no percurso político destes homens (Quadro n.º 12). Tal situação foi rastreada para seis indivíduos, quatro no período democrático e dois no anterior, com evidentes trajetórias ascensionais no Município, no Governo Civil, no Parlamento, no Governo e no Parlamento Europeu. Destaca-se neste panorama Eurico de Melo, figura proeminente do PSD, que ficou conhecido como 'vice-rei do Norte', com cargos ministeriais nos X e XI Governos Constitucionais, tendo terminado a carreira política no Parlamento Europeu. Embora no conjunto de personalidades estudadas o assunto não tenha particular expressividade, poder-se-á dizer que o exercício do cargo de Governador Civil permitiu, mais frequentemente no período democrático, alavancar carreiras políticas — a formação da nova classe política estava em curso.

Quadro 12: Cargos políticos desempenhados pelos Governadores Civis de Braga, Porto e Viana do Castelo após o exercício deste cargo

Governo Civil	Regime Político	Governador Civil	Cargos políticos desempenhados após o exercício do cargo
Braga	Democracia	José de Araújo Pereira Sampaio	Deputado à Assembleia Municipal de Braga (1976–1979; 1980–1982)
		Eurico Silva Teixeira de Melo	Deputado da Assembleia da República (1985, 1987, 1991, 1995) Ministro da Administração Interna (1980, 1985–1987) Ministro de Estado (1985–1987) Ministro da Defesa (1987–1990) Vice-Primeiro-ministro (1987–1990) Deputado no Parlamento Europeu (1994–1999)
		Parcídio Matos Summavielle Soares	Presidente da Câmara Municipal de Fafe (1980–1997) Deputado à Assembleia da República (1980) Vereador da Câmara Municipal de Fafe

(Continuação)

Quadro 12: (Continuação)

Governo Civil	Regime Político	Governador Civil	Cargos políticos desempenhados após o exercício do cargo
Porto	Estado Novo (Salazar)	Elísio de Oliveira Alves Pimenta	Deputado à Assembleia Nacional (1961–1965; 1965–1969)
	Democracia	Mário Manuel Cal Brandão	Deputado à Assembleia Constituinte (1975–1976, em acumulação) Deputado à Assembleia da República (3.6.1976-31.8.1979, em acumulação; 1980, 1983, 1985; 1987) Governador Civil do Porto (1983–1985)
Viana do Castelo	Democracia	Alberto Marques de Oliveira e Silva	Ministro da Administração Interna (30.1.1978-27.2.1978) Deputado à Assembleia da República (1980, 1985, 1987, 1991) Governador Civil de Viana do Castelo (1995–2000)

Pelo que ficou exposto, Cal Brandão protagonizou o único caso, entre as personalidades estudadas, de acumulação de funções, razão que o faz divergir do título atribuído ao Quadro n.º 12.

Além dos trajetos profissionais, cargos de gestão e carreira política (atrás referidos), a compreensão dos perfis destes indivíduos pode ser complementada com as suas atividades cívicas e condecorações, aspetos em que alguns se distinguiram. Embora não se tenham encontrado informações sobre estas matérias para alguns casos (o que não quer dizer que não tenham existido, mas decerto parcamente), para outros apuraram-se poucos dados (se mais tiveram, serão residuais), e para outro grupo verificou-se uma considerável dinâmica cívica, o que demonstra ora apoio ora contestação ao regime, neste segundo caso 'recompensada' com o advento da Democracia; em todo o caso, tratava-se de formas de prestígio e reconhecimento que caracterizam a elite política.

Começando pelos detentores deste cargo no Governo Civil de Braga no período analisado, enquanto apenas se apurou que Francisco Pessoa Monteiro foi sócio do Centro Académico da Democracia Cristã, já o comerciante António Santos da Cunha teve uma larga atividade pública: foi provedor do Hospital de S. Marcos e da Misericórdia de Braga (1962–1969), dirigiu o Conservatório Regional de Música de Braga, a Associação Distrital de Futebol, o Sporting Clube de Braga, a Cooperativa dos Produtores de Leite de Braga e a União das Cooperativas de Produtores de Leite de Entre Douro e Minho; foi ainda vice-presidente das Conferências de S. Vicente de Paulo e membro de várias academias nacionais e estrangeiras, além de editor do jornal *Correio do Minho*; em 1960 tornou-se Oficial da Instrução Pública por proposta do ministro da Instrução Nacional e, no ano seguinte, Comendador da Ordem de Cristo. Quanto a José Pereira Sampaio, foi membro do MUD Juvenil, participou nas campanhas eleitorais do general Norton de Matos e de Arlindo Vicente; em junho de 1969 foi um dos subscritores da exposição enviada a Salazar apoiando as reivindicações dos estudantes de Coimbra; foi também advogado de Victor de Sá e de Humberto Soeiro nas reclamações para o Supremo Tribunal de Justiça das decisões impeditivas das suas candidaturas a deputado; interveio nos Congressos de Aveiro (1969–1973) e exerceu a presidência da Ordem dos Advogados de Braga (1972–1974). No caso de Eurico de Melo, com o desempenho de cargos políticos atrás referido, não surpreende a abundância de condecorações que lhe foram atribuídas: Oficial da Instrução Pública (1952), Grã-Cruz da Ordem de Cristo (1990), mas recebeu, sobretudo, numerosas condecorações estrangeiras entre finais da década de 1980 e inícios da seguinte, e, em 1990, o título de doutor *honoris causa* pela Universidade do Minho. Quanto a Summavielle Soares, foi condecorado com a Comenda da Ordem do Mérito Civil de Espanha atribuída pelo rei Juan Carlos quando era Governador Civil e, em 2015, com a Comenda da Ordem de Mérito. Impulsionador de movimentos cooperativos e associativos e promotor dos desportos motorizados, este dirigente do Partido Socialista recebeu da Câmara Municipal de Fafe a Medalha de Ouro de Mérito Concelhio (2021) e, em finais de março de 2024, foi homenageado no âmbito do 50.° aniversário do 25 de Abril, em reconhecimento pela sua luta contra o fascismo[23].

No tocante aos Governadores Civis do Porto, todos receberam condecorações e têm percursos mais repletos. Elísio Pimenta, autor de várias obras jurídicas, foi provedor da Misericórdia de Braga e depois vice-provedor e provedor da Misericórdia do Porto; recebeu várias condecorações: Grande Oficial de Cristo (1961) e do Cruzeiro do Sul (Brasil); Comendador do Mérito Civil e Ordem

---

[23] *Diário do Minho*. Braga, 23.3.2024.

de Cisneros (Espanha). Manuel Gonçalves da Silva foi comandante da Escola Regional de Graduados do Porto da Mocidade Portuguesa (1942–1947) e recebeu os títulos de Cavaleiro (1929), Comendador (1950) e Grande Oficial (1957) da Ordem Militar de Avis. Por sua vez, João de Brito e Cunha, que também deixou obras publicadas, foi diretor do Instituto do Vinho do Porto, delegado do Governo junto da Hidroelétrica do Cávado e administrador da Companhia dos Caminhos de Ferro Portugueses (1965–1969); foi ainda membro da direção da Ação Católica e recebeu diversos louvores e condecorações (Cavaleiro da Ordem de Cristo, 1934; Cavaleiro do Santo Sepulcro de Jerusalém, 1957; Grande Oficial da Ordem de Cristo, 1964). Quanto a Jorge da Fonseca Jorge, foi vice-presidente do Centro Académico da Democracia Cristã, chefiou a delegação do Instituto Nacional do Trabalho de Aveiro, em Vila Real, no Porto e em Viana do Castelo e, em 1969, tornou-se delegado do Governo junto da RTP; recebeu o grau de Grande Oficial da Ordem de Mérito por proposta do ministro da Saúde e Assistência em 1967 e de Grande Oficial da Ordem de Cristo em 1969. Também Paulo de Gouveia Durão (que foi dirigente diocesano do movimento vicentino) recebeu a Grã-Cruz da Ordem Nacional do Cruzeiro do Sul do Brasil e o grau de Oficial da Ordem Militar de Avis (1948). Todavia, a figura com maior dinâmica cívica foi o advogado Mário Cal Brandão, tenaz opositor do Estado Novo, durante o qual participou em numerosas ações e movimentos, tendo sido preso várias vezes; este maçon, cofundador do Partido Socialista, destacou-se ainda jovem como presidente da Associação Académica de Coimbra e do Centro Republicano Académico; foi membro do MUNAF e do Diretório Democrático-Social (1956); recebeu o grau de Grande Oficial da Ordem da Liberdade (1987) e de Grande Oficial da Ordem Militar de Cristo (1991).

Os percursos cívicos dos Governadores Civis de Viana do Castelo afiguram-se mais singelos, tal como os seus trajetos políticos. Neste quesito, destaca-se Alberto de Oliveira e Silva, opositor à Ditadura e preso várias vezes; foi membro do Movimento de Unidade Democrática (MUD), da Comissão Distrital de Viana do Castelo à candidatura de Norton de Matos, participou no III Congresso da Oposição Democrática em Aveiro (1973) e foi membro da Comissão Nacional do PS; foi ainda provedor da Misericórdia de Viana do Castelo, presidente da Comissão Administrativa do Hospital Distrital dessa cidade (1974) e, em 2012 (no ano seguinte à sua morte), foi-lhe atribuído o título de Cidadão de Honra de Viana Castelo. Os restantes do grupo de Viana, com alguma relevância nesta vertente, exerceram o cargo de Governador

Civil durante o Estado Novo. Tristão Bacelar foi condecorado pelo Governo espanhol e recebeu o grau de Grande Oficial da Ordem Militar de Avis (1951), enquanto Alfredo Lourenço Pinto foi o primeiro presidente do Lions Clube de Vila Praia de Âncora (1980). Por sua vez, Araújo Novo foi membro do Círculo Católico de Coimbra e do Centro Académico da Democracia Cristã (secretário e administrador da revista *Estudos*) e presidente da Junta Autónoma dos Portos do Norte. Manuel Ferreira Bastos recebeu a Comenda da Ordem do Infante D. Henrique (1981) e Paulo Costa Teixeira foi Cavaleiro (1972) e Comendador da Ordem Militar de Avis (1986).

Por fim, no tocante a familiares diretos com cargos ou ação política relevantes, consideramos que o conjunto de personalidades estudadas patenteia situações que merecem algumas linhas, nomeadamente alguns Governadores Civis de Braga e um do Porto. Seguindo esta ordem, refira-se que Francisco Pessoa Monteiro, cujo irmão, Joaquim Pessoa de Andrade Campos, foi presidente da Câmara de Mira (distrito de Coimbra de onde eram naturais) entre 1941 e 1946. Como já referido, também o comerciante António Santos da Cunha era irmão de Antão Santos da Cunha (como ele natural da freguesia da Sé, Braga), que foi Governador Civil de Castelo Branco entre 1944 e 1946, e do Porto entre 1947 e 1950; exerceu ainda funções de deputado à Assembleia Nacional entre os finais da década de 1940 e os finais da de 1960. Por sua vez, Francisco Leite Dourado teve um familiar (também poveiro de nascimento), António Leite Dourado, que foi presidente substituto da Comissão Administrativa da Póvoa de Varzim (durante dois breves períodos entre 1940 e 1941), e vice-presidente da Câmara entre 1940 e 1948. Sobre a família de Parcídio Summavielle Soares, a sua notoriedade política em Fafe remonta ao bisavô José Summavielle Soares (1881–1969), advogado e industrial, que foi o primeiro presidente da Câmara Municipal de Fafe eleito na I República (1913–1923), enquanto o seu filho, Parcídio Cabral de Almeida Summavielle, licenciado em Direito, foi candidato à presidência dessa Câmara (2005, 2009, 2013) e seu vice-presidente no mandato 2017–2021.

Quanto ao Governador Civil do Porto Mário Cal Brandão, pertencia a uma família com intensa militância antifascista. A sua mãe, Amélia Brandão Cal, ativista republicana e anticlerical (falecida em 14 de novembro de 1974), foi sócia da Associação Feminina Portuguesa para a Paz e participou em várias manifestações de rua, tanto comemorativas como reivindicativas. Tornou-se conhecida pela carta aberta que enviou a Clyde Gomes Alflalo, que numa sessão de propaganda eleitoral da União Nacional agradeceu a Salazar por não ter permitido que Portugal entrasse na guerra[24]. Nesse documento, datado de 30 de outubro de 1945, refutou com veemência as afirmações da assistente social e denunciou o clima de perseguição e miséria do país[25]. Nesta luta também se destacaram os irmãos mais velhos de Mário, sobretudo Carlos Cal Brandão (1906–1973), um maçon que foi preso várias vezes. Após os estudos em Coimbra, regressou ao Porto onde integrou o Grupo de Estudos Sociais e Filosóficos Lux e dirigiu o jornal *Humanidade*, que este grupo editou a partir de 1929. A acusação (sem julgamento nem culpa formada) de implicação na tentativa revolucionária de 26 de agosto de 1931 valeu-lhe a deportação durante quinze anos num campo de concentração timorense (1931–1946)[26]. Foi advogado dos membros das comissões distritais do Porto do MUD, integrou numerosas comissões políticas de oposição do distrito do Porto, designadamente nas candidaturas presidenciais de Norton de Matos e de Humberto Delgado, e foi candidato da oposição em 1953 e em 1965. Esteve entre os 72 advogados que assinaram uma representação ao ministro da Presidência pedindo um 'inquérito à PIDE', em março de 1957 e, em 1961, foi um dos signatários do 'Programa para a Democratização da República'. Quanto a Silo José Cal Brandão (1908–1978), enquanto estudante de Medicina na Universidade de Coimbra, esteve envolvido na revolta de 20 de julho de 1928, que ficou conhecida como 'revolução relâmpago', já que o núcleo estudantil reunido em torno da 'República das Águias' — onde pontificavam os irmãos Cal Brandão — esteve na primeira linha de assalto a várias unidades militares, mas esta ação foi inviabilizada por uma investida conjunta de forças policiais e militares. Mário e Silo Cal Brandão foram presos na sequência deste golpe falhado, tendo passado várias semanas encarcerados no Governo Civil de Lisboa[27]. Também Beatriz, com quem Mário casou em 1942, provinha de uma família de convicções republicanas e democráticas. Feminista e opositora ao regime, pertenceu ao Conselho Nacional das Mulheres Portuguesas e, tal

---

24 Silêncios e Memórias: [0428.] AMÉLIA ALMEIDA BRANDÃO DE CAL OU AMÉLIA ALMEIDA CAL BRANDÃO [II] || AFPP - DELEGAÇÃO DO PORTO (silenciosememorias.blogspot.com). Consult. em 25.3.2024.

25 04435.552.008 (casacomum.org). Consult. em 25.3.2024. Este documento teve larga circulação, primeiro datilografado, depois editado pela Comissão Distrital do MUD de Braga.

26 Carlos Cal Brandão | Memória Comum (memorial2019.org). Consult. em 25.3.2024.

27 A "Revolução Relâmpago" | Memória Comum (memorial2019.org). Consult. em 25.3.2024.

como a sogra, à Associação Feminina Portuguesa para a Paz; foi uma das oito subscritoras do documento publicado no *Diário de Lisboa*, em 30 de outubro de 1945, intitulado *As mulheres e o movimento de oposição*. Cofundadora do Partido Socialista, foi eleita como deputada à Assembleia Constituinte e à Assembleia da República até 1985[28].

4. Conclusão

Este estudo setorial relativo aos Governadores Civis, que se debruça sobre um espaço e tempo circunscritos: o Noroeste do país (distritos de Braga, Porto e Viana do Castelo), entre 1957 e 1980, ora corrobora aspetos essenciais obtidos por obras que pesquisaram essas figuras políticas a nível nacional, ora diverge ligeiramente.

O facto indiscutível, aqui reiterado, é a natureza do cargo, entendido como extensão do Governo nas circunscrições distritais que cobriam todo o território nacional. Impunha-se nomear homens de confiança do sistema, com dedicação plasmada em desempenhos nos organismos do regime, como foi encontrado entre o grupo estudado relativo ao Estado Novo, em que avultam não só trajetórias na Assembleia Nacional e na Câmara Corporativa, como na União Nacional e até na Legião Portuguesa[29]. A chegada ao poder de Marcelo Caetano não deixou de suscitar uma vaga de renovação destes agentes políticos, eventualmente mais alinhados com mudanças que se pretendiam introduzir ou, pelo menos, sugerir. Marcando a rutura expectável, a Revolução de 1974 destituiu os detentores destes cargos, como os de outros de natureza política, mas também nos primeiros anos da Democracia o fator político foi determinante (sem menoscabo das qualidades dos indivíduos escolhidos) com o robustecimento do jogo partidário a viabilizar a alternância no poder entre as duas maiores forças partidárias: o Partido Socialista e o Partido Popular Democrático/Partido Social Democrata (PPD/PSD)[30].

---

[28] Beatriz Cal Brandao - MDM. Consult. em 25.3.2024.

[29] Vários foram membros das comissões concelhias ou distritais da União Nacional, chegando a ser seus vice-presidentes ou presidentes, como Santos Cunha, João de Brito e Cunha, Araújo Novo ou Elísio Pimenta; o último foi também oficial da Legião Portuguesa.

[30] Fundado em maio de 1974 sob a primeira designação, assumiu a segunda a partir de outubro de 1976.

Tal situação ficou bem patente em setembro de 1976 com a entrada em funções do I Governo Constitucional chefiado por Mário Soares e, em fevereiro de 1980, do IV Governo Constitucional, liderado por Sá Carneiro, repercutindo-se ambos na substituição massiva dos Governadores Civis. Aliás, o artigo 4.º do Regimento da Assembleia República, aprovado em julho de 1976 após debate prolongado, foi justificado quanto à sua formulação em matéria de acumulação de cargos políticos pela escassez de perfis qualificados para o exercício de funções políticas na jovem Democracia, mas não deixava de transparecer que a sua seleção, nomeadamente do cargo de Governador Civil então em causa e protagonizado por Mário Cal Brandão, obedecia a critérios político-partidários. Não raramente, depois do 25 de Abril, a nova classe política patenteava percursos de resistência à Ditadura.

Tanto no Estado Novo como na Democracia, percebemos que um número substancial dos Governadores Civis em análise era aparentado com indivíduos que haviam exercido cargos em instâncias do poder local, e eles próprios os tinham desempenhado antes de assumirem a chefia dos Governos Civis; além disso, muitos vieram a deter funções de igual ou superior importância política após deixarem o Governo Civil.

Evidente ficou também a total hegemonia masculina na chefia dos Governos Civis, apenas quebrada em 1980 (Évora), se bem que pontualmente, pois até ao final da existência do cargo ele foi apenas entregue a dezanove mulheres (Sousa, 2014: 240). Quanto à formação académica dos Governadores Civis dos três distritos estudados, confirmou-se a inequívoca preponderância dos licenciados com um curso superior, tal como no tocante à sua ocupação, com predomínio das profissões intelectuais e científicas e muito frequente desempenho de cargos de gestão em empresas relevantes, numa clara associação da vertente política à económica.

Um aspeto que este estudo desenvolve prende-se com as ligações ao distrito para o qual estas personalidades foram nomeadas. Com efeito, a mera naturalidade não se afigura suficiente para compreender a tendência de privilegiar as afinidades com as regiões como critério de nomeação. Concluiu-se que a residência no distrito desde jovem, ditada pelas circunstâncias de vida dos seus progenitores a par dos enlaces matrimoniais, criava laços de familiaridade com distritos que não os de nascimento; assim cerca de ¾ dos indivíduos estudados eram, na prática, 'homens da terra'.

Fontes e Bibliografia

Fontes manuscritas

Arquivo da Universidade de Coimbra. (s. d.). *Registos Paroquiais, Cantanhede, Murtede, Liv. 1897–1905.*

Arquivo Digital da Universidade do Porto. (s. d.). *Livro de registos de inscrições e exames dos alunos da Faculdade de Medicina, 1938–1952.*

Arquivo Distrital de Aveiro. (s. d.). *Registo de passaportes, Liv. 1962.7.19–1962.12.20.*

Arquivo Distrital de Braga. (s. d.). *Registos Paroquiais de Braga, S. João do Souto, Batismo, Liv. 1901–1902; Vila Nova de Famalicão, Ribeirão, Livs. 1884–1899, 1900–1911; Registo de passaportes, Livs. 1950.3.18–1952.1.7; 1965.5.8–1966.8.25.*

Arquivo Distrital de Évora. (s. d.). *Registo de passaportes, Liv. 1969.8.25–1969.10.15.*

Arquivo Distrital de Viana do Castelo. (s. d.). *Registos Paroquiais de Paredes de Coura, Ferreira, Liv. 1899; Conservatória do Registo Civil, Liv. 1912.8.29–1912.12.31.*

Arquivo Distrital do Porto. (s. d.). *Registos Paroquiais de Porto-Cedofeita (Batismos, Liv. 1910); Porto-Paranhos (Casamentos, Liv. 1910); Póvoa de Varzim-Beiriz (Batismos, Livs. 1869–1879; 1892–1899; Casamentos, Liv. 1893–1899).*

Arquivos da Universidade de Lisboa. (s. d.). *Processos individuais de aluno, n.os 206118, 219222.*

Arquivo Nacional da Torre do Tombo. (s. d.). *Registo Civil, Lisboa, 4.ª Conservatória (Nascimentos, Liv. 27); 6.ª Conservatória (Casamentos, Liv. 1942.1.1–1942.6.6); PIDE, Serviços Centrais, Registo Geral de Presos, Liv. 90.*

Fontes hemerográficas

Anuário da Direção-Geral da Administração Política e Civil. (1972). *Anuário da Direção-Geral da Administração Política e Civil.*

Anuário da Universidade de Coimbra. (1921–1956). *Anuário da Universidade de Coimbra.*

Anuário de Macau. (1977). *Anuário de Macau.*

O Comércio de Guimarães. (1961–1974). *O Comércio de Guimarães.* (6.10.1961; 19.1.1974).

Defesa de Espinho. (1941–1969). *Defesa de Espinho.* (5.1.1941; 15.11.1969).

Diário da Assembleia Constituinte. (1975). *Diário da Assembleia Constituinte.* (4.11.1975; 18.11.1975).

Diário da Assembleia da República. (1976). *Diário da Assembleia da República*. (13.7.1976; 23.7.1976).
Diário da República. (1976–2012). *Diário da República* (2.ª série).
Diário do Governo. (1944–1975). *Diário do Governo* (2.ª série).
Diário do Minho. (2024, 23 de março). *Diário do Minho*.
Jornal de Barcelos. (1971–1973). *Jornal de Barcelos*. (20.6.1971; 14.9.1972; 22.3.1973).
República. (1969, 7 de março). *República*.
Revista da Armada. (2012). *Revista da Armada*, XLI(460).
Tribuna Livre. (1961). *Tribuna Livre*.

Outras fontes impressas

Assembleia da República. (s. d.). *Publicações em linha: Deputados*.
Câmara Municipal de Caminha. (2020). *Atas da Assembleia Municipal, n.º 19/17–21*.
Câmara Municipal de Viana do Castelo. (2021–2025). *Acta da Instalação da Câmara Municipal de Viana do Castelo. Mandato 2021–2025*.
Conselho Superior da Magistratura. (1997). *Antiguidade referente a 31/12/1997*.
Fundação Mário Soares. (s. d.). *Casa Comum: Carta da Mãe do Dr. Cal Brandão à Sr.ª D. Clyde Alflalo (Ref. 04435.552.008)*.

Gravações vídeo e áudio

RTP Arquivos. (1980). *Nomeação de Governadores Civis* [Vídeo]. RTP. https://arquivos.rtp.pt

Legislação

Constituição da República Portuguesa. (1976). *Constituição da República Portuguesa*.
Decreto-Lei n.º 30/70 de 16 de janeiro. (1970). Portugal.
Decreto-Lei n.º 31.095 de 31 de dezembro. (1940). Portugal.
Decreto-Lei n.º 42.536 de 28 de setembro. (1959). Portugal.
Decreto-Lei n.º 93-A/76 de 29 de janeiro. (1976). Portugal.
Decreto-Lei n.º 170/74 de 25 de abril. (1974). Portugal.
Decreto-Lei n.º 252/92 de 19 de dezembro. (1992). Portugal.
Decreto-Lei n.º 399-B/84 de 28 de dezembro. (1984). Portugal.
Decreto-Lei n.º 530/74 de 9 de outubro. (1974). Portugal.

Lei n.º 1/79 de 2 de janeiro. (1979). Portugal.
Lei n.º 97/77 de 25 de outubro. (1977). Portugal.

Bases de dados

Almeida, M. A. (s. d.). *Lista de Governadores Civis de Portugal (1936–2011).*

Building the Portuguese Empire in the 19th Century. (s. d.).

Grão-Mestre das Ordens Honoríficas Portuguesas. (s. d.). *Entidades nacionais agraciadas com ordens portuguesas.*

Centro Académico de Democracia Cristã. (s. d.). *Sócios.*

Informação online

Silêncios e Memórias. (s. d.). *Amélia Almeida Brandão de Cal / Amélia Almeida Cal Brandão II.* https://silenciosememorias.blogspot.com/

Fundação Mário Soares. (s. d.). Carlos Cal Brandão | *Memória Comum; A Revolução Relâmpago* | Memória Comum. https://memorial2019.org/

MDM — Movimento Democrático de Mulheres. (s. d.). *Beatriz Cal Brandão.* https://www.mdm.org.pt/

Ordem dos Advogados. (s. d.). *Homenagem ao Advogado Dr. José Sampaio.* https://www.oa.pt/

Bibliografia

Almeida, M. A. P. de (2013). *O poder local do Estado Novo à democracia: Presidentes da Câmara e Governadores Civis, 1936–2012* [E-book].

Almeida, M. A. P. de (2014). *Dicionário biográfico do poder local em Portugal, 1936–2013* [E-book].

Almeida, M. A. P. de, & Ponce Alberca, J. (2020). Comparing local transitions in Southern Europe: Center–periphery relations and governors in the South of Spain and Portugal, 1970–1980. *Análise Social, 55*(235), 222–243.

Almeida, P. T. de (Coord.). (2023). *O Parlamento Português* (4 vols.). Assembleia da República.

Almeida, P. T. de, & Pinto, A. C. (2006). Os ministros portugueses, 1851–1999: Perfil social e carreira política. En P. T. de Almeida, A. C. Pinto, & N. Bermeo (Orgs.), *Quem governa a Europa do Sul: O recrutamento ministerial, 1850–2000* (pp. 19–58). Imprensa de Ciências Sociais.

Amaral, D. F. do (2012). *Curso de direito administrativo.* Almedina.

Aron, R. (1988). *Power, modernity and sociology: Selected sociological writings.* Edward Elgar Publishing.

Barbosa, J. (1980). Toponímia da Póvoa de Varzim (continuação). *Póvoa de Varzim — Boletim Cultural, 19*(1), 35–161.

Bobbio, N. (1998). Elites, teoria das. En N. Bobbio, N. Mateucci, & G. Pasquino (Eds.), *Dicionário de política* (11.ª ed., Vol. 1, pp. 385–395). Universidade de Brasília.

Catroga, F. (2013). *A geografia dos afectos pátrios: As reformas político-administrativas* (sécs. XIX–XX). Almedina.

Costa, A. J. P. da (Coord.). (2008). *Os generais do Exército Português* (Vol. 3, Tomo 2). Biblioteca do Exército.

Costa, F. B. da (2004). *História do Governo Civil do Distrito do Porto.* Governo Civil do Porto.

Costa, R. S. A. da (2021). *Elites políticas e o poder local: Os Governadores Civis de Vila Real do Estado Novo à Democracia (1936–2011)* (Dissertação de mestrado). Universidade do Minho.

Cruz, A., & Guimarães, H. (2017). Elites. *História — Revista da FLUP, IV Série, 7*(2), 4–9.

Ferreira, D. (2007). Elísio de Oliveira Alves Pimentel. En F. de Sousa (Coord.), *Os provedores da Santa Casa da Misericórdia do Porto, 1499–2017* (pp. 667–677). Almedina.

Homem, F. V. (s. d.). *Quem é alguém: Ano de 1947.* Portugália Editora.

Homenagem ao Dr. Francisco Leite Dourado no termo das suas funções de Governador Civil de Braga: 11 de março de 1973. (1973). *Discursos.* Comissão Organizadora da Homenagem.

Instituto Nacional de Estatística. (2011). *Classificação Portuguesa das Profissões 2010.* INE.

Lemos, M. M. e (2009). *Candidatos da oposição à Assembleia Nacional do Estado Novo (1945–1973): Um dicionário.* Assembleia da República/Textos Editores.

Mello, G. S. e (2016). Guilherme Braga da Cruz — perfil biográfico. *Scientia Ivridica, 340*, 83–147.

Melo, A. (2009). *Memória & perspetiva 1: Da província à região-plano.* CCDRN.

Monteiro, M. (2000). *Migrantes, emigrantes e brasileiros (1834–1926).* Edição do autor.

Neto, S. (2009). *Colónia mártir, colónia modelo.* Imprensa da Universidade de Coimbra.

Rapazote, G. (1969). *Ao compasso da renovação (1968–1969)*. Imprensa Nacional.

Sousa, F. de (Coord.). (2014). *Os governos civis de Portugal: História e memória (1835–2011)*. CEPESE.

Sousa, F. de, & Pereira, C. M. (Coords.). (2012–2017). *Os presidentes do Parlamento Português* (5 vols.). Assembleia da República.

Sousa, F. de, & Pereira, C. M. (Coords.). (2021). *Os primeiros-ministros de Portugal, 1820–2020* (3 vols.). Imprensa Nacional.

Dinâmicas e resistências nas elites empresariais e operárias do distrito de Braga: do Estado Novo à democracia (1960–1974)

Jorge Mano Torres[1]

Em setembro de 1933, o Estado Novo promulgou o Estatuto do Trabalho Nacional [ETN], que definiu as bases da organização corporativa, integrando um conjunto de diplomas que criaram a estrutura corporativa do regime[2], culminando um período, em que a edificação da ordem social e económica corporativa constituiu uma prioridade da agenda política[3].

O corporativismo português fora idealizado, pelos seus doutrinadores e pelos líderes do regime, como um corporativismo de associação, no qual o Estado teria apenas um papel de regulação[4]. No entanto, a intervenção do Estado foi constante, e cada vez mais presente, dando lugar, na prática, a um corporativismo estatal e parcial[5]. De resto, a ausência de um espírito corporativo ou associativo na sociedade portuguesa, retirava o suporte à ideia de um corporativismo de associação[6]. Foi também subordinado: nenhum poder legislativo foi reconhecido à Câmara Corporativa, dotada apenas de poderes consultivos[7]. Ainda que representasse as *forças vivas* da Nação, esta Câmara encontrava-se na dependência da Assembleia Nacional e do próprio Governo[8].

---

1 IHC-LAB2PT

2 Manuel de Lucena, *A evolução do sistema corporativo português. O Salazarismo*, vol. I, Teoria Política (Lisboa: Perspectivas & Realidades, 1976), 180.

3 Fátima Moura Ferreira and Natália Pereira, "Propaganda e Corporativização No Terreno: Braga Anos 30 e 40," in *A Conquista Social Do Território. Arquitetura e Corporativismo No Estado Novo Português*, by Fátima Moura Ferreira, Francisco Azevedo Mendes, and Natália Pereira (Coimbra: Tenacitas, 2016), 13.

4 Fernando Rosas, *O Estado Novo Nos Anos Trinta (1928–1938)* (Lisboa: Editorial Estampa, 1986), 268.

5 Nuno Estêvão Ferreira, "O Corporativismo e as Instituições Do Salazarismo: A Câmara Corporativa (1935–1945)," in *O Corporativismo Em Português*, by António Costa Pinto and Francisco Palomanes Martinho (Lisboa: Imprensa da Ciências Sociais, 2008), 171.

6 Paula Borges Santos, "O modelo político do Estado autoritário Português: A ideia corporativa na constitucionalização do regime (1931–1933)," *Espacio Tiempo y Forma. Serie V, Historia Contemporánea* 0, no. 27 (2015): 68.

7 Lucena, *A evolução do sistema corporativo português. O Salazarismo*, I:122–123.

8 Paula Borges Santos, "Caminhos Para a Estabilidade Autoritária Em Portugal (1933–1974)," *Aportes* 93, no. 1 (2017): 152.

A organização corporativa terá constituído também um meio para a obtenção de um equilíbrio e harmonia sociais[9], atuando como instrumento de disciplina social, visando o controlo do movimento operário, através da proibição do sindicalismo livre e da greve, ou através da criação de organismos interclassistas, nos sectores das pescas e da agricultura (casas dos pescadores e casas do povo) que, entregues ao patronato, lhe serviram como instrumentos de política laboral e salarial[10].

Paralelamente, o corporativismo atuou também como instrumento de ordenação de uma economia dirigida/institucionalizada (apesar da ideia de economia autodirigida anunciada inicialmente), através dos organismos de coordenação económica e dos grémios obrigatórios, que garantiam ao Estado a coordenação e regulamentação das atividades económicas[11].

No conjunto legislativo anexo ao ETN que lança a organização corporativa, incluía-se a legislação que regulava as relações do capital com o trabalho, os organismos corporativos primários: sindicatos nacionais (abrangendo operários industriais e empregados dos serviços privados); casas do povo e casas dos pescadores (integrando, respetivamente, trabalhadores e patrões da agricultura e das pescas); e grémios, estruturados em três grandes sectores — lavoura, indústria e comércio (enquadrando corporativamente o patronato)[12].

O presente artigo inscreve-se na tradição analítica das abordagens sobre as elites económicas e corporativas em regimes autoritários, partindo de uma perspetiva próxima da sociologia histórica das elites (Pareto, Mosca, Mills) e das leituras mais recentes sobre o corporativismo como forma de intermediação controlada entre o Estado e os interesses sociais[13]. Ao analisar as dinâmicas de continuidade e rotatividade das elites patronais e operárias no distrito de Braga, procura-se compreender os mecanismos de reprodução de

9 José Luís Cardoso, "Corporativismo, Instituições Políticas e Desempenho Económico," in *Corporativismo, Fascismos, Estado Novo*, by Fernando Rosas and Álvaro Garrido (Coimbra: Almedina, 2012), 102.

10 Fernando Rosas, *Salazar e o poder: a arte de saber durar*, 1a ed (Lisboa: Tinta-da-China, 2012), 295.

11 Álvaro Garrido, *Queremos Uma Economia Nova! Estado Novo e Corporativismo* (Lisboa: Círculo de Leitores/Temas & Debates, 2016), 94.

12 Fernando Rosas, "O Corporativismo Enquanto Regime," in *Corporativismo, Fascismos, Estado Novo*, by Fernando Rosas and Álvaro Garrido (Coimbra: Almedina, 2012), 27.

13 Philippe C. Schmitter, "Still the Century of Corporatism?", *The Review of Politics* 36, no. 1 (1974), 85.

poder e de legitimação num contexto autoritário, em linha com investigações realizadas noutros espaços nacionais, nomeadamente sobre a Itália fascista[14], a Espanha de Franco[15] ou o Estado Novo brasileiro[16], onde estruturas corporativas semelhantes serviram tanto como instrumentos de controlo político como de organização das elites económicas regionais.

Tal como nesses casos, também em Portugal — e de forma particular no distrito de Braga — o corporativismo funcionou como um dispositivo de integração e seleção das elites económicas e profissionais, delimitando os espaços de poder e influência e condicionando a emergência de formas autónomas de representação dos trabalhadores.

1. A organização corporativa primária: uma caracterização

O ETN definia três níveis para a organização corporativa: na base, os organismos primários (sindicatos nacionais, casas do povo, casas dos pescadores e grémios); num segundo nível, os organismos intermédios (federações e uniões dos primeiros); e, no topo, as corporações.

Em paralelo com a pirâmide corporativa, funcionavam organismos pré ou para corporativos: juntas, comissões reguladoras e institutos. Estes organismos de coordenação económica, legislados em 1936, tinham surgido ainda antes da promulgação da Constituição de 1933[17], devido ao "carácter incipiente da organização na sua totalidade, que ajudariam a formar"[18]. Previstos como temporários, mesmo depois de completa a organização corporativa,

---

14 Alessio Gagliardi, "Corporativismo, classi popolari, governo del popolo", in *Nazione, popolo, nazionale-popolare. Una costellazione gramsciana*, by Giuseppe Cospito, Gianna Francioni, and Fabio Frosini (Como-Pavia: Ibis, 2023), 97.

15 Eduardo González Calleja. "¿Populismo o captación de élites?: luces y sombras en la estrategia del Servicio Exterior de Falange Española", in *El populismo en España y América* by José Álvarez Junco, and Ricardo González Leandri (Madrid: Editorial Catirel, 1994), 61.

16 Francisco Palomanes Martinho, "Estado Corporativo e Organização Do Trabalho No Brasil e Em Portugal (1930–1945)," in *A Vaga Corporativa: Corporativismo e Ditaduras Na Europa e América Latina*, by António Costa Pinto and Francisco Palomanes Martinho (Lisboa: Imprensa das Ciências Sociais, 2016), 193.

17 Como primeiros organismos de coordenação económica contabilizam-se: a Comissão de Viticultura da Região Demarcada dos Vinhos Verdes (Decreto n.° 16 684, de 22 de março de 1929); a Junta Nacional das Frutas (Decreto-lei n.° 20 020, de quatro de julho de 1931); e o Instituto do Vinho do Porto (Decreto n.° 22 461, de 10 de abril de 1933).

18 Lucena, *A evolução do sistema corporativo português. O Salazarismo*, I:305–306.

continuaram em funcionamento e alguns deles extinguiram-se já na década de 1980[19].

Os sindicatos nacionais foram criados pelo Decreto-lei n.º 23 050, que definia as condições de funcionamento das organizações de trabalhadores urbanos, com restrições à sua implementação administrativa (a nível distrital e profissional), à ocupação dos cargos diretivos (sujeitos a aprovação governamental) ou à atividade política[20]. Inicialmente de carácter voluntário, em 1939, o governo decretou, através do Decreto-lei n.º 29 931, a quotização obrigatória, mercê da falta de adesão voluntária dos trabalhadores, ficando o Subsecretário de Estado das Corporações incumbido de definir a obrigatoriedade de quotização[21].

Definidos como agrupamentos de mais de 100 trabalhadores na mesma profissão, previa-se a constituição de um sindicato por distrito e por categoria profissional (permitindo-se a criação de secções concelhias se o número de associados superasse os 20), sendo que as profissões liberais se organizariam por meio de um sindicato único com sede em Lisboa (podendo estes estabelecer secções distritais).

Estes, representantes dos interesses da classe, encontravam-se subordinados à economia nacional, exigindo-se-lhes colaboração com o Estado e os órgãos superiores da produção e do trabalho. A sua constituição dependia da aprovação dos seus Estatutos pelo Subsecretariado de Estado das Corporações e Previdência Social, ficando na dependência direta do Instituto Nacional do Trabalho e Previdência [INTP].

Ao INTP cabia a tutela da organização corporativa, sendo este Instituto descrito como o "supremo garante da disciplina social"[22], desempenhando um importante papel nas relações entre capital e trabalho, sobretudo, em matéria de negociação coletiva[23]. Criado no mesmo pacote legislativo que deu origem

---

19 Dulce Freire and Nuno Estêvão Ferreira, "Construção Do Sistema Corporativo Em Portugal (1933–1974)," in *Organizar o País de Alto a Baixo. Políticas de Edificação Corporativa No Estado Novo Português*, by Fátima Moura Ferreira, Francisco Azevedo Mendes, and Jorge Mano Torres (Coimbra: Tenacitas, 2016), 39.

20 Philippe C. Schmitter, *Portugal: do autoritarismo à democracia*, Imprensa de ciências sociais (Lisboa: Instituto de Ciências Sociais da Universidade, 1999), 118–119.

21 Francisco Palomanes Martinho, "Estado Corporativo e Organização Do Trabalho No Brasil e Em Portugal (1930–1945)," in *A Vaga Corporativa: Corporativismo e Ditaduras Na Europa e América Latina*, by António Costa Pinto and Francisco Palomanes Martinho (Lisboa: Imprensa das Ciências Sociais, 2016), 193.

22 Fernando Rosas, *Salazar e Os Fascismos* (Lisboa: Tinta-da-China, 2019), 176.

23 Fátima Patriarca, *A Questão Social No Salazarismo, 1930–1947* (Lisboa: Imprensa Nacional, 1995).

à organização corporativa, estava integrado no Subsecretariado de Estado das Corporações e Previdência Social, na dependência direta do Presidente do Conselho e tinha como função central a integração dos trabalhadores e restantes elementos de produção na orgânica corporativa, tendo sido o seu principal agente de dinamização e fiscalização, com o objetivo de implementar no terreno o ideário corporativo preconizado pelo ETN[24]. Os organismos com uma vertente económica, estavam também dependentes de competências específicas atribuídas, inicialmente, ao Ministério do Comércio e da Indústria e, posteriormente, ao Ministério da Economia[25]. A organização patronal era, assim, essencialmente económica e a dos trabalhadores estritamente profissional[26].

A base da estrutura corporativa ficou concluída com os grémios, que enquadravam corporativamente o patronato de acordo com os três grandes sectores económicos: lavoura, indústria e comércio. O Decreto-lei n.º 23 049, também de 23 de setembro de 1933, lança os grémios obrigatórios — tendo em vista os grandes ramos da produção — que conferiam ao Estado a possibilidade de ordenar a criação destes organismos em qualquer um dos sectores referidos anteriormente, podendo impor a participação de todos os seus elementos, com a possibilidade de um controlo completo (ainda mais rigoroso do que aquele a que estavam sujeitos os sindicatos nacionais) do processo decisório e decretar como legalmente vinculativas para todos os elementos as decisões de um grémio[27]. Apesar de os grémios obrigatórios terem constituído uma minoria na orgânica corporativa patronal, e de terem sido criados com carácter excecional (para fazerem face à falta de espírito associativo do patronato)[28], foram aqueles com maior impacto nas atividades económicas que regulavam[29].

Pouco mais de um ano depois, em dezembro de 1934, o Decreto-lei n.º 24 715 estabelece o regime jurídico da organização facultativa das atividades

---

24 José Carlos Valente, "Instituto Nacional Do Trabalho e Previdência (INTP)," *Dicionário de História Do Estado Novo* (Venda Nova: Círculo de Leitores, 1996), 486.

25 Freire and Ferreira, "Construção Do Sistema Corporativo Em Portugal (1933–1974)," 33.

26 Miguel Sancho Izquierdo, Leonardo Prieto Castro, and Antonio Muñoz Casayús, *Corporatismo. Los Movimientos Nacionales Contemporáneos. Causas y Realizaciones* (Saragoça/Granada: Editorial Imperio, 1937), 225.

27 Schmitter, *Portugal*, 122–123.

28 Lucena, *A evolução do sistema corporativo português. O Salazarismo*, I:271.

29 Garrido, *Queremos Uma Economia Nova! Estado Novo e Corporativismo*, 121.

comerciais e industriais. Estas organizavam-se administrativamente a nível distrital (mais comum nos grémios da indústria) e a nível concelhio (maioria dos grémios do comércio retalhista misto); mais raros eram os grémios nacionais ou regionais.

Sujeitos à tutela do Subsecretariado de Estado das Corporações e Previdência Social e à orientação e fiscalização do INTP, especialmente em matérias de trabalho e previdência social[30], seguiam a orientação do Governo, não estando, porém, sujeitos a um controlo tão apertado como os grémios obrigatórios (ainda assim, bastante rigoroso).

Os seus interesses encontravam-se, também, subordinados aos da economia nacional, exigindo-se-lhes colaboração com o Estado e os organismos intermédios. Representando o ramo de comércio ou indústria onde atuavam (que deveriam disciplinar), destacavam-se entre os seus fins a negociação de convenções coletivas de trabalho com os sindicatos nacionais (que obrigavam todas as empresas do ramo) e a colaboração na criação de instituições sindicais de previdência.

A sua constituição podia realizar-se por iniciativa dos interessados: as entidades patronais do mesmo ramo de comércio ou indústria que representassem, pelo menos, 50% do número total das empresas do distrito e 50% do valor médio das transações poderiam solicitar ao Subsecretariado de Estado das Corporações e Previdência Social a constituição do grémio. No caso do comércio de produtos mais importantes na economia e produção nacionais, o Conselho Corporativo autorizava a criação de grémios retalhistas diferenciados abrangendo um grupo de concelhos ou apenas um concelho.

No entanto, a obtenção daqueles requisitos revelou-se difícil de atingir e assim, em 1938, o Decreto-lei n.° 29 232 regulava a integração na organização corporativa das associações patronais comerciais e industriais constituídas de acordo com decreto de nove de maio de 1891, ficando os grémios constituídos ao abrigo deste diploma sujeitos ao regime jurídico do Decreto-lei n.° 24 715. As associações que reunissem as condições para a integração na organização corporativa teriam de elaborar novos Estatutos até 30 de junho de 1939, submetendo-os à aprovação do Subsecretário de Estado das Corporações e

---

[30] Relativamente à sua ação técnica e económica, estavam sujeitos à orientação definida pelo Governo, através dos vários Ministérios que ordenavam superiormente as atividades económicas.

Previdência Social, sob pena de dissolução, sendo imediatamente dissolvidas as associações cuja atividade já se encontrasse organizada corporativamente[31].

A organização corporativa ficaria completa, na década de 1950, com a implementação dos organismos intermédios (as federações e uniões dos organismos primários) e das corporações, que surgiam com funções de coordenação e fiscalização (ainda que na prática não tivessem cumprido as funções que lhe tinham sido atribuídas)[32].

2. A malha corporativa primária: edificação e territorialização

Os primeiros organismos que constituíram a base da pirâmide corporativa surgiram entre novembro e dezembro de 1933, com a criação de quatro casas do povo e de 13 sindicatos nacionais. Entre o final de 1933 e abril de 1974 foram criados, no território continental português, 2254 organismos corporativos: 2152 organismos primários (72% dos quais tinham já sido constituídos até ao final do ano de 1948); 90 organismos intermédios (73% criados depois de 1948) e 11 corporações (surgidas já na década de 1950)[33].

A organização corporativa primária era dominada pelo sector rural (Mapa I), com uma representação superior a 60% no número total de organismos instituídos, reflexo da realidade social e económica que então se vivia. Dentre estes, destacavam-se as casas do povo (1079), quer pela sua estrutura administrativa (não abrangendo concelhos, na sua maioria, mas sim freguesias), quer pela própria estrutura social que lhes fora imputada. Os sindicatos nacionais tiveram uma ampla difusão a nível nacional, sendo o litoral a zona com maior preponderância, em especial os distritos de Lisboa[34], Porto e Setúbal, onde representavam, em média, 35% de todos os organismos primários (a nível nacional a média era apenas de 16%).

---

[31] Jorge Mano Torres, "Os Comerciantes e o Grémio Do Comércio de Guimarães. Dinâmicas Associativas, Corporativas e Comerciais (1939–1969)" (Dissertação de Mestrado, Universidade do Minho, 2013), 27.

[32] Freire and Ferreira, "Construção Do Sistema Corporativo Em Portugal (1933–1974)," 38.

[33] CARDOSO, José Luís; FERREIRA, Nuno Estêvão; FREIRE, Dulce — *Base de Dados "Os organismos corporativos do Estado Novo"*. [Em linha] Lisboa [S.n.], 2013. Disponível em classifics.ics.ulisboa.pt/corporatism/pesquisa1.asp.

[34] À semelhança do verificado com os grémios, também em Lisboa estavam sediados mais de duas dezenas de sindicatos nacionais com âmbito regional ou nacional.

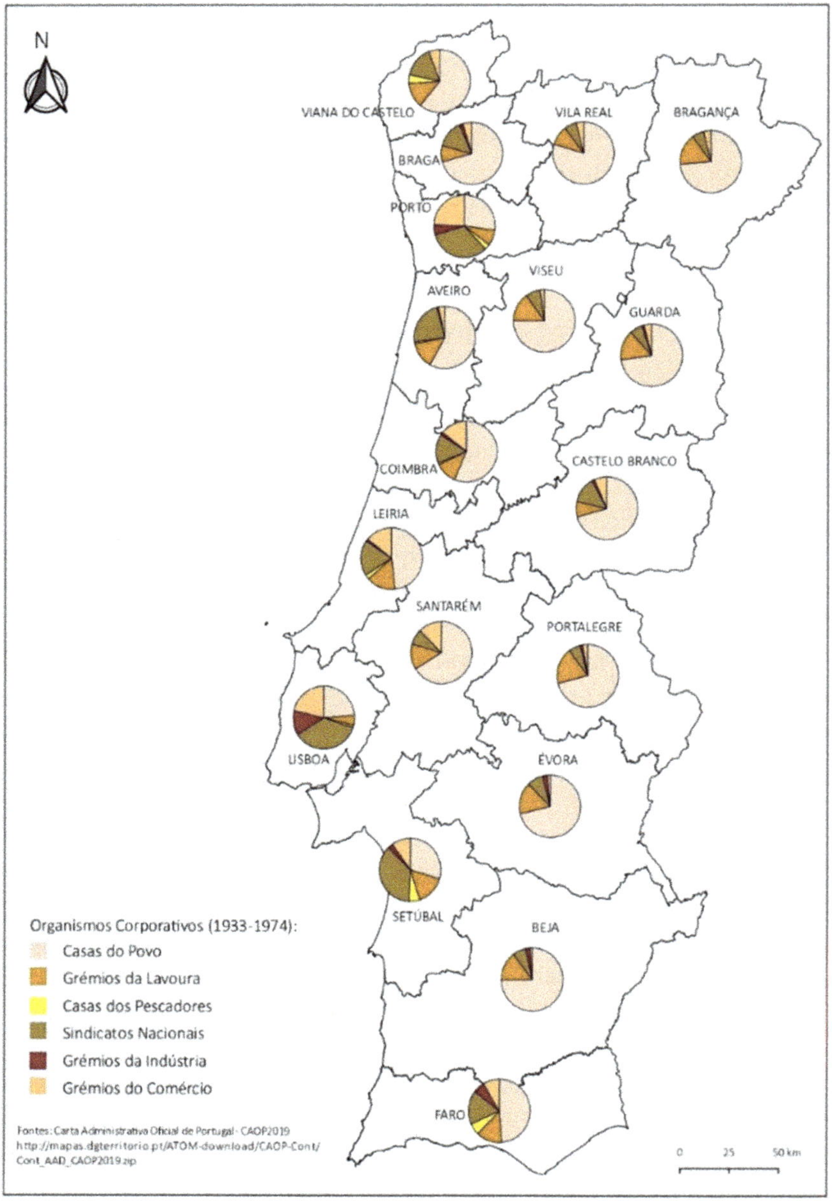

Mapa I: Distribuição dos organismos corporativos primários, em Portugal Continental, por distritos (1933–1974).

No entanto, o número de organismos é insuficiente para aferir a dimensão dos diferentes tipos de organismos corporativos primários no terreno, omitindo a realidade. Se levarmos em conta o número de associados por tipo de organismo, a aparente predominância das casas do povo é facilmente desmentida, conforme pode ser observado no Gráfico I.

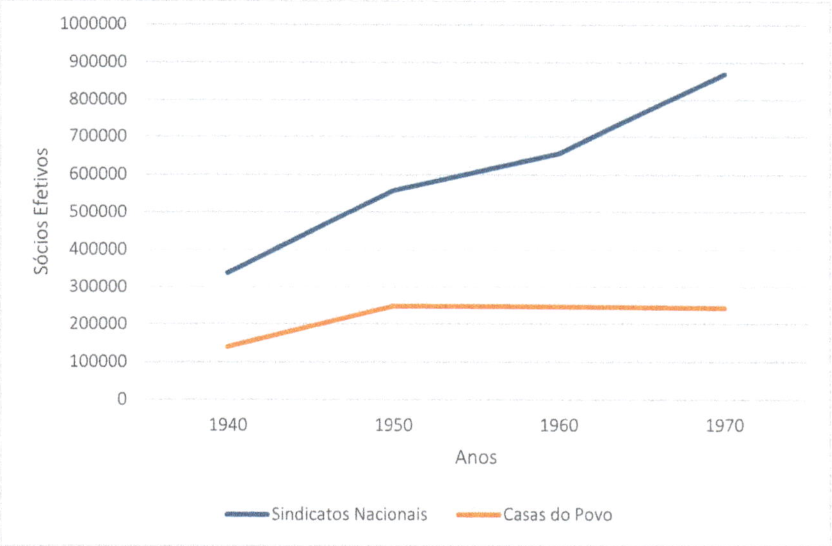

Gráfico I: Evolução do número de sócios efetivos de Sindicatos Nacionais e Casas do Povo (1940–1970).
Fonte: Estatísticas da Organização Corporativa, 1940–1970.

Comparando o número de sócios efetivos daqueles organismos com os dos sindicatos nacionais rapidamente se percebe a discrepância: em 1940, o número daqueles sócios filiados em casas do povo representava apenas 42% (140351) quando comparados com os associados dos sindicatos nacionais (337501). Esta diferença só se viria a acentuar, e em 1970, os sócios efetivos das casas do povo (243591) representavam apenas 28% de todos os sócios efetivos dos sindicatos nacionais (869853), prova de que o número de organismos não é demonstrativo do impacto real destes organismos no terreno.

Os distritos de Lisboa, Porto e Setúbal (que a par de Braga e Aveiro atraíram, entre 1930 e 1950, 60 a 65% da população ativa nas indústrias transformadoras, extrativa e dos transportes e comunicações[35]), eram os únicos do Continente onde os sectores do comércio e indústria (grémios do comércio e da indústria e sindicatos nacionais) representavam 50% a 70% de todos os organismos. A nível nacional, estes sectores constituíam 33% de todos os organismos, com maior incidência nos distritos do litoral, onde o sector comercial se encontrava organizado, maioritariamente, ao nível concelhio, ao contrário do que se verificava no interior, em que a tendência era de três organismos por distrito. No Litoral, destacavam-se ainda os concelhos de Lisboa, Porto e Coimbra, onde predominavam os grémios retalhistas diferenciados.

Os grémios, elementos primários da organização corporativa patronal, surgiam como órgãos de intervenção económica com vastos poderes de regulação nos respetivos sectores, com o objetivo de regular as relações entre capital e trabalho (do lado dos patrões), tendo a sua origem da necessidade de cartelização patronal como resposta a situações sectoriais de crise. Controlados rigorosamente pelo Estado, através do INTP ou dos organismos sectoriais de coordenação económica, os primeiros grémios do comércio, indústria ou de produtos agrícolas (que são também os principais) tinham inscrição obrigatória, sendo criados pelo Governo; a sua área de atuação e funções eram determinados pelo Estado, que designava os respetivos corpos gerentes. Os grémios facultativos funcionavam na mesma linha (transformando-se muitas vezes em organismos obrigatórios).

O sistema gremial fica marcado por uma grande complexidade, consequência de diversos fatores: as principais funções que lhes eram atribuídas — representação profissional e defesa da categoria económica — implicavam uma grande variedade de tarefas relacionadas com a contratação coletiva, a previdência e a ação social, a realização de estudos e o fomento das atividades e também da disciplinação do próprio sistema económico que representavam, já que o seu raio de ação variava de acordo com as exigências de cada ramo de atividade, existindo grémios distritais, concelhios (mais limitados), pluriconcelhios e até nacionais; e a coexistência de grémios facultativos e obrigatórios, os primeiros criados pelos interessados sem inscrição obrigatória, os segundos criados pelos ministérios económicos, com inscrição obrigatória

---

35 Fernando Rosas, "O Estado Novo," in *História de Portugal*, by José Mattoso, vol. VII (Lisboa: Editorial Estampa, 1993), 62.

para o exercício da atividade (no entanto, em muitos grémios facultativos o Estado substituiu a iniciativa privada, instituindo a inscrição obrigatória).

3. A organização corporativa sindical e patronal no distrito de Braga: assimetrias e analogias

O distrito de Braga, desde cedo, assumiu um lugar de destaque na retórica e propaganda salazaristas. Berço da Revolução Militar, foi palco de diversas celebrações marcantes para o regime, em especial na sua fase inicial, nomeadamente a Festa do Trabalho Nacional (1934), em Braga ou as Festas Centenárias da Fundação de Portugal (1940), em Guimarães. A nível social, constituía uma zona tradicional e hierarquizada, com influências locais a assumirem os lugares de poder. A emigração, uma tradicional e constante via de fuga à pobreza das populações minhotas, conheceu um recrudescimento importante nos anos 60, tendo então como destino a Europa Central (França, Suíça ou Alemanha). Durante esta década, de resto, a emigração portuguesa viria a atingir os valores mais elevados de sempre, contando-se entre aqueles que partiam muitos dos jovens que fugiam à guerra colonial[36].

Economicamente, ainda que maioritariamente agrícola no período de consolidação do regime, viria a desenvolver alguns polos industriais importantes, sobretudo na sede de distrito e nos concelhos de Guimarães e Vila Nova de Famalicão, ancorados nos têxteis. Se em 1940 a agricultura representava 33% da população ativa no distrito e as indústrias extrativas e transformadoras somente 13%, apenas trinta anos depois, 35% dos trabalhadores no distrito de Braga estavam empregados numa atividade industrial, contra os 30% da agricultura, verificando-se, ainda assim, uma pequena quebra neste setor, mas um crescimento assinalável no setor industrial, com destaque, como já referido para o têxtil, no qual estava empregada 60% da população ativa em 1940 e 54% em 1970.

Corporativamente, a malha de organismos implementados no distrito de Braga, visível no Mapa II, não divergia da generalidade do panorama nacional: 80% dos organismos pertenciam ao setor agrícola (casas do povo e grémios

36 Cfr. Manuel Villaverde Cabral, "A Sociedade Portuguesa Na Década de 1960," in *Os Anos Sessenta Em Portugal. Duas Governações, Diferentes Políticas Públicas?*, ed. José Maria Brandão de Brito and Paula Borges Santos (Porto: Edições Afrontamento, 2020), 37–50.

da lavoura), existindo sete concelhos nos quais apenas foram criados organismos deste género. Os Sindicatos Nacionais, em número de 22, constituíam o segundo organismo primário, encontrando-se sedeados em apenas três concelhos (Braga, Guimarães e Barcelos), mas com secções nos concelhos de Fafe e Vila Nova de Famalicão. Temporalmente, 91% dos sindicatos que seriam criados no distrito surgiram entre 1934 e 1939, ficando concluída a malha em 1957, com a criação do Sindicato Nacional dos Empregados de Garagens.

Tal como a nível nacional, também no distrito de Braga o número de sócios efetivos dos sindicatos nacionais ultrapassava em muito o das casas do povo: em 1940, existiam 19721 sócios efetivos nos sindicatos nacionais e apenas 1317 nas casas do povo; em 1970 eram já 78956 os sócios efetivos dos sindicatos nacionais face aos 32926 das casas do povo.

Quanto à organização corporativa patronal nos setores do comércio e indústria, entre 1940 e 1941 foram edificados todos os grémios do comércio retalhista misto que viriam a operar no distrito, resultando da transformação das associações comerciais até então existentes e que se viram forçadas a adaptar os seus estatutos sob pena de dissolução.

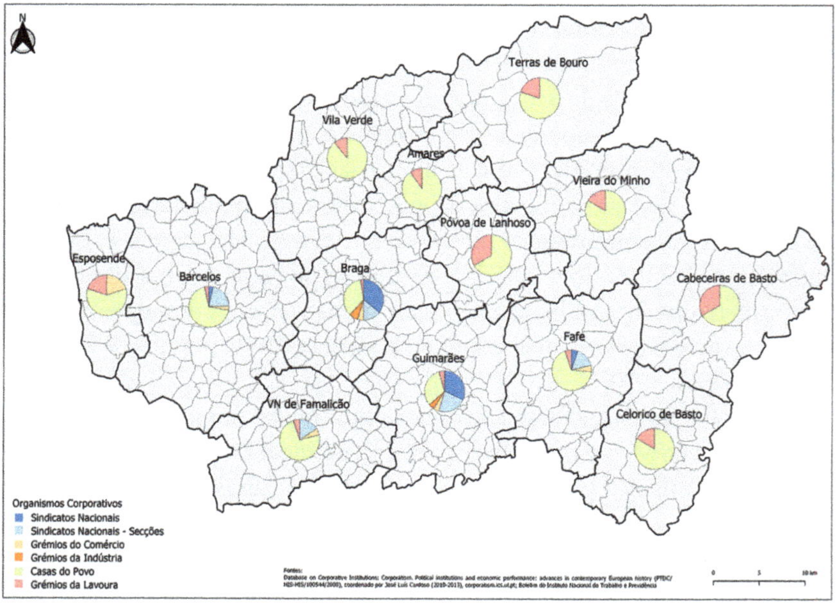

Mapa II: Distribuição do tipo de organismos primário por concelho.

Os grémios do comércio foram instituídos nos concelhos de Braga e Fafe (pluriconcelhios)[37], Guimarães, Vila Nova de Famalicão, Barcelos e Esposende (concelhios). Além destes grémios de comércio retalhista misto, funcionava também o Grémio Distrital dos Comerciantes de Carnes de Braga, fundado em 1938. Quanto ao setor industrial, apenas três grémios seriam criados no distrito: dos Industriais Barbeiros e Cabeleireiros (1943); dos Industriais Metalúrgicos e Metalomecânicos (1956); e dos Industriais de Cortiça (também criado em 1956, mas que não terá entrado em funcionamento). Além destes, o Grémio Nacional dos Industriais de Cutelaria, criado em 1955, estava sediado no concelho de Guimarães.

4. As elites operárias e patronais no distrito de Braga: os dirigentes corporativos

O Decreto-Lei n.º 23 050, de 23 de setembro de 1933, determina no § 3.º do artigo 15.º do capítulo III — Dos sócios, da assembleia geral e da direção, que apenas podiam fazer parte dos corpos dirigentes os sócios com cidadania portuguesa, no gozo dos seus direitos políticos e que exercessem de forma efetiva a profissão que o sindicato representava.

Os sindicatos nacionais eram geridos, segundo este diploma legal, § 4.º, por uma direção constituída por cinco elementos (eleitos em assembleia geral, sendo que no caso de existirem secções, dois dos cinco seriam nomeados pelos presidentes das direções das mesmas).

A eleição, que deveria realizar-se até ao final de fevereiro, era alvo de sanção por parte do Subsecretariado das Corporações e Previdência Social, podendo mesmo ser rejeitada (§ 5.º). Em 1935, porém, a promulgação do Decreto n.º 25 116, de 12 de março, veio regular a eleição das direções dos sindicatos nacionais, procurando eliminar "vícios eleitorais comuns noutras formas de associação" e, simultaneamente, que fossem eleitos apenas associados com

[37] O Grémio de Braga abrangia os concelhos de Amares, Póvoa de Lanhoso, Vieira do Minho, Vila Verde e Terras de Bouro e o de Fafe abrangia os concelhos de Cabeceiras e Celorico de Basto. Esteve prevista a adoção deste estatuto para o Grémio de Guimarães, que passaria a abranger os concelhos de Póvoa de Lanhoso e de Vieira do Minho, mas a vontade dos comerciantes daqueles concelhos ditou a sua inclusão no Grémio bracarense.

espírito associativo comprovado. Assim, o artigo 1.º deste Decreto determina que a elegibilidade para os corpos sociais dos sindicatos nacionais ficava limitada a sócios com quotas pagas por período superior a um ano.

Os nomes constantes das listas eleitorais eram, no entanto, alvo de forte escrutínio antes da sanção, cabendo ao INTP recolher — junto das câmaras municipais, juntas de freguesia, União Nacional, Polícia de Segurança Pública ou Guarda Nacional Republicana — informações que atestassem a idoneidade dos eleitos.

Os sindicatos nacionais viriam a ser alvo de uma revisão legislativa apenas em 1969, através do Decreto-lei n.º 49 058, de 14 de junho, consequência da evolução a nível interno, mas também dos compromissos internacionais subscritos por Portugal, nomeadamente a ratificação da Convenção n.º 98 da Organização Internacional do Trabalho relativa ao direito de organização e negociação coletiva. A abertura portuguesa havia começado na década anterior, com a integração em organizações económicas e financeiras internacionais, com destaque para a OECE, momento igualmente marcante no incentivo à industrialização[38].

Este período, de resto, fica marcado por uma remodelação profunda do quadro legal do trabalho, inserida num processo que remontava ao início da década, "refletindo uma fase particular da evolução do regime corporativo"[39], no âmbito de uma agitação estrutural (precedente à sentida nos anos 30), caracterizada por altas taxas de crescimento económico, apoiadas na industrialização tardia e no surto das atividades terciárias, em prejuízo da agricultura.

Em relação aos dirigentes sindicais, é alterado o § 3.º do artigo 15.º, passando a ser elegíveis os sócios cidadãos portugueses, maiores ou emancipados, no pelo gozo dos seus direitos sindicais (sendo inelegíveis os associados abrangidos por qualquer incapacidade privativa da qualidade de eleitor), mantendo-se, no entanto, a composição das direções e a sua eleição.

---

[38] Cfr. Guilherme d'Oliveira Martins, "Estratégias de Superação Do Modelo Autárcico," in *Os Anos Sessenta Em Portugal. Duas Governações, Diferentes Políticas Públicas?*, ed. José Maria Brandão de Brito and Paula Borges Santos, n. d.

[39] António Monteiro Fernandes, "A Legislação Do Trabalho e a «Primavera Política»," in *Os Anos Sessenta Em Portugal. Duas Governações, Diferentes Políticas Públicas?*, ed. José Maria Brandão de Brito and Paula Borges Santos, n. d., 121.

A grande novidade, porém, é a criação de uma comissão para a verificação das condições de elegibilidade, designada pela mesa da assembleia geral e constituída por associados que não desempenhassem cargos sociais, tendo a sua constituição de ser comunicada ao INTP. Esta comissão podia, quando assim o entendesse ou por pedido do INTP, exigir aos candidatos provas de elegibilidade, estando obrigada a comunicar aquele Instituto, acompanhado do respetivo parecer, a lista dos candidatos a eleição com antecedência mínima de 10 dias antes da realização das eleições. As deliberações da comissão de verificação e os resultados eleitorais poderiam ser impugnados pelo INTP ou por qualquer associado através de ação intentada no tribunal do trabalho.

No caso dos grémios facultativos do comércio e da indústria, o artigo 17.° do Decreto-lei n.° 24 715, de três de dezembro de 1934, determina que estes organismos teriam direções compostas por três membros, eleitos em assembleia geral, dentre empresas, sociedades ou firmas inscritas como sócios, que nomeariam depois um representante legal (que podiam ser cidadãos estrangeiros, ficando as direções dos grémios restringidas a ter apenas um membro estrangeiro). Em matéria de sancionamento dos resultados eleitorais, aplicava-se o § 5.° do artigo 15.° do Decreto-lei n.° 23 050.

Apenas em 1960, através do Decreto-lei n.° 43 180, de 23 de setembro, é feita uma alteração à legislação sobre os corpos sociais dos grémios facultativos, passando as direções destes a poderem ter entre três a sete elementos.

Precisamente 10 anos depois, o Decreto-lei n.° 442, de 23 de setembro de 1970, vem legislar o sancionamento das eleições dos corpos sociais destes organismos, na sequência da reorganização das casas do povo e da reforma da legislação sindical, que alterara o processo de sancionamento, deixando o mesmo de ser ajustado à realidade patronal. Assim, os grémios passavam a ter direções compostas por seis elementos (podendo ter apenas um cidadão estrangeiro), sendo elegíveis as empresas no pleno gozo dos seus direitos gremiais e devendo os seus representantes não terem qualquer impedimento que os privasse da qualidade de cidadão eleitor. Ao contrário dos sindicatos nacionais, porém, não existiam comissões de verificação.

Dos 22 Sindicatos Nacionais criados no distrito de Braga, aquele que assumiu maior preponderância (no número de sócios, de secções e no valor de receitas geradas) foi o dos Operários da Indústria Têxtil, sediado em Guimarães e com quatro secções concelhias: Braga; Barcelos; Vila Nova de Famalicão (a mais importante); e Fafe. Entre 1936 e 1970, este organismo teve uma média de 10337 sócios efetivos e receita e despesa médias de 410 918$15 e 408 497$86, respetivamente.

Analisando os dirigentes que fizeram parte deste organismo e das suas secções entre 1970 e 1974, o primeiro aspeto que se destaca é precisamente o número de indivíduos que desempenharam cargos diretivos (especialmente quando comparados com os grémios). Assim, no Sindicato distrital, contam-se 31 personalidades distintas eleitas entre 1960 e 1973, sobressaindo Urbano Moreira pelo tempo que esteve ao serviço do organismo, 13 anos, nove dos quais como presidente da direção. Além deste, outros três indivíduos estiveram 10 anos como dirigentes do Sindicato Nacional dos Operários da Indústria Têxtil do Distrito de Braga: Adriano Fernandes Costeira (oito dos quais como presidente da direção e os restantes dois como presidente da mesa da AG); José Firmino de Faria, que foi durante quatro anos (entre 1960 e 1964), secretário da direção e, nos seis anos seguintes, ocupou a presidência da mesa da AG; e Manuel Machado, tesoureiro da direção (1960–1964) e da AG (1964–1970).

Em relação à secção de Vila Nova de Famalicão, para a qual só se dispõe de informação relativa aos mandatos entre 1960 e 1970, contam-se apenas 14 dirigentes, dos quais três — Justino Lemos, Mário Alves da Silva e Raúl Alves — ocuparam cargos diretivos por oito anos. Este último, destaca-se por ter ocupado três posições distintas: presidente suplente, secretário e tesoureiro da direção, entre 1962 e 1970. Luís José Pereira, por sua vez, esteve 10 anos como dirigente dessa secção, oito dos quais como presidente da direção (1962 a 1970) e outros dois como secretário da comissão administrativa, entre 1960 e 1962.

Nas restantes secções concelhias deste sindicato contam-se 25 dirigentes em Braga, 16 em Barcelos e 16 em Fafe (sendo que neste caso, o último mandato referenciado é o de 1967), sendo na secção barcelense que se regista uma menor rotatividade, com dois dirigentes a somarem 13 anos no desempenho dos cargos: António Emílio da Cunha Figueiredo e João Gomes Monteiro, ambos secretário suplentes, secretários e presidentes ainda que em órgãos distintos.

Quanto aos grémios do comércio, utilizaremos o Grémio do Comércio do Concelho de Guimarães como caso de estudo. Neste organismo, entre 1959 e 1974, contam-se um total de 20 diretores, divididos em quatro órgãos: direção; AG; comissão administrativa; e comissão diretiva. Estas duas comissões funcionaram em momentos distintos da vida deste organismo. A comissão administrativa foi imposta pelo INTP em 1964, na sequência do não sancionamento das eleições realizadas em 1961[40]; a comissão diretiva foi instituída já depois da Revolução de 25 de Abril, e serviu para preparar o fim do Grémio e o regresso à anterior forma de existência, a Associação Comercial e Industrial de Guimarães. O dirigente mais destacado foi José Abílio Gouveia Fernandes Ribeiro, que ocupou a presidência da direção durante quatro mandatos (interrompidos pela imposição da comissão administrativa), entre 1959 e 1964 e entre 1967 e 1974.

Por último, analisando o Grémio dos Industriais de Metalurgia e Metalomecânica do Distrito de Braga, o grémio industrial mais relevante do distrito, entre os anos de 1960 e de 1973, nos quais foram realizados cinco atos eleitorais, contam-se apenas 17 membros dos corpos sociais, sendo vários os dirigentes que se mantiveram ao serviço do organismo de forma ininterrupta: quatro desempenhando sempre o mesmo cargo; e outros quatro ocupando dois cargos distintos, podendo-se facilmente chegar à conclusão ser este o organismo (dentre aqueles aqui analisados) com menor rotatividade entre os seus corpos sociais.

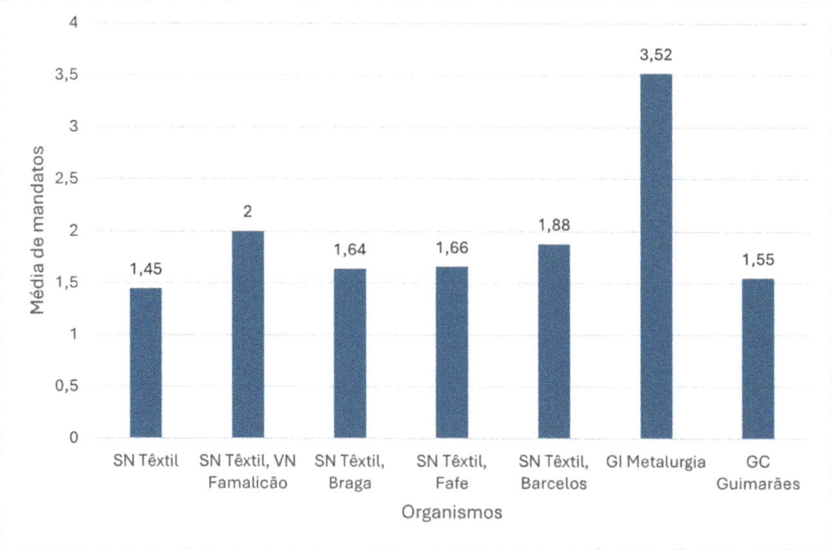

Gráfico II: Distribuição da média de mandatos por organismo (1960–1974).
Fonte: Boletim do Instituto Nacional do Trabalho e Previdência, 1960–1974.

40 Jorge Mano Torres, "Os Comerciantes e o Grémio Do Comércio de Guimarães: Dinâmicas Associativas, Corporativas e Comerciais (1939–1969)" (Dissertação de Mestrado, Instituto de Ciências Sociais, Universidade do Minho, 2013), 38.

O Gráfico II revela isso mesmo. Analisando a média de mandatos por dirigente entre todos os organismos observados — Sindicato Nacional dos Operários da Indústria Têxtil e secções, Grémio do Comércio de Guimarães e Grémio dos Industriais de Metalurgia — é evidente a predominância deste último, com uma média de mandatos por dirigente superior a 3,5. Quanto ao Sindicato, é a secção de Famalicão aquela com uma média mais elevada (2), sendo a mais reduzida a do Sindicato Distrital, com apenas 1,45. Já o Grémio vimaranense, apresenta uma média apenas superior à daquele Sindicato, indicativo de uma maior rotatividade entre os seus dirigentes.

Se analisarmos a duração média dos mandatos por organismo, a tendência verificada no Gráfico II mantém-se, ainda que com ligeiras flutuações. Conforme se pode observar no Gráfico III, a duração média dos mandatos no Grémio dos Metalúrgicos é quase de 10 anos, revelador da baixa rotatividade de dirigentes, o que pode dever-se, por um lado, à dimensão do setor em número de empresários, mas também ao poderio dos industriais a ele afetos, deixando antever a ideia de uma elite industrial que poderia e desejaria chamar a si os destinos do setor, defendendo ativamente os seus interesses.

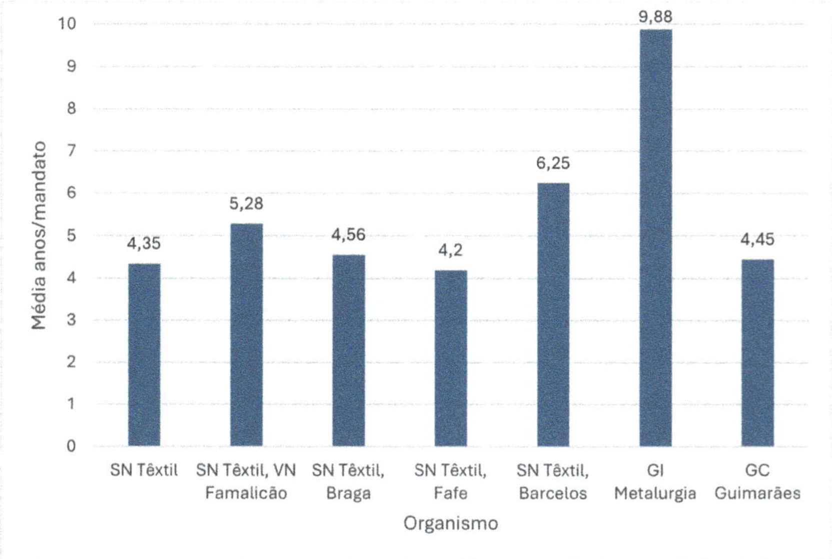

Gráfico III: Distribuição da duração média de mandatos por organismo (1960–1974).
Fonte: Boletim do Instituto Nacional do Trabalho e Previdência, 1960–1974.

No caso do Grémio do Comércio de Guimarães, e especialmente quando comparado com o Sindicato Têxtil, verifica-se uma taxa de rotatividade mais elevada, o que não indica necessariamente a ausência de uma elite (especialmente se considerarmos a longa permanência de José Abílio Gouveia Fernandes no cargo de presidente da direção deste organismo), antes pode ser o reflexo da vitalidade do setor comercial na cidade de Guimarães e do número de associados com participação ativa.

Quanto ao Sindicato Têxtil e às suas secções, é a secção de Barcelos aquela com uma média mais alta de duração de mandatos — superior a seis anos — seguida de perto pela secção famalicense, com uma média de cinco anos.

Entre os dirigentes destes organismos, merecem destaque três nomes: Zacarias do Vale Peixoto; Manuel João Garcia Dias da Costa; e Antonino Dias Pinto de Castro. Os dois primeiros ocuparam o cargo de presidente da direção do Grémio dos Metalúrgicos, em representação das firmas António Peixoto Lda. e A Eléctrica Lda., respetivamente. Ambos foram procuradores à Câmara Corporativa, na qualidade de presidentes deste grémio (revelador da sua importância), tendo Vale Peixoto desempenhado esse cargo político nas VI e VII Legislaturas e Dias da Costa, na XI. Além destes cargos, o primeiro (industrial de metalomecânica de profissão) foi ainda presidente da classe de Industriais de Tratamento e Fundição da Associação Industrial Portuense; Dias da Costa foi, por sua vez, membro da União Católica dos Industriais e Dirigentes do Trabalho, membro do Conselho da VIII Secção da Corporação da Indústria e presidente da Câmara Municipal de Vila Nova de Famalicão (entre 1970 e 1973), de onde era natural.

Antonino Dias Pinto de Castro, apesar de ter apenas desempenhado um mandato de cinco anos como secretário da direção do Grémio do Comércio de Guimarães, foi um dos notáveis daquela cidade, tendo colaborado com diversos jornais locais e nacionais, tendo sido um dos fundadores do *Notícias de Guimarães*. Foi membro de diversas instituições locais (Irmandade da N.ª Sr.ª do Carmo da Penha, presidente da direção do Rotary Clube, do Conselho Municipal e das comissões promotoras das Festas Gualterianas, entre outras), tendo sido condecorado, em 2005, com a Ordem de Mérito, com o grau de Comendador.

Estas três figuras, serão, porventura, de entre todos os dirigentes aqui referenciados (138), aquelas que podemos considerar como parte de uma elite, não só no que à organização corporativa diz respeito, mas também num sentido mais amplo, sobretudo como integrantes das elites locais. A ausência de dirigentes sindicais destas elites, não é de estranhar, tendo em conta o tempo político que se vivia e a sociedade de então, sendo igualmente difícil identificar elementos de uma elite sindical, tendo em conta a rotatividade relativamente elevada na ocupação dos cargos diretivos.

5. Perspetivas finais

A análise das elites empresariais e operárias do distrito de Braga, nos últimos anos do Estado Novo, revela a predominância de determinadas figuras e a baixa rotatividade nos cargos de liderança (particularmente no Grémios dos Industriais Metalúrgicos), reflexo da influência e do poder de um grupo restrito de indivíduos, destacados na esfera empresarial, sendo muito poucos, porém, aqueles com participação em outras instituições políticas.

A elevada média de mandatos por dirigente verificada neste organismo, com uma duração média próxima dos 10 anos sugere uma baixa rotatividade, bem como a existência de uma elite industrial consolidada, com motivação para assumir as rédeas do setor, defendendo ativamente os seus interesses.

Já no Grémio do Comércio do Concelho de Guimarães, a maior rotatividade entre dirigentes pode refletir a vitalidade do setor comercial local e a participação ativa de um número considerável de associados, já que, tratando-se de um organismo com uma área de jurisdição mais reduzida, poderia gozar de uma maior familiaridade entre os seus associados, motivando a uma maior participação na sua vida ativa. Ainda assim, José Abílio Gouveia Fernandes Ribeiro surge como figura destacada pela sua longevidade no exercício do cargo, sobretudo se considerarmos o seu afastamento entre mandatos, com o não sancionamento da lista eleita que encabeçava em 1961 e a sua substituição por uma comissão administrativa nomeada pela tutela.

O caso do Sindicato Nacional dos Operários da Indústria Têxtil assume uma situação distinta, com uma maior rotatividade nos cargos diretivos (ainda que em diferentes graus entre as suas secções). Esta dinâmica pode ser atribuída ao contexto político da época e à natureza da organização sindical, que não facilitava a formação de uma elite estável, encontrando-se os potenciais candidatos a dirigentes sindicais sujeitos a um apertado escrutínio, exercido essencialmente pelo INTP, a quem competia aprovar, ou não, os nomes colocados a votos, utilizando, para isso, todos os órgãos políticos (juntas de freguesia, câmaras municipais, união nacional) e policiais (GNR, PSP, PIDE/DGS) capazes de fornecer quaisquer parecer sobre esses indivíduos, acabando por ter, na prática, o poder de decidir as eleições sindicais (mesmo depois da criação das comissões de verificação).

Ainda que as elites corporativas sejam mais expressivas no setor patronal, como evidencia o Grémio dos Industriais Metalúrgicos — onde se destacaram Zacarias do Vale Peixoto e Manuel João Garcia Dias da Costa como figuras de destaque, não apenas no âmbito corporativo, mas também como membros das elites locais — interessa procurar recolher informações sobre os restantes dirigentes referenciados na tentativa de perceber o papel que desempenharam não apenas na administração dos organismos corporativos a que pertenciam, mas também na comunidade local em que se inseriam e de que forma a sua participação ativa nos organismos corporativos de um regime autoritário impactou a sua vida associativa, política e até cívica no período democrático.

Bibliografia

Cabral, M. V. (2020). A sociedade portuguesa na década de 1960. En J. M. Brandão de Brito & P. B. Santos (Eds.), *Os anos sessenta em Portugal: Duas governações, diferentes políticas públicas?* (pp. 37–50). Porto: Edições Afrontamento.

Calleja, E. G. (1994). ¿Populismo o captación de élites?: Luces y sombras en la estrategia del Servicio Exterior de Falange Española. En J. Álvarez Junco & R. González Leandri (Eds.), *El populismo en España y América* (pp. 61–92). Madrid: Editorial Catirel.

Cardoso, J. L. (2012). Corporativismo, instituições políticas e desempenho económico. En F. Rosas & Á. Garrido (Eds.), *Corporativismo, fascismos, Estado Novo*. Coimbra: Almedina.

Fernandes, A. M. (n. d.). A legislação do trabalho e a «primavera política». En J. M. Brandão de Brito & P. B. Santos (Eds.), *Os anos sessenta em Portugal: Duas governações, diferentes políticas públicas?*

Ferreira, F. M., & Pereira, N. (2016). Propaganda e corporativização no terreno: Braga anos 30 e 40. En F. M. Ferreira, F. A. Mendes, & N. Pereira (Eds.), *A conquista social do território: Arquitetura e corporativismo no Estado Novo português* (pp. 13–38). Coimbra: Tenacitas.

Ferreira, N. E. (2008). O corporativismo e as instituições do salazarismo: A Câmara Corporativa (1935–1945). En A. C. Pinto & F. P. Martinho

(Eds.), *O corporativismo em português* (pp. 123–145). Lisboa: Imprensa de Ciências Sociais.
Freire, D., & Ferreira, N. E. (2016). Construção do sistema corporativo em Portugal (1933–1974). En F. M. Ferreira, F. A. Mendes, & J. M. Torres (Eds.), *Organizar o país de alto a baixo: Políticas de edificação corporativa no Estado Novo português* (pp. 31–51). Coimbra: Tenacitas.
Garrido, Á. (2016). *Queremos uma economia nova! Estado Novo e corporativismo*. Lisboa: Círculo de Leitores/Temas & Debates.
Gagliardi, A. (2023). Corporativismo, classi popolari, governo del popolo. En G. Cospito, G. Francioni, & F. Frosini (Eds.), *Nazione, popolo, nazionale-popolare: Una costellazione gramsciana* (pp. 97–122). Como–Pavia: Ibis.
Lucena, M. de (1976). *A evolução do sistema corporativo português: O salazarismo* (Vol. I: Teoria política). Lisboa: Perspectivas & Realidades.
Martinho, F. P. (2016). Estado corporativo e organização do trabalho no Brasil e em Portugal (1930–1945). En A. C. Pinto & F. P. Martinho (Eds.), *A vaga corporativa: Corporativismo e ditaduras na Europa e América Latina* (pp. 173–197). Lisboa: Imprensa de Ciências Sociais.
Martins, G. d'Oliveira (n. d.). Estratégias de superação do modelo autárquico. En J. M. Brandão de Brito & P. B. Santos (Eds.), *Os anos sessenta em Portugal: Duas governações, diferentes políticas públicas?*
Patriarca, F. (1995). *A questão social no salazarismo, 1930–1947*. Lisboa: Imprensa Nacional.
Rosas, F. (1986). *O Estado Novo nos anos trinta (1928–1938)*. Lisboa: Editorial Estampa.
Rosas, F. (1993). O Estado Novo. En J. Mattoso (Dir.), *História de Portugal* (Vol. VII, pp. 115–160). Lisboa: Editorial Estampa.
Rosas, F. (2012a). O corporativismo enquanto regime. En F. Rosas & Á. Garrido (Eds.), *Corporativismo, fascismos, Estado Novo* (pp. 17–47). Coimbra: Almedina.
Rosas, F. (2012b). *Salazar e o poder: A arte de saber durar* (1.ª ed.). Lisboa: Tinta-da-China.
Rosas, F. (2019). *Salazar e os fascismos*. Lisboa: Tinta-da-China.
Sancho Izquierdo, M., Prieto Castro, L., & Muñoz Casayús, A. (1937). *Corporatismo: Los movimientos nacionales contemporáneos, causas y realizaciones*. Saragoça/Granada: Editorial Imperio.
Santos, P. B. (2015). O modelo político do Estado autoritário português: A ideia corporativa na constitucionalização do regime (1931–1933). *Espacio Tiempo y Forma. Serie V, Historia Contemporánea, 27*, 59–84.

Santos, P. B. (2017). Caminhos para a estabilidade autoritária em Portugal (1933–1974). *Aportes, 93*(1), 141–181.

Schmitter, P. C. (1974). Still the century of corporatism? *The Review of Politics, 36*(1), 85–131.

Schmitter, P. C. (1999). *Portugal: Do autoritarismo à democracia*. Lisboa: Instituto de Ciências Sociais da Universidade/Imprensa de Ciências Sociais.

Torres, J. M. (2013). *Os comerciantes e o Grémio do Comércio de Guimarães: Dinâmicas associativas, corporativas e comerciais (1939–1969)* [Dissertação de mestrado, Universidade do Minho]. Instituto de Ciências Sociais, Universidade do Minho.

Valente, J. C. (1996). Instituto Nacional do Trabalho e Previdência (INTP). En F. Rosas & J. M. Brandão de Brito (Eds.), *Dicionário de história do Estado Novo* (Vol. 1). Venda Nova: Círculo de Leitores.

Elites e poder local: os presidentes da Câmara Municipal do Porto entre o fim do Estado Novo e o pós-25 de Abril (1962–1980)

Jorge Mota[1]

Introdução

O nosso objeto de estudo são as elites políticas da Câmara Municipal do Porto, no período das décadas de 1960 a 1980, concretamente os presidentes da autarquia portuense, traçando os seus percursos pessoais, profissionais, cívicos e políticos e estabelecendo uma interpretação destas elites. A análise recai sobre seis edis municipais: Nuno Pinheiro Torres, 1962–1969; Nuno Vasconcelos Porto, 1969–1974; Artur Andrade, 1974–1975; Boaventura Ferreira, 1975; Rogério Tavares, 1975–1976; Aureliano Veloso, 1977–1980[2].

Deste modo, o objetivo foi compreender, através das análises das características individuais e de grupo dos políticos da Câmara Municipal do Porto, a capacidade de influência, ação e poder de uma parte da elite sociopolítica do Norte de Portugal.

Através de uma abordagem prosopográfica tentamos entender a ação política, isto é, os interesses dessa ação, as ligações sociais e económicas dos políticos, bem como o funcionamento da máquina política. Interessou-nos recolher informação sobre a origem geográfica, a formação, a profissão, a idade à tomada de posse e o percurso cívico e político dos diferentes edis. Por fim, procedemos a uma análise de conjunto no que se refere à caracterização académica, profissional e sociopolítica, bem como, ainda, estabelecemos as ruturas e continuidades na lógica de recrutamento do poder local. Saliente-se, de antemão, que num grupo tão reduzido e heterogéneo de protagonistas, a interpretação dos perfis foi intencionalmente permeada pelas conjunturas políticas, mais do que uma simples caracterização dos presidentes.

---

1 Professor de História do Ensino Básico e Secundário e doutorando de História na Faculdade de Letras da Universidade do Porto.

2 Excluímos António Fontes de Veiga Faria, que teve uma presidência interina breve em 1969, sem grande relevância política.

Apesar das complexidades da noção de elite, na linha de outros investigadores, utilizamos, na nossa pesquisa, o conceito "como correspondendo ao grupo restrito de indivíduos que, de algum modo, podem ser considerados, dentro de um determinado conjunto, como os mais dotados, os superiores, os melhores, os mais importantes, os que se distinguem pela posse de uma determinada característica que faz deles eleitos" (Cruz e Guimarães, 2017: 4).

Os estudos sobre as elites locais do século XX têm sofrido alguns avanços nos últimos decénios, mesmo que ainda não sejam em número suficiente que permitam uma visão de conjunto e sistemática. Para a nossa investigação entendemos que seria relevante estudar, a nível local e regional, os três momentos de transformação política do século XX — a transição entre a I República e a Ditadura Militar, a consolidação do Estado Novo e o período de democratização no pós-25 de Abril. Deste modo, selecionamos um conjunto de investigações seminais sobre elites e transformações políticas, nomeadamente no Alentejo e em Vila Real, e na região do Porto, e que contribuíram para abordarmos o nosso objeto de estudo.

As elites políticas em Évora da I República à Ditadura Militar (1925–1926), estudadas por Manuel Baiôa (2000), revelaram o destaque que os políticos conservadores já detinham na década de 1920. Évora era um concelho, tal como o Porto, com uma elite numerosa e diversificada, que, além das cadeiras do poder local, ocuparam cargos em ministérios e nas câmaras legislativas em Lisboa. Foi uma cidade bastante politizada, com diversas estruturas partidárias e centros políticos. A elite política era constituída fundamentalmente por grandes proprietários fundiários, industriais e comerciais, mas igualmente profissionais liberais. A parte mais significativa pertencia às famílias da elite tradicional dos tempos da Monarquia. Das suas fileiras foram eleitos os únicos deputados do círculo nas eleições legislativas de 1925 e elegeram a maioria para a Câmara Municipal no mesmo ano. Portanto, houve continuidades e cumplicidades entre as elites republicanas e o projeto protagonizado pelos militares a 28 de maio de 1926. Os novos corpos administrativos designados pela Ditadura pertenciam às forças conservadoras, ao Partido Unionista, ao sidonismo, à União dos Interesses Económicos, ao Centro Católico Português e aos monárquicos.

Manuel Baiôa (1997), no seu estudo sobre as elites políticas de Portalegre face ao 28 de Maio, concluiu que a elite política democrática portalegrense foi afastada do poder e no seu lugar estabeleceu-se uma elite tradicional, maioritariamente militar, conquanto afastada dos partidos políticos conservadores locais.

Em Vila Real, Rui Ramos (1986) deduziu que a implantação do salazarismo exigiu um apoio ou uma tolerância das famílias influentes, que já condicionavam as escolhas políticas do Partido Regenerador, na Monarquia, ou do Partido Republicano Português, na República. Os corpos administrativos, bem como as restantes instituições públicas vila-realenses eram o campo de ação dos notáveis locais. Assim, as velhas dominações políticas e sociais e os novos poderes procuraram conjugar as suas posições, sendo mais visíveis continuidades entre regimes, do que ruturas.

O trabalho de Eliana Brites Rosa (2009), acerca das elites locais na Câmara e no Governo Civil do Porto entre 1926 e 1945, também evidenciou mais continuidades do que ruturas entre regimes políticos. Os vereadores e os presidentes da Câmara Municipal do Porto, assim como os governadores civis do Distrito do Porto, constituíam uma elite pouco envelhecida, com provas dadas na vida social, profissional e/ou política. Eram ilustres locais, prestigiados, quer pelas suas profissões, como militares, médicos, engenheiros, advogados, homens de negócios ou industriais, quer pelas famílias a que pertenciam. Muitos destes jovens herdaram, dos pais ou dos avós, que fizeram parte na Monarquia e no consulado sidonista dos corpos administrativos, a confiança política que se exigia aos dirigentes do Estado Novo. Apesar da ditadura salazarista ter procurado reformar os quadros políticos locais, as tradicionais elites ditaram a influência dessas funções públicas.

A investigação de Maria Antónia Pires de Almeida (2003) sobre as elites em Portalegre, entre 1941 e 1997, possibilitaram compreender que na passagem do Estado Novo para a democracia houve uma rutura. No regime salazarista predominavam os proprietários rurais e licenciados, mas as alterações económicas no mundo rural, entre as décadas de 1970 e 1980, desencadearam uma certa perda de importância dessas elites. Após a Revolução dos Cravos os cargos foram ocupados por uma maior diversidade de categorias socioprofissionais. Passaram a predominar quadros médios e superiores da função publica, especialmente professores primários e secundários. O 25 de Abril significou o fim de dois séculos de controlo do poder local por parte das elites rurais no distrito.

Maria Antónia Pires de Almeida (2013; 2014) desenvolveu, igualmente, um conjunto de pesquisas que resultaram numa base de dados sobre os presidentes de câmara, presidentes de comissões administrativas e governadores civis de 1936 a 2013, que abrangem as elites locais entre regimes políticos diferentes, a nível nacional, caracterizando-as social, económica e politicamente. A análise dos dados permitiu-lhe concluir que a mudança para o regime democrático facilitou a substituição das elites políticas locais, embora continuassem a predominar as profissões intelectuais e científicas. O golpe de Estado que derrubou a ditadura portuguesa, em 1974, por outro lado, facilitou a introdução de outros profissionais, sobretudo das classes médias, que trouxeram outras formas de fazer política ou de se relacionar com as comunidades.

1. O contexto socioeconómico e político (1960–1980)

As elites políticas no Porto exerceram o seu poder através da autarquia, no contexto da cidade e do país. A dimensão política nunca esteve ausente na administração, tanto no Estado Novo como na democracia. As vicissitudes sociopolíticas e económicas também influenciaram a tomada de poder e o seu exercício, por parte dos autarcas.

Ao longo do Estado Novo, a câmara municipal foi um órgão de caráter executivo, dirigido por um presidente e um vice-presidente nomeados pelo Governo, representando quer a população, quer o poder central. Os corpos administrativos eram elementos essenciais no edifício político do Estado Novo, mais, eram parte fundamental no Estado orgânico e corporativo preconizado por Oliveira Salazar (Amaro 2016). Uma parte do controlo da ação política decorria da centralização administrativa e burocrática, pelo que a escolha e a nomeação dos presidentes da câmara municipal deveriam garantir a manutenção dessa lógica governativa. Estas elites vinham da União Nacional (UN), o partido único do regime, ou eram indicadas por ela. Marcelo Caetano reconheceu, no final dos anos de 1960, que a UN se transformara numa máquina eleitoral, agrupando os notáveis de cada distrito ou concelho (Cruz, 1988: 155). Portanto, a UN funcionou "claramente como plataforma de mediação entre os interesses locais e o governo central" (Nunes 2013). E os presidentes de câmara eram na hierarquia de poderes do Estado, extensões na periferia, do poder do Governo, logo do seu chefe. Por vezes, os dirigentes do Estado Novo também concederam lugares públicos em troca de apoio político de notáveis locais (Martins 1998).

A função do presidente de câmara consistia na gestão permanente dos negócios municipais, embora os municípios não dispusessem de receitas próprias, o que os colocava na tutela do Estado. As competências das câmaras municipais passavam pela administração dos bens comuns e próprios do concelho, de fomento (urbanismo, transportes, desenvolvimento económico, energia, limpeza), de abastecimento público (água, venda de carnes verdes e leite, feiras e mercados), de cultura e assistência (escolas, arquivos, bibliotecas e museus, teatros e cinemas educativos, espaços desportivos, promoção da memória concelhia em espaço público, assistência a doentes e mendigos), de salubridade pública (conservação da água potável, sistema de esgotos, tratamento de lixos, cemitérios, poluição atmosférica, cães vadios, pragas, matadouros, laboratórios, lavadouros, balneários, casas económicas, fiscalização de estabelecimentos insalubres e perigosos) e de polícia (segurança e trânsito, iluminação da via pública, incêndios, fiscalização de pesos e medidas).

A extensão autoritária do regime era notória na quase ausência de autonomia municipal, face a uma política de centralização e de controlo de toda a administração autárquica. Durante os primeiros tempos de transição de regime manteve-se algum do quadro normativo anterior, mormente o Código Administrativo de 1940, só revogado em finais de 1977. Assim, o município era, nos alvores da era democrática, uma instituição administrativa e politicamente diminuída. Com a Constituição de 1976 e a Lei n.º 79/77, de 25 de outubro, que estipulava as atribuições das autarquias e competências dos respetivos órgãos, os corpos administrativos passaram a ser eleitos por sufrágio universal direto. Além disso, os municípios passavam a deter autonomia administrativa, o que se revelaria determinante para a sua gestão e importância política. Assim, "a introdução de eleições locais trouxe novas opções de liderança, e um sistema de representação proporcional passou a requerer uma nova estratégia política" (Pinto, 1999: 36).

O período cronológico deste estudo foi marcado por uma grande agitação política e militar, com o definhar de um regime autoritário, com quase quarenta e oito anos, e a emergência de um regime democrático, nascido de um golpe militar que se transformou numa revolução, mas igualmente de mudanças sociais e económicas.

Do ponto de vista demográfico, Portugal entrou progressivamente num regime demográfico moderno em meados do século. A população portuguesa pouco cresceu na década de 1950 e na década seguinte diminuiu mesmo, fruto da guerra em África e da emigração, sobretudo para França e Alemanha. A população da cidade do Porto ainda cresceu, segundo os dados do Instituto Nacional de Estatística (1952–1984), passou de 281.406 residentes, em 1950, para 303.424, em 1960. Mas em 1970 a população já diminuíra para 301.655 habitantes, para voltar a crescer em 1981 para 327.368 efetivos. Na realidade, um dos pontos mais altos da emigração portuguesa do segundo pós-guerra iniciou-se em 1963–1964 e durou até 1973–1974, desencadeando a saída de mais de um milhão de pessoas no país, o que pode explicar esta quebra.

A urbanização generalizada, que se acentuou na década de 1960, transformou a vida do Grande Porto e da Grande Lisboa. Os centros tradicionais dessas cidades assistiram a uma terciarização, expulsando para as periferias parte da população residente, onde se juntaram aos migrantes que procuravam nas áreas metropolitanas uma melhoria das condições de vida. O Porto foi palco de uma dinâmica atrativa, regionalmente mais impactante do que Lisboa, pois em 1970 "um terço da população do Grande Porto tinha nascido fora dele" (Guichard, 1994: 527), sobretudo nos vales do Sousa e Tâmega.

A este crescimento somaram-se as dificuldades perante a frágil oferta de infraestruturas de habitação, água e saneamento e transportes. Os bairros de barracas e as construções clandestinas, sem oferta de condições sanitárias, fomentaram uma degradação das condições de vida e potenciaram focos de criminalidade. Em 1969, face aos constantes problemas de periferização e precarização das condições habitacionais, o Estado lançou um programa de habitação social, com a criação do Fundo de Fomento da Habitação.

A progressiva industrialização e terciarização da sociedade e do tecido económico, entre 1950 e 1960, trouxeram mudanças na população ativa portuguesa. O domínio económico e social da indústria acentuou-se nessas décadas. Em 1960, ao analisarmos a distribuição populacional pelos três setores de atividade encontramos "um país menos tradicional" (Martins, 1992: 273). Nota-se que cresceram as profissões ligadas ao terciário, como profissionais liberais, cientistas, quadros superiores e pessoal administrativo, dos transportes e comunicações. Depois do ocaso do regime ditatorial, a terciarização da economia prosseguiu paulatinamente.

No Porto de 1960 (INE, 1964), o setor terciário já representava 58,1% da população ativa, uma evolução de quase dois pontos percentuais relativamente ao decénio anterior. Na mesma altura, 40,5% da população trabalhava em empresas do setor secundário, significando um crescimento de cerca de quatro por cento desde 1950. Por último, o setor primário detinha 1,2% da população ativa, uma perda de aproximadamente 2% face ao decénio anterior. O Porto superava os quantitativos de população ativa no setor secundário de Lisboa, "produto da industrialização da cidade, mas também da sobrevivência (*lato sensu*) de atividade de tipo oficinal em maior escala" (Martins, 1992: 302). Em 1970, 61,8% da população ativa portuense trabalhava no setor terciário, 35,7% no setor secundário e 0,8% no setor primário (INE, 1973).

As décadas de 1950–1960 foram palco de uma metamorfose económica significativa. A pressão internacional, resultante do Plano Marshall e da entrada na Organização Europeia de Cooperação Económica (OECE), empurrou Portugal para um novo paradigma económico. Os planos de fomento económico dos anos 50, preocupados com a modernização e industrialização do país, mudaram o cariz da economia portuguesa, outrora essencialmente agrícola, agora industrial[3]. O crescimento rápido da economia portuguesa após a II Guerra Mundial, em linha com grande parte da Europa, "traduziu-se na célere industrialização do país, no aumento do peso dos serviços, numa menor preponderância da agricultura, e num maior peso das trocas externas, incluindo a participação de capitais estrangeiros no investimento nacional" (Costa, Lains e Miranda, 2011: 366).

Contudo, tal não significa que tenha existido um desenvolvimento ilimitado e generalizado. Na análise de Reis (2020: 83),

> o facto central da industrialização «moderna» dos anos sessenta em Portugal é que ele não representou um processo de desenvolvimento, devendo sublinhar-se a dimensão absolutamente limitada dessa industrialização, os seus escassos efeitos na constituição de uma economia e de uma sociedade modernas, a sua concentração inicial na acumulação de capital, sem repercussões essenciais no emprego e no mercado do trabalho sendo, por essas razões, incapaz de estruturar um processo de crescimento capaz.

A economia portuguesa, fruto da crise inflacionista do petróleo em 1973 a nível mundial, teve uma travagem e a "revolução política e social enfraqueceu a capacidade de resposta portuguesa à crise internacional" (Matos, 1993: 140). No entanto, a própria situação económica pode ser apontada como uma das causas que levou ao abanão dos alicerces do regime, pois o forte crescimento

3 Em 1963, pela primeira vez, o valor da produção industrial superou o da produção agrícola (Costa, Lains e Miranda, 2011: 386).

não trouxe mudanças estruturais. A pressão inflacionária não foi combatida pelos governos provisórios depois de 1974, tal como não tinha sido combatida no momento anterior. Em 1975, tentaram controlar a subida dos preços e aumentar os salários da função pública, que vinha a perder poder de compra, e estipularam um salário mínimo. O regresso dos portugueses residentes nas antigas colónias e a diminuição das remessas de emigrantes, a recessão internacional, que não absorvia as nossas exportações, e a importação ou fuga de capitais, quando o espírito revolucionário se extremou, contribuíram para desequilibrar a economia portuguesa. Conquanto, "os problemas económicos portugueses, na sua essência, não diferiam muito do que se passava no resto da Europa Ocidental" (Costa, Lains e Miranda, 2011: 398), nem no resto do mundo, perante uma série de ruturas económicas e financeiras, que encurtaram os resultados positivos do crescimento económico do pós-guerra (Mateus, 2001).

2. Os presidentes da Câmara Municipal do Porto

2.1. Nuno Maria de Figueiredo Cabral Pinheiro Torres (1962–1969)

Foi um alto funcionário da administração pública e magistrado que iniciou funções de presidente da Câmara Municipal do Porto em 1962, aos 47 anos, marcado por um envolvimento social e político em movimentos religiosos. O mandato, que durou quase sete anos, foi abruptamente interrompido com a sua morte num acidente de automóvel. Esta presidência revelou-se empenhada na resolução dos problemas de habitação, na preservação/renovação das zonas históricas da cidade e procurou a reorganização dos serviços internos da edilidade.

Nasceu na cidade do Porto, em fevereiro de 1915, filho de Alberto Pinheiro Torres e de Maria Isabel de Figueiredo Cabral. Através do percurso social e político do pai[4] conseguimos compreender as opções cívicas e sociais de Nuno Pinheiro Torres. Enquanto jovem, integrou a Juventude Independente

---

[4] O pai, Alberto Pinheiro Torres, foi vogal da primeira comissão administrativa sidonista da Câmara do Porto (1918), tendo sob a sua tutela o difícil encargo das subsistências. Foi administrador do concelho de Caminha, ainda na Monarquia, e deputado pelo Partido Nacionalista (1908–1910), liderou a minoria católica, em 1918 no Parlamento, do Centro Católico Português, da qual fora um dos seus fundadores, e integrou a minoria monárquica em 1925. Seria deputado no Estado Novo. Era católico e monárquico integralista. Pertenceu ao Conselho Superior das Conferências de S. Vicente de Paulo (Marques, 2000: 424).

Católica[5], incorporando progressivamente a cúpula da direção da Ação Católica Portuguesa (ACP) e da Sociedade de S. Vicente de Paulo, num espírito de reconquista cristã da sociedade que já o seu pai evidenciara. Acreditamos que esta proximidade à doutrina social da Igreja determinou a sua carreira no campo social do regime. Curiosamente, Alberto Pinheiro Torres esteve na luta pela afirmação do catolicismo social durante a I República, ao passo que Nuno Pinheiro Torres o concretizou durante o Estado Novo.

Das suas amizades portuenses destacamos a proximidade com o casal de arquitetos, Maria José Marques da Silva e David Moreira da Silva[6], fotografados em Biarritz (França) em 1959[7], juntamente com a sua esposa Júlia Catarina Martins da Rocha. Curiosamente, David Moreira da Silva assinou, em 1937, juntamente com o engenheiro J. Bástian, um dos desenhos do projeto apresentado por José Moreira da Silva, à Câmara do Porto, onde este revelava preocupações com a habitação dos operários da construção civil. No pedido de aprovação de um projeto arquitetónico[8], José Moreira da Silva dizia que "os péssimos e deploráveis alojamentos" (AHMP, 1937), onde viviam muitos dos operários que vinham dos arrabaldes trabalhar no Porto, eram a motivação para a obra que se pedia licenciamento. Esta era uma temática que aproximava o arquiteto e o futuro presidente do município portuense.

Nuno Pinheiro Torres licenciou-se em Direito pela Universidade de Coimbra em 1940, iniciando a sua vida profissional no Instituto Nacional do Trabalho e Previdência (INTP)[9], em Beja e em Braga como subdelegado e

5 Este organismo integrava a Ação Católica Portuguesa (ACP), fundada em 1933, integrada num movimento de países tradicionalmente católicos, inspirados pelo pontificado de Pio XI, de resposta contra a progressiva descristianização das sociedades. A ACP estruturava-se em diversas organizações, uma das quais era a Juventude Católica Independente, onde se filiavam jovens entre os 14 e os 30 anos (Ferreira e Fontes, 2000: 9–19).

6 Maria José Marques da Silva era filha do renomado arquiteto portuense José Marques da Silva e David Moreira da Silva do pedreiro José Moreira da Silva, um dos fundadores e gerente da Sociedade Cooperativa de Proteção aos Operários Pedreiros do Porto (SCROP), nascida em 1914.

7 FIMS, PT FIMS MS MS-4-4-2-04-Foto2096.

8 O projeto "requeria a construção de um conjunto composto por dormitórios, vestiários, enfermaria, gabinete médico, sala de aula, biblioteca, refeitório, armazéns, sala de sessões, escritório, oficinas, WC" (Pires, 2008: 181).

9 O INTP surgiu em 1933 com o fito de coordenar as instituições ligadas ao trabalho e à previdência que constituíam o aparelho corporativo.

na Covilhã como delegado. Na dependência direta deste Instituto funcionavam organismos para-corporativos que procuravam facilitar a ligação entre o patronato e os trabalhadores, grémios, sindicatos, federações, casas do povo e dos pescadores entre outros, que estavam sujeitos à matriz autoritária do regime. Mais tarde, continuou a sua carreira no Tribunal de Trabalho (Braga, Vila Real e Porto) e na Caixa Regional do Abono de Família (Castelo Branco). Em todas essas funções, evidenciou-se a sua ligação ao sistema corporativo do salazarismo.

Em continuidade com este percurso, Nuno Pinheiro Torres, em 1965, assumiu a presidência do Conselho de Administração do Serviço de Transportes Coletivos do Porto (instituição sob a alçada da edilidade) e da Assembleia Geral da Hidroelétrica do Cávado, sediada no Porto. Com base da Lei da Eletrificação Nacional de 1944 (Lei n.° 2002, de 26 de dezembro de 1944), iniciou-se um programa de aproveitamento hidroelétrico do Zêzere, Cávado e Tejo, essencial para a eletrificação e industrialização de Portugal. A construção da primeira barragem no Cávado, na Venda Nova, decorreu entre 1946 e 1964, estando incluída no II Plano de Fomento (1959–1964). A entrada de Nuno Pinheiro, assim como outros políticos e/ou membros dos corpos administrativos nestas empresas inseriam-se na preocupação do salazarismo de regular a atividade económica.

O seu mandato iniciou-se a 25 de maio de 1962 e terminou a 6 de março de 1969, tendo como vice-presidente António Veiga de Faria[10]. A sua presidência foi marcada pela preocupação com a habitação social[11], quer na criação de uma direção dos serviços de habitação na Câmara, quer na edificação de casas para as populações desfavorecidas. Alguns bairros emblemáticos da cidade foram inaugurados no seu mandato, como o da Fonte da Moura, o Cerco

---

10 Engenheiro dos quadros da Junta Autónoma das Estradas. Ocupou o cargo de presidente interinamente após a morte de Nuno Pinheiro Torres, até 21 de maio de 1969. Entre 1954 e 1959 tinha sido vereador do município portuense. Entre janeiro de 1964 e maio de 1969, na vice-presidência da edilidade, foi presidente do conselho de administração dos Serviços Municipalizados de Água e Saneamento. Mais tarde alcançou a direção do Fundo de Fomento de Habitação, na zona Norte (Sousa, 2013: 369–371).

11 O pai, na linha dos edis portuenses que desde o início do século XX tinham a habitação popular como uma preocupação, e que pertenceu à Comissão Administrativa da Câmara do Porto de 1918, tinha apontado como uma das três prioridades da Câmara a "luta contra a habitação insalubre" (AHMP, 1918: fl. 140).

(as duas primeiras fases) ou Aldoar. Apoiado pelo Ministério das Corporações e Previdência Social, assinou em 1963 um protocolo com a Federação das Caixas de Previdências, no sentido de fornecer 3000 casas com renda económica à população. Procurou, na mesma linha, combater a insalubridade das habitações, por exemplo com a reforma do bairro histórico Ribeira-Barredo.

Também se interessou por outras áreas. Desde logo com a organização interna dos serviços da Câmara Municipal, que "visou a modernização dos métodos de trabalho, a simplificação do formalismo burocrático e a generalização da mecanização dos serviços" (Sousa, 2013: 364). Na mobilidade, tentou melhorar a circulação do tráfego rodoviário no município, em progressivo crescimento, ou aumentando o número de viaturas de transporte coletivo (autocarros e troleicarros) e estendendo a rede. No turismo e lazer, incentivou novos investimentos em hotéis, arranjou a zona da Foz e reanimou o projeto do Parque da Cidade. Na cultura, preocupou-se em aumentar os espetáculos culturais, música e teatro; a edição de livros; a instalação do Conservatório de Música num prédio na Rua da Maternidade; as obras de remodelação da Biblioteca Pública Municipal; ou até em projetar um centro cultural nas imediações da Praça Mouzinho de Albuquerque.

No seu discurso de tomada de posse, do ponto de vista ideológico, foi compreensível a natureza nacionalista da sua ação política, em linha com o regime. A exaltação da história pátria e do espírito "indomável" (*Apud* Sousa, 2013: 366) eram assumidos como inspiração para a jornada que iniciava. O catolicismo também permeou a sua obra. Nas palavras do elogio póstumo, a sua atividade de edil efetivou-se "com a solícita bondade dos seus sentimentos de católico" (*Apud* Sousa, 2013: 367).

2.2. Nuno Henrique Macieira de Vasconcelos Porto (1969–1974)

Foi um engenheiro civil que presidiu cinco anos à Câmara do Porto no ocaso da ditadura. O seu mandato, iniciado em maio de 1969, aos 49 anos, procurou a continuidade, embora, nas suas palavras, "com um certo cunho pessoal" (*Apud* Sousa, 2013: 376). Por outro lado, as vicissitudes económico-financeiras dificultaram a sua administração.

Nascido na capital, em junho de 1919, filho de Miguel Queirol de Vasconcelos Porto e Berta Queirol Macieira de Vasconcelos Porto. A sua chegada ao Porto deveu-se à frequência da licenciatura de Engenharia Civil.

Em 1943 concluiu o curso e, três anos depois, tornou-se assistente na sua Faculdade, onde lecionou até 1950.

Após abandonar a docência, abraçou a carreira de engenheiro na Hidroelétrica do Cávado, tendo chegado a engenheiro-chefe da Divisão de Barragens e esteve ligado à construção da barragem da Paradela. Foi tenente miliciano de engenharia e vogal da direção na Secção Regional da Ordem dos Engenheiros. Acreditamos, face aos problemas urbanos do Porto, que a sua formação de engenheiro muito influiu tecnicamente nas soluções políticas gizadas.

A sua tomada de posse como principal edil portuense realizou-se em 21 de maio de 1969, com o fito de dar continuidade ao mandato de Nuno Pinheiro Torres, rendendo "homenagem à sua obra" (*Apud* Sousa, 2013: 377). Foi, todavia, uma continuidade personalizada, sem que tal representasse um "menosprezo" pelos antecessores (*Apud* Sousa, 2013: 376). A habitação, os edifícios escolares, a mobilidade urbana, a limpeza, o abastecimento de água e o saneamento foram as grandes preocupações deste mandato.

A habitação continuou a ter um destaque primacial nos assuntos a tratar, dado que "o problema parecia insolúvel" (Sousa, 2013: 375). O número de bairros sociais aumentou com esta administração. Porém, o aumento da população urbana e a falta de habitação continuaram a empurrar as pessoas para soluções precárias e insalubres. Do mesmo modo, emergiam problemas sociais decorrentes do desenraizamento destes novos habitantes da cidade e do alojamento aleatório, que os edis acabaram por sentir ao longo deste mandato e que se sentiram nos anos posteriores (Rodrigues, 1999: 22). Por outro lado, os encargos financeiros assumidos pela Câmara com a habitação social subiram consideravelmente, o que gerou um entrave na gestão.

A intensificação do tráfego automóvel particular provocou dificuldades na circulação e no estacionamento. Uma parte significativa do trânsito fazia-se pelo tabuleiro superior da ponte Luís I, mesmo depois da ponte da Arrábida já funcionar, causando problemas no centro. Para a parte oriental da cidade, reivindicava-se uma ponte rodoviária que auxiliasse na fluidez da circulação. A Via de Circulação Interna urgia, mas as expropriações atrasavam as obras. De igual maneira, o sufoco financeiro do Serviço de Transportes Coletivos do Porto impossibilitava melhorias na rede, aumentando os problemas de mobilidade na cidade.

Outro dilema da cidade era a sujidade, investindo-se no recrutamento de mais cantoneiros de limpeza e em mudanças na recolha de lixo. No mesmo sentido, continuava a carecer de intervenção a rede de esgotos, que amiudadamente corriam a céu aberto, mas os serviços não possuíam verbas para acorrer a todas as necessidades, nem podiam contrair mais empréstimos. A solução passava por aumentar os preços do abastecimento de água, que era outro dos serviços que "continuava muito deficiente e irregular", apesar de estar em curso um plano de reforço (Sousa, 2013: 374).

Contrariamente ao seu predecessor, Nuno Vasconcelos Porto não teve um percurso ativo política e civicamente antes da sua investidura no município portuense. Pese embora esse facto, as suas palavras evidenciam o seu alinhamento político-ideológico com a ditadura, ainda que no final do mandato a sua administração se mostrasse "menos entusiasmada com o regime do Estado Novo" (Sousa, 2013: 374).

Logo no início do seu mandato, em junho de 1969, liderou uma numerosa representação da Câmara ao Paço Episcopal para cumprimentar D. António Ferreira Gomes, regressado da sua década de exílio, depois de confrontar Oliveira Salazar com os problemas sociais e políticos do regime. Estamos em crer que não se tratou de uma mera cortesia institucional. Terá sido, sobretudo, uma demonstração de anuência com as ideias do prelado e a assunção de uma liberalização política, na senda da "Primavera Marcelista".

Ao mesmo tempo, a defesa da guerra colonial ressalta das suas intervenções. A condecoração de militares "que se distinguiram em serviço no Ultramar" (*Apud* Sousa, 2013: 376) serviu para agradecer aos que combateram pelo ideal colonial e integridade do território português, do "Minho a Timor".

A passagem do poder autárquico, em 1974, para a transição democrática não foi imediata. Vasconcelos Porto aguardou na sua cadeira por uma solução administrativa, provavelmente temeroso de que o poder caísse nas ruas.

2.3. Artur Vieira de Andrade (1974–1975)

Arquiteto que presidiu à primeira Comissão Administrativa da Câmara do Porto após a queda do Estado Novo. O seu passado diligente de opositor ao regime e a sua formação determinaram o seu mandato, bem como o processo de transição revolucionária que se instalou na política portuguesa daqueles anos. Um portuense fiel à sua cidade, mesmo quando perseguido pelo Estado

Novo ou embrenhado nas ações da oposição democrática manteve sempre a sua vida no Porto.

Nasceu na freguesia de Cedofeita, a 14 de maio de 1913, filho de Manuel Vieira de Andrade e Clara Rodrigues de Andrade. Desde tenra idade auxiliou os pais no negócio dos móveis, polindo, envernizando, pregando e decorando. Tarefas que se evidenciariam importantes para a sua formação e percurso profissional. Realizou os seus estudos primários perto da casa paterna, na rua da Regeneração, e frequentou o Liceu Rodrigues de Freitas.

Licenciou-se em Arquitetura pela Escola de Belas Artes do Porto, frequentando primeiramente o Curso Especial de Arquitetura, entre 1934 e 1937, e, depois, o Curso Superior de Arquitetura, de 1941 a 1946. Exibiu nas aulas, logo nos primeiros tempos, talento para o desenho, sendo convidado para trabalhar no ateliê do arquiteto Arménio Losa em 1937. Em 1942, fundou a sua empresa técnica "Fórum", na Avenida dos Aliados, que se transformou no berço de diversos e renomados projetos arquitetónicos, como o Café Rialto (1944), Livraria Portugália (1945), Cinema Batalha (1947), proposta do novo Parque de Exposições dos Jardins do Palácio de Cristal (1947).

Desde o Liceu mostrou-se politicamente ativo, frequentando as tertúlias dos cafés da baixa portuense[12], ouvindo aqueles que se opunham à Ditadura Militar e defendiam a justiça social e a liberdade. Ainda com 22 anos, em 1933, foi detido pela primeira de sete vezes (na Cadeia do Limoeiro, na Cadeia da Relação, no Forte de Caxias e nas sedes da PIDE). Apesar disso, resistiu sempre ao regime. Nessa década, aliás, fruto da sua adesão aos ideais comunistas e das suas atividades políticas, foi obrigado a constantes mudanças de residências e a usar um pseudónimo, o de Olímpio Cardoso. Participou na vida da cooperativa cultural Sociedade Editora Norte, fundada em 1942, com grande importância na cidade e ligada às esquerdas oposicionistas (Porto, 1994: 53). Em 1958, no decorrer da campanha de Humberto Delgado acabou preso. Outra das detenções ocorreu em 1961, por ter assinado o Programa

[12] Alguma bibliografia sobre a vida de Artur Andrade refere que terá escutado as tertúlias dos seareiros Jaime Cortesão e António Sérgio, nos cafés Brasileira e Guarany, com 16 anos (Silva, 2008: 5; Sousa, 2013: 380). Parece-nos improvável, dado que nessa altura, 1929, ambos os intelectuais estavam exilados no estrangeiro após as revoltas republicanas de 1927–1928. Consideramos que, tal Pedro Silva (2008: 47) refere, essas tertúlias deviam ter sido protagonizadas por Eduardo Santos Silva, Augusto Martins e Marques Teixeira.

para a Democratização da República, tendo estado presente na conferência de imprensa de entrega do texto aos jornalistas (Lemos, 2009: 103).

No pós-Segunda Guerra Mundial, integrou o Movimento de Unidade Democrática (MUD)[13], que acabaria por ser mais uma oportunidade para Oliveira Salazar continuar a sua sanha persecutória aos oposicionistas. Ainda nessa década de 1940, participou ativamente na campanha eleitoral do general Norton de Matos, para as eleições presidenciais de 11 de fevereiro de 1949. Nesse sentido deve ter acompanhado o grande comício realizado pelo general, juntamente com milhares de pessoas, no Centro Hípico da Fonte da Moura, no Porto.

A sua peugada antifascista cedo lhe granjeou dissabores profissionais. Durante a construção do Cinema Batalha, tendo a responsabilidade da sua execução arquitetónica, recebeu advertências sobre algumas das escolhas decorativas, particularmente um fresco[14], o relevo da fachada[15] e outros pormenores. Nas palavras de Artur Andrade, "o presidente da Câmara [Municipal do Porto] considerou que eu fazia arquitetura comunista e como comunistas classificou todos os que colaboraram no projeto e na decoração [...]. Até as letras dos puxadores das portas mereceram censura. Para o presidente da Câmara as letras «C» e «B» não pretendiam significar Cinema Batalha. Para ele, bem podiam ser abreviaturas de «Comité Bolchevista»" (*Apud* Costa, 1975: 20–23).

---

13 Artur Andrade assistiu à reunião de 8 de outubro de 1945, no Centro Escolar Republicano Almirante Reis, que levou à criação do MUD (Lemos e Torgal, 2019: 328–329).

14 O fresco, encomendado ao jovem pintor Júlio Pomar, que decorava uma parede interior do novo cinema, representando o burburinho da festa popular do São João, foi considerado subversivo pelo presidente da Câmara do Porto, a entidade licenciadora da obra. Provavelmente por ter um miúdo magro a comer de uma malga, mostrando uma faceta miserabilista da realidade portuguesa. A pintura era neorrealista, assim como grande parte das linhas artísticas do edifício e da sua decoração interior e exterior. A obra pictórica foi interrompida, sendo decidido pelo Governo Civil a ocultação, em 1948. Apesar das sucessivas camadas de tinta que lhe aplicaram, os painéis de Pomar, em 2022 foram recuperados, no âmbito da reabilitação do edifício (Vieira, 2022: 23), sugerindo uma derradeira resistência aos perpetradores.

15 Em particular o relevo da fachada, executado pelo escultor Américo Braga, em que à alegoria da Agricultura lhe retiraram a foice e à figura alegórica da Indústria o martelo, por estarem associados a símbolos comunistas.

Nesse ano de 1947, nova contrariedade, que nunca terá ultrapassado. O seu anteprojeto de transformação do oitocentista Palácio de Cristal num novo de palácio de exposições e num pavilhão desportivo foi rejeitado pela Câmara Municipal, dado que Artur Andrade era um opositor do regime. Num balanço, aos 92 anos, em entrevista ao *Jornal de Notícias*, referiu que sentia esse o "mais caro" dos seus projetos (Reis, 2005: 4). Muito possivelmente por causa da forma como foi afastado e pela solidariedade e reconhecimento recebidos dos seus pares, em carta publicada na revista *Arquitetura*, quando 34 arquitetos repudiaram a conduta da Autarquia. A leitura da memória descritiva e a análise das maquetas, evidenciam que do ponto de vista arquitetónico e paisagístico o projeto resultaria num benefício superior para o espaço dos jardins do Palácio de Cristal[16].

Em 1957, fez parte da lista da oposição democrática no Porto às eleições da Assembleia Nacional, com algumas personalidades que estiveram amiudadamente com ele nas lides oposicionistas, nomeadamente Artur Oliveira Valença, Artur Santos Silva e Olívio da Silva França, que o acompanhariam na campanha de Humberto Delgado. Nesse ano, em julho, esteve presente num jantar que juntou mais de 300 pessoas da oposição democrática, numa espécie de pré-campanha eleitoral, no restaurante *Castanheira de Moura*, em Lisboa, assim como Artur Santos Silva. Entre outros assuntos, reverberou-se contra o baixíssimo nível de vida das populações e defendeu-se a necessidade de a oposição ir às urnas, apesar de todas as idiossincrasias do sistema eleitoral salazarista (Lemos e Torgal: 2019).

Por outro lado, Artur Andrade esteve na linha da frente da organização da campanha delgadista[17], desde outubro de 1957 com as primeiras diligências, e tornando-se seu secretário-geral. Primeiramente, recolheu informações sobre o general, mais tarde esteve na preparação da campanha e na angariação de

---

16 "A grandeza e a mestria da obra deverão perdurar na memória de todos aqueles que afiguram uma outra realidade através dos desenhos e das descrições do projeto que Artur Andrade nos deixou." (Rocha, 2012: 53)

17 Nessa época, Artur Andrade movimentava-se com relativa facilidade nos meios oposicionistas, no Porto e em Lisboa. As sugestões de um candidato para as eleições presidenciais de 1958 foram diversas, na oposição democrática, tendo Artur Andrade aventado duas possibilidades, o engenheiro Mem Tinoco Verdial, que foi imediatamente recusado pelos *seareiros*, e o médico Eduardo Santos Silva (Lemos e Torgal, 2019: 199).

apoios de figuras destacadas da região Norte, envolvendo-se na organização inicial do processo (Cunha, 2014).

Deste modo, o seu nome terá surgido, naturalmente, no seio das elites portuenses opositoras ao velho regime, com o objetivo de ocupar as cadeiras da edilidade portuense. Em 21 de setembro de 1974, por uma portaria exarada pelo Ministério da Administração Interna, depois de um período de indefinição nos destinos da Câmara do Porto, decorrente da não demissão de Nuno Vasconcelos Porto, após o 25 de Abril de 1974, e com a confusão gerada por exonerações e nomeações diversas, criou-se uma Comissão Administrativa. Após "longas e difíceis negociações", Artur Andrade passou a presidir a esta comissão, "tendo sido o único nome a reunir o consenso das diferentes forças políticas em disputa" (Sousa, 2013: 381). Se a sua chegada não foi fácil, os tempos que passou na presidência, em pleno percurso de transição revolucionária, trouxeram acrescidas arduidades.

As divisões e a tensão entre as diferentes forças políticas presentes na Comissão Administrativa, o Partido Socialista (PS), o Partido Popular Democrático (PPD) e o Partido Comunista Português/Movimento Democrático Português (PCP/MDP), dificultaram a ação camarária. Artur Andrade foi acusado de ser um "autocrata" e os antagonismos entre o PS/PPD e PCP/MDP alimentaram "as divergências quase inconciliáveis no estabelecimento de uma metodologia adequada à orientação das sessões públicas, a presença do público nas reuniões, cujas ruidosas intervenções e apartes prejudicavam o seu bom funcionamento" (Sousa, 2013: 382).

A polarização política, as divergências e as dificuldades financeiras complicaram a administração liderada por Artur Andrade. Na gestão da Câmara, a questão da habitação continuava a ser uma urgência e, agora, num contexto de agitação política e social. Nos dias que se seguiram ao 25 de Abril de 1974, foram criadas comissões de moradores em diversos concelhos do país, estruturas representativas e de reivindicação. As carências habitacionais motivaram fortes mobilizações populares. Curiosamente, os numerosos bairros de habitação social contruídos no Estado Novo, na cidade do Porto, para substituir as "ilhas" insalubres, foram os focos destes organismos de moradores. O primeiro plenário aconteceu a 27 de abril de 1974, no bairro de São João de Deus, onde a indignação se deveu, principalmente, ao facto dos regulamentos camarários dos bairros serem considerados moralistas e fortemente repressivos pelos moradores. Nos restantes meses a agitação não diminuiu, o que originou a constituição de uma Comissão Central das Comissões de Moradores dos Bairros Camarários. Em janeiro de 1975, Artur Andrade apresentou à Comissão Central uma solução, que passava pela criação de uma comissão que elaboraria um novo regulamento, uma gestão mais participada dos bairros, obras de restauro e limpeza e a suspensão dos despejos. Seria um esforço infrutífero para acalmar os ânimos. Em maio, depois de meses de instabilidade, um grande plenário de comissões de moradores dos bairros municipais, no pavilhão dos desportos dos Jardins do Palácio de Cristal, contribui para a demissão da Comissão Administrativa de Artur Andrade, juntamente com uma greve de funcionários municipais[18].

Maria Rodrigues (1999: 138–139) concluiu que num primeiro momento, o Movimento de Moradores do Porto, exigia, essencialmente, a "melhoria das condições", tendo evoluído, em 1975, para uma contestação ao "modelo de crescimento urbano" e das "desigualdades no processo de apropriação do espaço", onde se acentuou o "caráter anticapitalista das lutas populares urbanas" em torno da questão da habitação.

Concomitante, o excessivo partidarismo acabou a prejudicar "o prestígio e a produtividade da Comissão Administrativa, que sem recursos financeiros, se limitou muitas vezes a solicitar ao Governo apoios para os graves problemas da cidade" (Sousa, 2013: 382). Artur Andrade fora indicado pelos populares democráticos, o que acicatou a animosidade com as forças políticas mais à esquerda e os movimentos populares. Em 1979 voltaria à Câmara, como vice-presidente de uma vereação social-democrata.

2.4. Boaventura José Martins Ferreira (1975)

Militar nascido em Estorãos, no concelho de Ponte de Lima, a 27 de novembro de 1937, agraciado com a insígnia de Grande-Oficial da Ordem da Liberdade, por alvará de 26 de fevereiro de 2021 (Alvará (extrato) n.º 6/2021), tem atualmente posto de coronel. A sua administração foi curta, menos de quatro

[18] Segundo a notícia de primeira página do *Diário de Lisboa*, de 5 de maio de 1975, a greve implicava a "paralisação de cerca de 3500 pessoas, sendo mil dos quadros técnicos e administrativos e os restantes dos setores operários e assalariado", de modo a "resolver as graves injustiças salariais" que se registavam na Câmara.

meses, e turbulenta, em resultado de um contexto de enorme agitação social e política, nos idos de 1974–1975. O seu papel dinâmico no 25 de Abril de 1974, trouxeram-no para a ribalta da administração da cidade do Porto.

Filho de João Fernandes Ferreira e de Aurora de Lima Rodrigues Martins, comerciantes e pequenos proprietários rurais da região limiana. Do lado da família materna, Boaventura Ferreira foi influenciado pelos seus tios professores primários com "a semente dos novos e ousados pensamentos antirregime" (Costa, 2011: 41).

Realizou os seus estudos liceais em Ponte de Lima, Viana do Castelo e Braga, que concluiu em 1957. Depois concorreu à Escola do Exército, que em 1959 passou a designar-se de Academia Militar, tendo perdido dois anos devido a estar doente com tuberculose, concluindo em 1963 essa fase do seu percurso. A Escola Prática de Infantaria, em Mafra, foi a etapa seguinte.

Antes de realizar a sua única comissão na guerra colonial, esteve entre 1964 e 1968 no Batalhão de Caçadores 10, Chaves, no comando de companhias de instrução. Em setembro de 1968 embarcou para Moçambique, estando destacado na província de Cabo Delgado, primeiro na localidade de Miteda e depois em Nairoto. No aquartelamento desta última localidade passou "pelo seu maior período de politização" (Costa, 2011: 42), em virtude de um contacto mais próximo com o médico da unidade e quatro oficiais milicianos.

De regresso à metrópole, em janeiro de 1971, passou primeiro pelo Regimento de Infantaria 13, em Vila Real, e, pouco tempo depois, seguiu para a Trafaria, para o Batalhão de Reconhecimento das Transmissões, aquartelado no extinto 2.º Regimento de Artilharia de Costa, para realizar um curso de criptografia. Neste curso conheceu Vasco Lourenço, que assumiu, mais tarde, um papel ativo no Movimento das Forças Armadas (MFA) e que terá contribuído para um maior envolvimento de Boaventura Ferreira nas movimentações militares de 1973–1974. Concluído o curso foi colocado como chefe do Serviço de Reconhecimento de Transmissões, no Quartel-General da Região Militar do Norte, posição que lhe permitirá o acesso às tropas de diversas unidades, assim como ao seu estado de espírito e às suas reclamações.

Estes contactos e as suas posições cívicas e políticas envolvem-no na Revolução do 25 de Abril logo desde a preparação em agosto de 1973.

O capitão Dinis de Almeida[19], a 6 de setembro de 1973, encontrou-se no Porto com Boaventura Ferreira e outros militares, António Borges, António Albuquerque e Bessa Menezes. A reunião decorreu no restaurante *Chez Lapin* de modo a combinarem a comparência dos camaradas do Porto no encontro programado para 9 de setembro de 1973[20], em Alcáçovas (concelho de Viana do Alentejo), perto de Évora. Nesta reunião, essencial na preparação para o golpe de abril de 1974, estiveram presentes quatro oficiais das unidades do Porto.

O empenhamento ativo nas movimentações dos capitães deveu-se quer à aquiescência das reivindicações dos seus camaradas do quadro, quer ao seu cargo, desde setembro de 1972, de chefe do Serviço de Reconhecimento de Transmissões. Neste posto tinha um contacto periódico e direto com os oficiais do Quadro Permanente "permitindo-lhe, para além de divulgar as iniciativas do Movimento dos Capitães, ter a noção clara dos militares que se encontrariam do seu lado" (Costa, 2011: 79). Nos meses seguintes tornou-se necessário gizar um plano de operações na cidade, para levar a cabo a queda da ditadura.

Às 00h20 do dia 25 de abril de 1974, no momento da senha *Grândola, Vila Morena*, Boaventura Ferreira encontrava-se no Centro de Instrução de Condutores Auto (CICA) n.º 1. Juntamente com os seus camaradas de armas estaria na linha da frente do derrube do regime salazarista.

A sua chegada à Câmara Municipal do Porto deu-se num período de grande contestação à Comissão Administrativa liderada pelo arquiteto Artur de Andrade. Em janeiro de 1975, o recém-chegado cônsul norte-americano, Vernon DuBois Penner Jr., ao recordar o seu contacto com Boaventura Ferreira, cognominou-o de membro dos "partidários de extrema-esquerda" e que na sua mesa de escritório tinha "a par com os cravos vermelhos, um busto

---

[19] Um grupo de militares, entre os quais Dinis de Almeida, depois de dois decretos-leis que promoviam oficiais milicianos, provocando a ultrapassagem de capitães e subalternos de carreira, preparavam ações de contestação em Lisboa. Com o propósito de informar os militares do Quadro Permanente sobre essas movimentações visitaram algumas unidades militares, em diversos pontos do país.

[20] Reunião que marca simbolicamente o início do Movimento dos Capitães e da conspiração para derrubar o regime, onde estiveram presentes 136 capitães, tenentes e alferes do Exército e da Força Aérea (Rezola, 2007: 27–30).

do Marx" (*Apud* Carvalho, 2017: 113). A ligação que Boaventura Ferreira detinha junto do MFA era a esperança daqueles que viam no movimento a oportunidade de estabelecer um regime socialista, uma democracia popular. Fernando Barradas, um jornalista d'*O Comércio do Porto*, fazendo eco deste sentimento, apelidava-o de "o 25 de Abril da Câmara Municipal do Porto" (*Apud* Sousa, 2013: 387). O mesmo jornalista resumiu a situação da edilidade da seguinte forma: "é a Câmara Municipal do Porto uma Babilónia. De fações, de ideologias, de partidos. De chefias, de repartições, de serviços, de secções, de gabinetes. De pedidos, de despachos, de requerimentos, de «cunhas», de papéis, de cartas, de processos, fotocópias e estudos. De honestos e corruptos. De cumpridores e parasitas. De oportunistas." (*Apud* Sousa, 2013: 386)

Porém, a sua nomeação não terá sido do agrado de parte das hostes comunistas, especificamente de Ângelo Veloso[21], considerado o líder do PCP no Norte. Tudo indica que existiam outros nomes para esta comissão administrativa, no seio daqueles que lideravam o processo de contestação a Artur Andrade e que tinham ligações ao Movimento Democrático Português/ Círculo Eleitoral Democrático (MDP/CDE).

A sua administração ficou marcada pela tentativa de dar continuidade a políticas encetadas anteriormente e pela inoperância causada pelas condições políticas e sociais. Contudo, as massas populares sentiram o apoio desta Comissão e, na sua vigência, segundo Maria Rodrigues, "as organizações de moradores puderam experienciar, a nível local, uma situação de real partilha do poder" (1999: 78). Estes cidadãos, habitualmente afastados dos centros de decisão política, viram na presidência de Boaventura Ferreira a oportunidade de participar e colaborar diretamente com o poder autárquico. Foram novos grupos e classes sociais que reivindicaram novos espaços de intervenção política (Guerra, 1986: 58). Esta também foi uma marca da sua passagem pela vereação portuense. A 15 de setembro de 1975, o brigadeiro Pires Veloso, que

---

[21] Ângelo Veloso, natural do Porto, foi um combatente antifascista, comunista, preso em diversas ocasiões da década de 1950 e 1960, que viveu na clandestinidade e em 1974, depois de libertado, envolveu-se no processo revolucionário. (Madeira, 2018; Ruivo, 2021).

assumiu a Região Militar do Norte, em substituição do gonçalvista Eurico Corvacho[22], pôs termo à Comissão Militar na Câmara.

2.5. Rogério Manuel de Castro Tavares (1975–1977)

Um quadro técnico da Câmara Municipal do Porto, com uma passagem pela presidência do município de pouco mais de um ano. No seu mandato procurou a gestão corrente dos assuntos autárquicos, dado que era provisória e com uma fraca legitimidade política. Chegou à Câmara num período de efervescência política ao rubro (Cordeiro, 2010: 25–37): na sequência do "Verão Quente" de 1975, seguiu-se um outono escaldante[23].

Nasceu em Cedofeita, na cidade do Porto, a 3 de dezembro de 1912 e faleceu a 17 de setembro de 2007, filho de Raul da Silva Tavares e de Armanda de Castro. Foi casado com Maria Adelaide de Mendonça Monteiro. Participou nos Jogos Olímpicos de Helsínquia (1952) e de Roma (1960) como atleta na modalidade de tiro com Pistola de Velocidade Olímpica a 25 metros.

Licenciou-se em Ciências Económicas e Financeiras, em Lisboa, mas frequentou primeiramente o curso de Engenharia Civil na Universidade do Porto nos anos de 1932 a 1935. Na Câmara do Porto assumiu as funções de chefe de Repartição de Contabilidade e diretor dos Serviços de Finanças. A sua experiência técnica e o seu conhecimento sobre os serviços camarários foram úteis na transição administrativa de regimes na Câmara do Porto, pelo menos até Aureliano Veloso tomar posse.

Pese embora a sua nomeação procurasse arrefecer o clima de contestação das ruas, até ao 25 de Novembro de 1975 as "grandiosas manifestações" mantiveram-se. Após aquela data o movimento dos moradores parecia condenado à extinção perante o reforço do poder do Estado, mesmo que no Porto não

---

[22] A substituição de Eurico Corvacho esteve relacionada com a sua proximidade a Vasco Gonçalves, o que levou uma parte do oficialato da Região Militar do Norte a pugnar pelo seu afastamento. A vitória dos militares defensores do *Documento dos Nove* sobre os gonçalvistas, na Assembleia do MFA naquele mês de setembro, acantonou o comandante da Região Militar e desencadeou a sua exoneração.

[23] Na interpretação de Rezola (2006: 409) a vitória *Nove* em Tancos foi "relativa", pois progressivamente tornou-se óbvio que mesmo dominando o Conselho da Revolução, na prática, não controlava o aparelho militar ou a mobilização "popular". Os meses de setembro a novembro seriam de crescente agitação, com atentados e altercações sucessivas da ordem pública.

tenha desmobilizado logo (Rodrigues, 1999: 80). Aliás, a ilegalização do Conselho Municipal de Habitação contribuiu, de imediato, para o incremento da contestação popular, e que conduziu à ocupação das instalações do Município portuense, nos idos de setembro desse ano.

A exoneração de Boaventura Ferreira, pela pena do governador civil Mário Cal Brandão, abriu-lhe as portas da presidência da Comissão Administrativa, a 15 de setembro de 1975, fruto da sua reputação no seio das lideranças administrativas da autarquia portuense. Ao seu lado teve diversos chefes de divisão, dos pelouros mais sensíveis da época, como a habitação, a higiene e os transportes. Os quase 16 meses de exercício desta Comissão Administrativa prosseguiu com a construção de habitação social e de obras em escolas primárias e em arruamentos.

No balanço da gestão de 1975, Rogério Tavares deixou claro que, ainda que imbuído no espírito de resolução dos "problemas de fundo" da cidade, reconhecia que lhe faltava, dada a sua condição temporária e administrativa, "legitimidade para uma ampla apreciação e decisão" da gestão da edilidade (*Apud* Sousa, 2013: 390). No mesmo discurso nomeou a habitação como o desafio mor, quer a nível local, quer nacional. Para esse e outros desideratos, reiterava a ideia da insuficiência dos recursos para prosseguir os planos de ação programados com o desenvolvimento necessário.

O seu mandato findaria com a tomada de posse de Aureliano Veloso, a 3 de janeiro de 1977.

2.6. Aureliano Capelo Veloso (1977–1980)

O primeiro presidente da Câmara Municipal do Porto eleito após a queda do Estado Novo. A sua administração municipal ficou marcada por ter conseguido manter-se afastado das "querelas partidárias e obter consensos, o que foi decisivo para a concretização de alguns projetos de que a cidade carecia" (Sousa, 2013: 394).

Nasceu a 25 de fevereiro de 1924, em Folgosinho (concelho de Gouveia), na encosta noroeste da Serra da Estrela. Filho de professores de instrução primária formados pela Escola Normal da Guarda, Manuel Pires Veloso e Piedade Capelo Cardoso.

Licenciou-se em Engenharia Químico-Industrial pela Faculdade de Engenharia do Porto, em 1949. O seu percurso escolar iniciou-se na sala de aula do pai, até à 3.ª classe, tendo feito a 4.ª classe na Guarda, enquanto esteve na casa de uma tia-avó, porque o pai fora colocado em Matosinhos. Depois, acompanhou a família para Valadares (concelho de Vila Nova de Gaia), em 1935, o que o levou ao Liceu Alexandre Herculano, onde conclui o 7.º ano (1942). De seguida, entrou na Universidade, integrando o Orfeão Universitário desde o primeiro ano, onde chegou à direção do mesmo, e também se envolveu no grupo de fados e na Orquestra de Tangos, mantendo-se nesses grupos para lá do final do curso. Este espírito conservou-se no decurso da sua vida, envolvendo-se em diversos organismos culturais e numa forte atividade artística.

Terminado o curso não conseguiu logo trabalho certo. Em finais de 1950 concorreu à vaga de chefe do Laboratório da Direção Geral das Alfândegas, em Lisboa. Aí ficou até 1957, quando regressou ao Porto, face à insistência de um amigo, que era diretor técnico na empresa de tintas e vernizes CIN (Corporação Industrial do Norte). Em 1968, assumiu uma pequena quota nessa empresa, passando para a administração.

A sua vida cívica e política foi contruída paulatinamente. Em 1958, no rescaldo das eleições presidenciais, passou a militar no movimento cooperativo, chegando a presidente da Assembleia Geral da Cooperativa de Lordelo do Ouro[24] e também da UNICOOPE — União Cooperativa Abastecedora S.C.R.L., quer na região Norte, quer a nível nacional. Entre 1960 e 1976 assumiu diversas funções na Secção Regional do Norte da Ordem dos Engenheiros. Em 1969, foi convidado por António Macedo[25] para incorporar as listas da Comissão Eleitoral de Unidade Democrática (CEUD), mas não aceitou, apesar de o considerar uma "figura política ilustre" (Veloso, 2008: 35). Após o 25 de Abril de 1974, colaborou na instalação do Partido Socialista em Lordelo do Ouro, sem nunca se inscrever como militante (Veloso, 2008: 36).

Ao longo da sua vida pertenceu a várias instituições culturais da cidade. Frequentava, nas tardes de sábado, a Livraria Divulgação, espaço icónico da

---

[24] Sociedade Cooperativa Humanitária de Todas as Classes de Consumo, Produção e Construção em Lordelo do Ouro, fundada em 1897, conhecida primeiramente como a "Cooperativa da Mazorra", por ser o local da sede, emergiu no contexto de criação de cooperativas da segunda metade do século XIX (Nogueira, 1950; Taveira, 1954).

[25] António Cândido Miranda Macedo foi um advogado e candidato pela Oposição ao Estado Novo em diversos atos eleitorais, pelo círculo do Porto. Membro fundador do Partido Socialista, do qual foi presidente. Ligado ao Círculo de Cultura Teatral/Teatro Experimental do Porto (Lemos, 2009: 195–196).

literatura e do livro, desde em 1958, mais tarde rebatizada de Leitura. Na Associação dos Jornalistas e Homens de Letras do Porto assistiu a conferências de escritores, filósofos e historiadores, como Jaime Cortesão, David Mourão-Ferreira ou Urbano Tavares Rodrigues. Em 1959, tornou-se associado do Círculo de Cultura Teatral/Teatro Experimental do Porto, tendo ocupado o cargo de presidente do Conselho Fiscal (1991–2009) e agraciado com o título de sócio honorário. Mais tarde fez-se sócio do Seiva Trupe.

A sua aproximação ao Partido Socialista deu-se pelos laços que foi tecendo com algumas personalidades políticas do Porto, nomeadamente com o já referido António Macedo, sendo convidado para encabeçar a lista deste partido, nas primeiras eleições autárquicas do novo regime. Eleito a 12 de dezembro de 1976, tomou posse a 3 de janeiro de 1977 e presidiu a um executivo com doze vereadores, dos quais cinco eram do partido vencedor.

As prioridades estabelecidas desde início foram a habitação, os resíduos urbanos, o abastecimento de água e a rede de saneamento. A subida dos preços da eletricidade obrigou a difíceis negociações que não ficaram concluídas no seu mandato.

A habitação manteve-se como grande desafio político, agravado com o despejo dos repatriados das colónias dos hotéis[26]. Ao nível dos bairros sociais, construíram-se infraestruturas de apoio à população, como creches, jardins-de-infância, balneários e parques de jogos. A Câmara presidida por Aureliano Veloso manifestou interesse em construir mais fogos na cidade, porém as parcas capacidades financeiras[27] e o emaranhado burocrático que constituía a legislação de aquisição de solos estorvaram esse desiderato. Ainda assim, conseguiram-se alguns avanços importantes, nomeadamente com a

---

[26] Em 1975, uma parte dos designados "retornados" chegou à região do Porto através da ponte aérea que ligou Luanda e Pedras Rubras. Muitos foram alojados temporariamente, perante a carência de habitação, em hotéis e pensões, a expensas do Instituto de Apoio ao Retorno de Nacionais. Todavia, os custos elevados levaram o Estado a terminar com este financiamento (Delaunay, 2022).

[27] Estas dificuldades eram limitadas pela ausência de um normativo que enquadrasse as finanças locais. O mesmo seria aprovado no último ano de mandato, vertido na Lei 1/79, de 2 de janeiro. Até então, vigorou o Código Administrativo de 1940, uma lei centralizadora que limitava os poderes autárquicos, nomeadamente a nível financeiro.

construção de habitação em bairros camarários e apoiando a iniciativa de cooperativas e de associações de moradores.

Ao nível da higiene e tratamento de resíduos sólidos, criou-se um grupo de trabalho para solucionar o problema do tratamento do lixo da cidade, atendendo que a Fertor[28] deixara de ter capacidade para receber mais detritos. No ano de 1979, apresentou-se uma proposta de aquisição e ampliação da estação de tratamento de lixo em Ermesinde, futura Central de Compostagem em 1982.

Os Serviços Municipalizados de Água e Saneamento originaram debates acalorados, perante a necessidade de aumento das tarifas, justificadas pela urgência de equilibrar as finanças da empresa. Na mesma linha se conduziu o debate sobre a empresa municipal de Gás e Eletricidade, dado que as dívidas à Eletricidade de Portugal (EDP) limitavam a autonomia da gestão autárquica e colocavam em discussão a possível transferência do serviço para o domínio da EDP.

Na educação continuaram as obras de reparação e ampliação do parque escolar do ensino básico. No desporto, a vitória do Futebol Clube do Porto no campeonato nacional de 1978, o primeiro título com José Maria Pedroto, serviu de mote para homenagear a instituição com a Medalha de Honra da Cidade, iniciando uma forte ligação da agremiação desportiva com a edilidade, aproveitando a projeção do clube para reafirmar politicamente a cidade.

No final do seu mandato, que ficara previamente combinado que não era para repetir (Veloso, 2008: 36), "deixou na cidade a imagem de um homem simples e afável, que entendeu as suas funções [...] como um serviço cívico a cumprir" (Sousa, 2013: 395).

3. Caracterização Sociopolítica dos Presidentes

O perfil social dos presidentes da Câmara do Porto apresenta um padrão: homem, de meia-idade, da classe média, com ensino superior, natural do Porto. O quadro n.º 1 resume as suas características sociodemográficas e políticas.

---

[28] Empresa privada que produzia adubo orgânico e que foi adquirida, nos anos de 1990, pela LIPOR — Associação de Municípios para a Gestão Sustentável de Resíduos do Grande Porto, fundada em 1982.

Quadro 1: Presidentes da Câmara Municipal do Porto (1962–1980)

Nome e mandato	Naturalidade	Profissão	Idade à posse	Tempo de exercício	Outros cargos
Nuno Pinheiro Torres 25.05.1962-06.03.1969	Porto	Alto funcionário público Magistrado	47	91 meses e 9 dias	Vogal da Comissão Distrital da União Nacional do Porto Deputado da VIII Legislatura (1961–1965) Procurador da Câmara Corporativa (1963–1969) Deputado da IX Legislatura (1965–1969) Presidente do Conselho de Administração do STCP (1965) Presidente da Assembleia Geral da Hidroelétrica do Cávado (1965)
Nuno de Vasconcelos Porto 21.05.1969-25.05.1974	Lisboa	Engenheiro civil	50	60 meses e 4 dias	Vogal da Direção da Secção Regional do Porto da Ordem dos Engenheiros Procurador à Câmara Corporativa (1969–1974) Membro do Conselho Geral dos CTT (1969–1974) Presidente do Conselho de Administração do STCP (1969–1974) Membro do Conselho Geral do Fundo de Fomento de Habitação (1969–1974)

(Continuação)

Quadro 1: (Continuação)

Nome e mandato	Naturalidade	Profissão	Idade à posse	Tempo de exercício	Outros cargos
Artur Vieira de Andrade 03.10.1974-28.05.1975	Porto	Arquiteto	61	7 meses e 22 dias	Vereador do Urbanismo na Câmara Municipal do Porto (1975–1976) Presidente do Conselho de Administração dos SMAS do Porto (1975–1981) Vereador da Câmara Municipal do Porto (1979–1981) Membro dos órgãos de direção do PPD/PSD no Porto e a nível nacional (1974–1981)
Boaventura Martins Ferreira 28.05.1975-15.09.1975	Ponte de Lima	Oficial do Exército	37	3 meses e 18 dias	Chefe do Serviço de Reconhecimento de Transmissões, no Quartel-General da Região Militar do Norte (1972–1975) Comandante do Centro de Recrutamento do Exército em Vila Real (1987)
Rogério Manuel de Castro Tavares 15.09.1975-03.01.1977	Porto	Economista	62	15 meses e 19 dias	Chefe de Repartição de Contabilidade da Câmara Municipal do Porto Diretor dos Serviços de Finanças da Câmara Municipal do Porto

Nome e mandato	Naturalidade	Profissão	Idade à posse	Tempo de exercício	Outros cargos
Aureliano Capelo Veloso	Seia	Engenheiro químico	54	24 meses e 363 dias	Membro dos órgãos sociais da Ordem dos Engenheiros, a nível regional e nacional Presidente da Assembleia -Geral da Cooperativa de Lordelo do Ouro e da Unicoop (antes e depois do 25 de abril de 1974) Presidente do Conselho Fiscal do CCT/TEP (1991–2009) Diretor-Geral da ADITEC -Associação para o desenvolvimento e Inovação Tecnológica (anos 1990) Membro dos órgãos sociais do Clube Fluvial Portuense

3.1. Naturalidade

Metade dos presidentes neste período nasceu na cidade do Porto, especificamente na freguesia de Cedofeita, que corresponde historicamente a um ponto central da cidade e densamente povoado. Os restantes presidentes nasceram fora da cidade, mas cedo estabeleceram ligações com ela no âmbito dos seus estudos, fossem liceais ou universitários. A única exceção foi Boaventura Ferreira, que aportou à cidade nas vésperas do 25 de Abril de 1974, ainda que seja um homem do Norte e tenha estado em quartéis militares a norte do Douro, além de ter assumido o cargo num contexto muito peculiar de alvoroço político-militar.

A principal conclusão é que estas elites governativas eram selecionadas no seio dos locais, ora naturais, ora vivendo no Porto. A ligação à cidade é um elemento fulcral para os edis, seja no caso do Porto, seja noutras localidades. Outros estudos têm salientado a prevalência das pessoas nascidas no concelho a que presidem ou no distrito, sendo menos de um quarto os que são de fora (Almeida, 2013: 59). Uma afinidade forte e bairrista legitima o líder da câmara municipal. A ausência de qualquer relação de naturalidade ou vicinal entre o presidente da câmara e os habitantes pode dificultar-lhe a tarefa, até num regime autoritário como o Estado Novo[29].

Por outro lado, a chegada a estes lugares de governação autárquica são um dos objetivos das elites locais, assumindo a responsabilidade de manter no seu seio esse poder político, evitando que elementos externos, social ou geograficamente, se intrometam. Antes da Revolução, a gestão destes lugares passava pela UN, sendo as comissões locais consultadas quanto aos nomes para presidentes de câmara ou governadores civis. Pelo menos com grande fulgor até à década de 1960, gravitavam em torno destas comissões as elites que poderiam almejar às lideranças políticas da cidade. No regime democrático, em contrapartida, os partidos acolheram ou convidaram as elites para se submeterem ao sufrágio popular ou as próprias elites formaram movimentos para serem sufragadas. Na realidade, parece-nos que essa ligação afetiva dos edis ao Porto terá sido mais reclamada na democracia, instaurada em 1974, assumindo mesmo uma forma de afirmação da cidade e de resgate face ao esquecimento a que fora votada na ditadura.

3.2. Formação e profissão

Os presidentes da Câmara portuense estudados eram todos detentores de formação superior. Ao longo do Estado Novo, a grande maioria dos presidentes de câmara (92,9%), a nível nacional, realizaram estudos superiores, enquanto no regime democrático 27% dos edis não frequentaram o ensino superior, indiciando uma maior heterogeneidade no recrutamento (Almeida, 2013: 57). As elites políticas portuenses, entre 1926 e 1945, estudadas por Eliana

[29] A escolha de Fernando Pais de Almeida e Silva, por exemplo, para presidente da Câmara das Caldas da Rainha, em 1952, mereceu a oposição da Comissão Concelhia da União Nacional, desde o início, por não ser conhecido dos caldenses. Ao longo do seu mandato, o jornal *Gazeta das Caldas* foi um meio para, continuamente, tecerem-se considerações sobre a sua governação, que mostravam o desconforto quanto à sua falta de ligação à localidade (Barata, 2022).

Brites Rosa (2009), eram compostas por engenheiros, homens de negócios, industriais e proprietários rurais, magistrados, oficiais do exército, professores, médicos e advogados. No nosso estudo, as elites portuenses apresentam duas ocorrências em Engenharia e uma ocorrência em Direito, Arquitetura, Economia e Exército, seguindo o caminho iniciado com a Ditadura Militar de renovação das elites, em relação à I República. Deste modo, as elites letradas dominaram sempre a Câmara do Porto.

A elite administrativa do Estado Novo formou-se maioritariamente em Direito. Em seguida, surgiam os engenheiros e, na parte final do regime, os economistas ganham projeção (Nunes, 2013). José Manuel Tavares Castilho (2009) também concluiu, no seu estudo sobre os deputados da Assembleia Nacional (1935–1974), que o Direito era a área de formação académica predominante, seguida pela Medicina, depois o grupo dos militares, em quarto a Engenharia e as Humanidades no quinto posto. Pedro Tavares de Almeida e António Costa Pinto (2006: 39), no seu estudo sobre os ministros desde o golpe de Saldanha até ao fim do século XX, referem que os licenciados em Direito apresentam as maiores taxas de recrutamento. O mesmo estudo confirma que os engenheiros se afirmam no regime autoritário, ocupando a segunda posição a nível ministerial e, depois de 1976, ameaçam a "tradicional hegemonia da formação jurídica", em linha com a evolução do número de efetivos das atividades profissionais, entre 1970 e 1990, de mais engenheiros e economistas (Almeida e Pinto, 2006: 39).

O reforço da preponderância dos engenheiros deve ser entendido no âmbito da mudança de modelo e de ciclo económico do pós-Segunda Guerra Mundial, marcado pelo desenvolvimento, "incorporando mudanças estruturais" (Rollo, 2002: 43). Os engenheiros podem ser compreendidos como "uma elite técnica especializada e bastante internacionalizada que, integrada em organismos-chave, promoveria ou contribuiria para o desenvolvimento industrial" (Azevedo, 2020: 194). Foi a "hora dos engenheiros", na afirmação de Maria de Lurdes Rodrigues (2002: 88). No campo político, os engenheiros contribuíram para a gestão tecnocrática do Estado (Rodrigues, 2002) e envolviam-se nas empresas com interesse económico e estratégico para o regime e para o desenvolvimento do país, como era o caso da Hidroelétrica do Cávado na cidade do Porto, personificando a luta contra o atavismo, a resignação e decadentismo de uma parte da sociedade nacional (Brito, 2002).

Nuno Porto e Aureliano Veloso integravam esta elite técnica exigida no segundo pós-guerra. Porém, aos engenheiros coube um novo estatuto, mais do que técnico, uma função social, "uma nova função, mais ampla, com novas responsabilidades que projetam os engenheiros para o espaço das elites dirigentes" (Rodrigues, 2002: 85). Ambos estiveram em organismos que marcaram a preponderância da engenharia portuguesa e contribuíram para a consolidação do paradigma técnico e científico nas lideranças. Nuno Porto foi professor, durante quatro anos, na Faculdade de Engenharia do Porto e depois engenheiro-chefe na Divisão de Barragens da Hidroelétrica do Cávado. Aureliano Veloso foi chefe do laboratório da Direção Geral das Alfândegas, que estava sob a tutela do Ministério das Finanças, e mais tarde numa empresa de tintas privada do Norte, com importância no tecido industrial português. Estes dois presidentes estiveram, igualmente, nos órgãos da Ordem dos Engenheiros, ambos na secção regional, e Aureliano Veloso também a nível nacional. A pertença a este tipo de organismo era um claro sinal de protagonismo social.

Na década de 1960, o desenvolvimento de melhores práticas na administração pública era encarado, internacionalmente, como uma prioridade, "independentemente da natureza dos regimes políticos e das diferenças económicas e sociais entre países" (Azevedo, 2021: 76). A formação de uma elite técnica devia ser reforçada, perante a exigência de uma gestão apoiada no conhecimento técnico. A formação em Direito poderia contribuir para o reforço desses quadros, assim como os engenheiros e, cada vez mais, os economistas, em virtude da crescente financeirização das economias ocidentais. Para José Reis (2020: 80), as mudanças económicas e na tecnoestrutura da política económica, levaram "os economistas a tomarem um lugar que antes só quase cabia aos engenheiros".

A criação da Faculdade de Economia da Universidade do Porto, em 1953, antecipava esse desiderato. Por um lado, reforçar o desígnio histórico do Porto como cidade industrial e comercial. Por outro lado, para aproveitar as perspetivas vindouras, "não só técnicos competentes, como também uma *elite* de economistas aptos a ocupar, pela sua preparação científica, as situações de mais alta responsabilidade em organizações vastas e complexas" (Decreto-Lei n.º 39 226, sublinhado no original).

Na transição democrática, espoletado pelo 25 de Abril, os militares ganharam uma nova dinâmica no campo político e social. Na verdade, o processo político pós-1974 revelou uma elite política com capacidade para se envolver na resolução dos problemas nacionais e pouco reconhecida no seio das outras elites, universitária, empresarial e dos quadros tecnocráticos do Estado

(Ferreira, 2001: 18). No quadro revolucionário, o MFA adquiriu relevância político-militar, imiscuindo-se na criação de comissões administrativas nos municípios e liderando o trânsito da ditadura para a democracia (Ferreira, 1992: 303–325). Posteriormente, com a revisão constitucional de 1982, os militares mantiveram-se quase exclusivamente adstritos às suas funções de defesa e segurança.

No Porto, além de Boaventura Ferreira, na liderança da edilidade, demonstram alguma preponderância na tessitura política da cidade o capitão Eurico Corvacho e o brigadeiro António Pires Veloso. Ambos ocuparam o lugar de comandante da Região Militar do Norte, no período politicamente complexo de 1975 a 1977, sucedendo-se no cargo, mas mantendo a veia polémica.

Corvacho esteve na preparação do derrube do Estado Novo na cidade, na sequência do 25 de Abril seria nomeado pelo MFA chefe do Estado-Maior da Região Militar do Norte, assumindo o seu comando entre março e setembro de 1975. A vigência do seu comando, próxima da esquerda militar, tornou-o o alvo principal dos movimentos contrarrevolucionários, que se propunham derrubar o que apelidavam de ditadura comunista. Em março de 1975 denunciou a existência do Exército de Libertação Português (EPL), organização de extrema-direita, afeta aos setores conservadores do velho regime deposto. A queda de Vasco Gonçalves desembocou na sua substituição. Depois do 25 de Novembro foi detido (Ruivo, 2016).

Pires Veloso assumiu um posicionamento contrário, desenvolvendo uma ação contra as forças da esquerda radical e da extrema-esquerda, bem com de limitar a sua ingerência na região militar nortenha. Ao chegar preocupou-se com a reorganização militar da região, de expurgá-la da sua dimensão política e, especialmente, das forças comunistas (Veloso, 2008). Acabou a protagonizar um reforço dos movimentos políticos e partidários ditos moderados. Foi chamado de "vice-rei do Norte" pelo seu importante desempenho militar no 25 de Novembro de 1975, acabando conotado como reacionário nas hostes mais à esquerda (Ruivo, 2018), colocou o Porto como local possível para acolher o Governo Provisório[30]. O mês de outubro de 1975, com a crise no Centro de Instrução e Condução Auto do Porto e no Regimento de Artilharia da Serra

[30] O cônsul dos Estados Unidos da América no Porto, entre 1975–1978, trouxe à memória esse momento, em que o Governo "parecia paralisado, incapaz de desempenhar a sua função" e "que o Palácio da Bolsa do Porto estava a ser preparado para funcionar como local possível" de sede do Governo (*Apud* Carvalho, 2017: 111).

do Pilar (CICAP/RASP), com manifestações de vários quadrantes políticos e partidários, num ambiente de crispação que colocou o país à beira de uma guerra civil, exigiu de Pires Veloso uma posição de manutenção da ordem pública e da segurança (Cordeiro, 2010).

3.3. Percurso político e cívico

No percurso político e cívico das elites políticas portuenses, no período cronológico em estudo, torna-se evidente a ligação ao Estado Novo, seja no apoio ou na oposição ao regime. A luta política passou, assim, pela manutenção ou pela rutura com o salazarismo. Embora o envolvimento dos diferentes presidentes estudados não tenha sido igual.

De um lado, havia uma elite estabelecida, sustentada nos alicerces do regime ditatorial e que contribuía para a sua continuidade, aqui ou ali com vozes reformadoras. Neste campo, encontramos os presidentes Nuno Pinheiro Torres, com um forte percurso social e cívico, logo mais político, e Nuno Vasconcelos Porto, mais próximo da linha "reformadora" de Marcelo Caetano, menos envolvido socialmente e mais técnico.

No caso de Nuno Pinheiro Torres, as suas ligações à direita conservadora eram familiares, o seu pai era um monárquico e católico ultramontano, que pugnou por soluções políticas autoritárias e defensoras da Igreja, para quem a máxima salazarista "Deus, Pátria e Família" fazia todo o sentido. Nuno Pinheiro Torres sempre esteve ligado à Igreja Católica, pertencendo à Ação Católica Portuguesa, à Sociedade de S. Vicente de Paulo, à Santa Casa da Misericórdia do Porto e à Venerável Ordem Terceira da Santíssima Trindade. Em todas elas subjaz uma forte componente social, além da religiosa. Em simultâneo, há uma carreira ligada ao setor corporativista do Estado Novo, no Instituto Nacional do Trabalho e Previdência (INTP), como subdelegado e como delegado. A entrada de católicos nos organismos corporativos era encarada como uma via para a cristianização do corporativismo português (Rezola, 2008). Muitas vezes os líderes da Liga Operária Católica, movimento integrado na Ação Católica, intermediavam as relações entre operários e delegados do INTP. Por conseguinte, o percurso de Nuno Torres evidenciava uma estreita ligação à ideologia dominante e às elites políticas do Estado Novo. Sobretudo nos organismos corporativos e nos movimentos católicos estabeleceram redes formais e informais que lhe granjearam um progressivo protagonismo, que terá contribuído para chegar ao cargo e exercício de edil principal do Porto.

Do outro lado, uma elite sem palco político, mas ativa na mudança política. Aqui, os protagonistas foram, sobretudo, Artur Andrade e Aureliano Veloso. Este, mais na penumbra, mostrando-se adverso ao regime e sendo convidado para concorrer nas listas da oposição, mas preferindo manter-se nas suas atividades culturais e cívicas, sem envolvimento político público e direto. Enquanto aquele, com uma vida de resistência que se iniciou na juventude.

O percurso político e cívico de Artur Andrade é rico e marcado pela luta contra o regime salazarista, defendendo a democracia e a liberdade, o que lhe deu um cunho de combatente. Aos 23 anos já conhecia os calabouços da PIDE no Porto. Mas tudo se iniciou nas mesas dos cafés da cidade, escutando algumas das personalidades da 1.ª República, que, curiosamente, farão a passagem de testemunho à geração de Artur Andrade, trazendo para a transição democrática de 1974–1976 muitos dos valores republicanos. Nessa fase inicial militou nos ideais comunistas, mas em 1957 já concorria nas listas da oposição, sob o signo do pensamento liberal. Até ao 25 de Abril de 1974, mesmo preso diversas vezes por razões políticas, nada o dissuadiu de fazer política e de continuar a sua atividade profissional, como arquiteto, ainda que em algumas ocasiões cerceado. Ao seu lado, teve sempre outros homens e mulheres que lutaram pela democratização do país, como Artur Santos Silva (pai), advogado, de uma família ligada à ética republicana e Olívio França, igualmente advogado e por diversas vezes candidato nas listas da oposição. Envolveu-se afincadamente na campanha de Humberto Delgado, estabelecendo contactos em vários pontos do Norte e construindo laços com as elites oposicionistas. A sua carreira de opositor político levá-lo-ia à fundação do Partido Social-Democrata, que liderou no Porto. Chegou a candidatar-se à Presidência da Câmara portuense pelo Partido Renovador Democrático, em 1989, no canto do cisne dessa organização partidária. Em 2005, já com 92 anos, deixava uma afirmação, em entrevista ao *Jornal de Notícias*, que resumia o seu percurso político e cívico: "a pior herança do fascismo é a ignorância. E o medo. Fascismo e obscurantismo são sinónimos" (Reis, 2005).

A vida pública de Aureliano Veloso foi menos atribulada politicamente. Envolveu-se em diversas instituições culturais da cidade, que se transformaram no lar onde despontou a sua vida cívica. Nos tempos de faculdade, iniciou uma ligação ao Orfeão Universitário, que perdurou ao longo dos anos. Esteve envolvido no Teatro Experimental do Porto (TEP), que mais do que arte cénica era um espaço de agitação cultural da cidade[31]. Para além disso, aí conheceu pessoas da oposição ao regime, como o advogado António Macedo, candidato em numerosas ocasiões, que depois da Revolução dos Cravos estará na fundação do Partido Socialista. Na primeira década dos anos 2000, Aureliano Veloso recordava as idas à Livraria Divulgação[32] (Veloso, 2008: 34), porventura a mais destacada das livrarias da oposição ao regime, e que, na opinião do escritor Mário Cláudio, "foi particularmente importante numa altura, o tempo da censura salazarista, em que a leitura e o convívio com os livros não era nada fácil" (Andrade, 2018). Era mais um espaço que acolhia gente da cultura desavinda com o regime. Um dos seus fundadores, Fernando Fernandes, esteve ligado ao MUD Juvenil e chegou a estar preso na sede da PIDE no Porto, por distribuir folhetos (Queirós, 1998). A assistência a conferências organizadas pela Associação dos Jornalistas e Homens de Letras do Porto, com diversas personalidades da vida cultural, conotadas com os círculos da oposição, também contribuíram para o seu olhar plurifacetado do fenómeno político. No período subsequente ao golpe militar de Abril de 1974, acompanhou a instalação do Partido Socialista na cidade, acabando por se candidatar em 1976 nas listas desse partido como independente. Mesmo deixando a vida política, em 1979, nunca deixou de intervir na sociedade, em consonância com as suas funções profissionais e empresariais e a ligação a instituições culturais da cidade.

---

31 Após a Segunda Guerra Mundial, a cidade viu nascer algumas instituições culturais que se constituíram em focos de resistência e oposição ao regime estado-novista, como a Sociedade Editora Norte, o Cineclube, o TEP, a Cooperativa A Árvore, a Editorial Afrontamento, a Editorial Inova, entre outras, que se juntaram à oitocentista Associação de Jornalistas e Homens de Letras do Porto, numa "grande renovação cultural da cidade do Porto" (Loff e Ferreira, 2010: 79).

32 No Porto, além de um grupo interessante de editoras políticas, que publicavam obras incómodas para o regime salazarista, havia algumas livrarias de oposição: era o caso da Divulgação, mas igualmente da Unicepe (Cooperativa Livreira de Estudantes do Porto), da Paisagem, da Latitude, entre outras. Eram locais muito vigiados pela polícia política, que vendiam livros proibidos em condições especiais, a clientes conhecidos e em espaços dissimulados ou escondidos (Maués, 2014)

4. Conclusão

No final deste estudo, sobressai uma primeira conclusão que se relaciona com a luta e manutenção do poder. As elites, e neste caso as elites portuenses, não fugiram à regra, têm tendências autoprotetoras, procurando perdurar no topo, sendo forças de continuidade e conservação do poder. Doutro modo, as elites não governantes, nomeadamente no decurso do Estado Novo, procuravam conquistar o poder, sendo forças que se insurgiam e advogavam a mudança. Nem sempre estas entidades eram da oposição, de modo absoluto, por vezes estavam no regime e eram divergentes, recordemos o caso do bispo do Porto, D. António Ferreira Gomes ou o general Humberto Delgado. Por vezes, mesmo os elementos com menor notoriedade pública, insurgiam-se igualmente, como no caso do médico chefe da Câmara Municipal do Porto, Arnaldo Cândido Veiga Pires, apoiante da candidatura do general Norton de Matos (1949), que acabou demitido pelo Governo (Comissão do Livro Negro sobre o Fascismo, 1979). Por sinal, algumas das elites não governantes da cidade, e implicadas na resistência antifascista, acabaram por desempenhar um papel central na transição para o novo regime.

Efetivamente, na cidade, nos anos 1960–1970, coexistiram duas elites políticas, uma que herdara o poder desde a ditadura de 28 de Maio de 1926 e procurava sustentá-lo, outra que se considerava herdeira da ética republicana, pugnando pelo derrube do regime autoritário. O Porto assistiu a uma passagem de testemunho político entre os interlocutores da I República, como Jaime Cortesão ou Eduardo Santos Silva, para uma geração de resistentes antifascistas, como Artur Andrade, Olívio França, Artur Santos Silva pai, António Macedo ou Alberto Martins Andrade. Claramente depois do furação delgadista a oposição incrementou a sua teia conspiradora em reuniões, momentos eleitorais ou noutras iniciativas. Ao invés, a elite política do Estado Novo, colocada nos lugares de preponderância política, social e económica da cidade e da região, continuou a sua ação administrativa. Os presidentes da Câmara estado-novistas preocuparam-se em resolver o grave problema da habitação, que vinha desde o crescimento industrial do Porto na segunda metade do século XIX, alojando as populações das ilhas em bairros camarários, numa lógica sociocaritativa, desenraizando-as e afastando-as do centro da cidade.

Mas os edis portuenses, no salazarismo e marcelismo, não exerceram o seu poder político apenas na governação da autarquia. De modo subliminar, nas diversas organizações económicas e sociais onde ocupavam uma posição, como na Sociedade de Transportes Coletivos do Porto ou na Companhia Hidroelétrica do Cávado, os autarcas alargavam a sua esfera política. Sob o manto das suas competências administrativas, protagonizavam uma magistratura de influência sub-reptícia, quer em prol do Estado, quer em benefício dos interesses privados.

A mudança de regime surgiu num período de transformação económica, os gloriosos anos tinham terminado, a crise petrolífera era o sinal evidente de uma nova era. Do ponto de vista político, chegara o momento de outras elites entrarem em campo, nomeadamente aquelas que durante anos lutaram na clandestinidade ou pagaram com a privação de liberdade. No Porto, as vicissitudes sociopolíticas de 1974 a 1976 foram decisivas na emergência das elites políticas. A escolha de Artur Andrade fazia todo o sentido perante o seu passado de luta e pelo protagonismo político que possuía na urbe. A chegada ao poder de um militar imbuído do espírito do MFA, num 1975 em brasas, era inevitável, correspondendo a um período de fulgor das massas populares na influência sobre a gestão política dos poderes locais. Logo após o "Verão Quente", uma liderança tecnocrática procurou acalmar e recentrar o curso da mudança de regime, para uma democracia liberal, no quadro de uma elite técnica. Por fim, as primeiras eleições autárquicas colocaram na cadeira do poder um engenheiro, fortemente ligado ao mundo empresarial, uma marca distintiva da cidade industrial e comercial e do capitalismo nortenho.

No período da transição democrática, uma parte das elites portuenses opositoras do velho regime ocuparam o espaço político, enquanto a elite anterior saiu de cena, como aconteceu a nível de todo o país. Uma elite que esteve arredada dos centros de decisão política, que na penumbra se preparou e lutou pela democracia. Na fase mais aguda política e socialmente, sobretudo em 1975, na cidade emergiram as massas populares, as não-elites, que procuraram protagonizar projetos políticos alternativos. Esta mobilização foi encarada pelas novas elites como um perigo para a democratização, face às suas reivindicações e às dinâmicas socializantes. Da mesma forma, estas elites mobilizaram as suas bases para conseguirem impor a sua orientação política.

A reação conservadora das velhas elites varreu o Norte do país, assim como o Porto, e acicatou as hostes pró-comunistas e anticapitalistas.

Neste estudo não nos debruçamos sobre estas não-elites, não obstante o seu papel e valor político que, na ditadura, foi, obviamente, menos evidente, atendendo à ação coerciva das autoridades. Restando-lhes, quase sempre, a resistência silenciosa ou, aqui e ali, ruidosa. Pelo contrário, na democracia, estas não-elites ganharam outro vigor, se bem que gradualmente controladas em organismos ou movimentos sociais e cívicos, tiveram relevância no processo de transição. Além disso, as elites do novo regime passaram a ter de se sujeitar à escolha por parte dos cidadãos e a garantir que os eleitos os representavam nas suas funções públicas, o que as coloca sob um forte escrutínio público, especialmente com o auxílio dos meios de comunicação. Por fim, o multipartidarismo foi uma variável do novo regime, que alterou definitivamente as regras do jogo, alargando e diversificando o campo de recrutamento, bem como provocou uma maior descontinuidade nas elites. A heterogeneidade política marcou a diferença com o regime anterior.

Outra conclusão, deste estudo exploratório, decorre, precisamente, do campo de recrutamento das elites políticas. No Estado Novo ou no início do regime democrático, as elites foram recrutadas nos mesmos campos sociais e económicos, apenas divergindo nas suas ideias políticas. A emergência da democracia originou uma maior diversidade de escolha e a descontinuidade nas elites locais, dado que nenhum dos edis anteriores perdurou na democracia.

A forte centralização administrativa do regime salazarista, o forte peso do aparelho do Estado, a escassa elite social e administrativa letrada, em centros de formação universitários elitistas e de entrada limitada, balizou a um grupo restrito o acesso ao poder, como foi o caso dos presidentes da Câmara do Porto. Com efeito, as elites políticas emergem sempre de outras áreas elitistas, como as universidades, as empresas, o Estado, as Forças Armadas e buscam preservar a sua autoridade através das suas obras. Na Invicta, quer o peso do partido único, do Estado, da Igreja ou de alguns interesses empresariais condicionou a escolha dos edis. A sua formação técnica, académica e profissional, supostamente apolítica, encaixava perfeitamente na narrativa do velho regime, que escolhia entre os melhores para governar a *pólis*, os mais bem preparados.

O peso das elites letradas manteve-se e reforçou-se progressivamente ao longo do século XX, muito particularmente perante os desafios que as mudanças sociais e económicas trouxeram às administrações públicas europeias. A reconstrução da Europa e um ciclo de desenvolvimento económico, bem como um peso progressivo do Estado, desencadeou a necessária reforma da administração pública. Portugal não se manteve alheio a esse novo ímpeto. As exigências do Plano Marshall e os planos de fomento contribuíram para essa mudança. Era fulcral, cada vez mais, controlar as contas públicas e contribuir, concomitantemente, para o progresso económico e social.

Num país sustentado por um novo paradigma económico, os anos finais do Estado Novo reforçaram as elites burocráticas e tecnocráticas. Os edis portuenses enquadravam-se nesta época e tornaram-se paladinos desse modelo. Além de prestarem atenção às questões sociais, como a habitação, experimentaram mudanças nos serviços municipais, modernizando-os para responderem às solicitações da população. O Direito e a Engenharia foram as áreas de forte recrutamento, face ao seu protagonismo social e económico na cidade e no país. No caso da Engenharia, com uma importante história no ensino superior do Porto e um forte reconhecimento, aquém e além-fronteiras, davam-lhe ainda maior destaque.

Após o 25 de Abril de 1974, uma nova elite política opôs-se à elite do poder autoritário, observando os problemas da cidade sob um diferente prisma, mas ainda na senda da gestão tecnocrática, agora com a tez da democracia. Os gestores da *res publica* deviam continuar a ser uma elite técnica, embora com a massificação do acesso à educação na democracia, estes não se reduziram exclusivamente a uma elite social e económica. Mais, o novo regime trouxe uma nova forma de fazer política, pelo menos para uma parte significativa da população, com campanhas eleitorais pluripartidárias, com liberdade de expressão, com liberdade de associação e de manifestação e com debates de ideias. Isso implicou que às elites não bastava serem recrutadas entre os melhores, mas tinham, agora, de sufragar à aprovação da maioria os seus projetos políticos para o Porto.

Por fim, destacar que estas análises são muito preliminares e circunscritas. Não nos podemos esquecer que a cronologia desta investigação é curta e, sobretudo, marcada por uma grande turbulência política. A existência de apenas dois presidentes nos últimos doze anos do Estado Novo, em oposição a quatro edis na transição para a democracia, em cinco anos, torna as conclusões menos assertivas sobre continuidades e ruturas nas lideranças locais e dificulta a compreensão mais abrangentes das elites. Um estudo global, que cobrisse todo o século XX, poderia dar uma imagem mais concreta das elites que governaram a cidade. Por outro lado, cingimo-nos às figuras dos presidentes, não estudando os vereadores e vogais, o que traria leituras, provavelmente, mais ricas das elites locais.

Em conclusão, as elites políticas portuenses na Câmara Municipal enquadram-se nos seus períodos cronológicos e regimes políticos, correspondendo às referências de cada época. Distinguiram-se pelas idiossincrasias da cidade, geográficas e históricas, pelo desejo de maior protagonismo do Porto na região e no país e, em simultâneo, de resolver os problemas urbanos, ou pelo menos de parte.

Fontes

AHMP (Arquivo Histórico Municipal do Porto). (1918). *Actas da Comissão Executiva, Livro 12* (Sessão de 28 de fevereiro de 1918). Câmara Municipal do Porto.

AHMP (Arquivo Histórico Municipal do Porto). (1937). *Livro de Licenças de Obras*. Câmara Municipal do Porto.

Alvará (extrato) n.° 6/2021. (2021, 7 de abril). *Diário da República*, II Série(67), 15.

Andrade, S. C. (2018, 2 de outubro). Morreu o último grande livreiro do Porto. *Público*.

Decreto-Lei n.° 39 226. (1953, 28 de maio). *Diário do Governo*, I Série(112), 791–796.

Diário de Lisboa. (1974–1976). Edições de abril 1974 a abril 1976.

FIMS (Fundação Instituto Arquitecto José Marques da Silva). (n. d.). *PT FIMS MS MS-4-4-2-04-Foto2096*.

INE (Instituto Nacional de Estatística). (1952). *IX Recenseamento Geral da População*. INE.

INE (Instituto Nacional de Estatística). (1964). *X Recenseamento Geral da População*. INE.

INE (Instituto Nacional de Estatística). (1973). *XI Recenseamento Geral da População*. INE.

INE (Instituto Nacional de Estatística). (1984). *XII Recenseamento Geral da População*. INE.

Queirós, L. M. (1998, 19 de setembro). Fernando Fernandes: O homem que cultivou a leitura. *Público*.
Reis, J. (2005, 8 de junho). Salazar ainda semeia a ignorância e o medo. *Jornal de Notícias*, suplemento Sénior.
Silva, H. T. da (2005, 10 de novembro). Artur Andrade, 1913–2005. *Jornal de Notícias*. https://www.jn.pt/arquivo/2005/artur-andrade-1913-2005-521544.html/ (Último acesso: 3 de agosto de 2023)
Vieira, A. B. (2022, 3 de junho). Descobertos os frescos de Júlio Pomar no Batalha que a PIDE mandou tapar. *Público*, Edição Porto.

Bibliografía

Almeida, M. A. P. (2003). As elites municipais e a revolução: Portalegre 1941–1997. En A. C. Pinto & A. Freire (Eds.), *Elites, sociedade e mudança política* (pp. 9–42). Celta Editora.
Almeida, M. A. P. (2013). *O poder local do Estado Novo à democracia: Presidentes de câmara e governadores civis, 1936–2012* [E-book].
Almeida, M. A. P. (2014). *Dicionário biográfico do poder local em Portugal, 1936–2013* [E-book].
Almeida, P. T. de, & Pinto, A. C. (2006). Os ministros portugueses, 1851–1999: Perfil social e carreira política. En P. T. de Almeida, A. C. Pinto & N. Bermeo (Orgs.), *Quem governa a Europa do Sul: O recrutamento ministerial, 1850–2000* (pp. 19–58). Imprensa de Ciências Sociais.
Alves, J. F. (1998). *O furacão "Delgado" e a ressaca eleitoral de 1958 no Porto*. Centro Leonardo de Coimbra — Faculdade de Letras da Universidade do Porto.
Amaro, A. R. (2016). O Estado Novo e a reforma político-administrativa: Corporativismo e representação política das autarquias (1936–1959). En F. M. Ferreira, F. A. Mendes & J. M. Torres (Coords.), *Organizar o país de alto a baixo: Políticas de edificação corporativa no Estado Novo português* (pp. 89–103). Edições Tenacitas.
Azevedo, A. C. (2020). Engenheiros e católicos como arautos do desenvolvimento industrial no Portugal do Estado Novo (1945–1974). En T. Brandão (Org.), *História biográfica e intelectual da ciência e da tecnologia: Atores, ideias e identidades* (pp. 193–213). Instituto de História Contemporânea. https://doi.org/10.34619/hsef-1017
Azevedo, A. C. (2021). Administrar para manter o regime: O Estado Novo e a reforma da administração pública. En J. D. Pereira, A. S. Ferreira & M. Loff (Coords.), *Construção do Estado, movimentos sociais e economia*

política (pp. 74–83). Instituto de História Contemporânea. https://doi.org/10.34619/p1fz-emjf
Baiôa, M. (1997). Elites políticas locais face ao «28 de Maio»: O caso de Portalegre. *IBN MÁRWAM*, 7, 205–217.
Baiôa, M. (2000). *Elites políticas em Évora da I República à Ditadura Militar (1925–1926)*. Edições Cosmos.
Barata, S. N. (2022). *Poder, elites e imprensa locais no Estado Novo: O papel da Gazeta das Caldas no mandato de Fernando Pais de Almeida e Silva (1952–1960)* [Tese de doutoramento]. ISCTE — Instituto Universitário de Lisboa.
Brito, J. M. B. de (2002). Engenharia e desenvolvimento: O pensamento económico dos engenheiros. En J. M. B. de Brito, M. Heitor & M. F. Rollo (Coords.), *Engenho e obra: Uma abordagem à história da engenharia em Portugal no século XX* (pp. 98–103). Instituto Superior Técnico/Publicações Dom Quixote.
Carvalho, M. (2017). *Quando Portugal ardeu*. Oficina do Livro.
Castilho, J. M. T. (2009). *Os deputados da Assembleia Nacional: 1935–1974*. Assembleia da República/Texto Editores.
Comissão do Livro Negro sobre o Fascismo. (1979). *Eleições no regime fascista*. Presidência do Conselho de Ministros.
Cordeiro, J. M. L. (2010). *História do Porto. A grande expansão: Do 25 de Abril à actualidade*. QuidNovi.
Costa, A. (1975). *Os antepassados de alguns cinemas do Porto*. Instituto Português do Cinema — Cinemateca Nacional.
Costa, L. F., & Lains, P. (2011). *História económica de Portugal: 1143–2010*. A Esfera dos Livros.
Costa, N. F. D. da (2011). *O Norte a sós: A Revolução do 25 de Abril de 1974 no Norte de Portugal* [Dissertação de mestrado]. Faculdade de Letras da Universidade do Porto.
Cruz, A., & Guimarães, H. (2017). Elites. *História. Revista da FLUP, IV Série*(7/2), 4–9. https://ojs.letras.up.pt/index.php/historia/article/view/4529/4244
Cruz, M. B. da (1988). *O partido e o Estado no salazarismo*. Editorial Presença.
Cunha, A. P. da (2014). *Humberto Delgado: Nos bastidores de uma campanha*. Edições Afrontamento.
Delaunay, M. (2022). Portugal e o regresso dos colonos de Angola e Moçambique: Resposta governativa e memória. *Cidades, Comunidades e Territórios, 44*. http://journals.openedition.org/cidades/5728

Ferreira, A. M., & Fontes, P. F. de O. (2000). Acção Católica Portuguesa. En C. M. Azevedo (Dir.), *Dicionário de história religiosa de Portugal: Vol. A–C* (pp. 9–19). Círculo de Leitores.
Ferreira, J. M. (1992). *O comportamento político dos militares: Forças armadas e regimes políticos em Portugal no século XX*. Editorial Estampa.
Ferreira, J. M. (2001). Os militares e a evolução política interna e externa (1974–1982). En J. M. B. de Brito (Coord.), *O país em revolução* (pp. 11–61). Editorial Notícias.
Guerra, I. (1986). Poder local: Reprodução ou inovação? *Sociologia, Problemas e Práticas, 1*, 55–65.
Guichard, F. (1994). Século XX. En L. A. de Oliveira Ramos (Dir.), *História do Porto* (pp. 523–637). Porto Editora.
Lemos, M. M. (2009). *Candidatos da oposição à Assembleia Nacional do Estado Novo (1945–1973): Um dicionário*. Assembleia da República/Texto Editores.
Lemos, M. M., & Torgal, L. R. (2019). *Oposição e eleições no Estado Novo*. Assembleia da República.
Madeira, J. (2018). Ângelo de Matos Mendes Veloso. En A. Reis, M. I. Rezola & P. B. Santos (Coords.), *Dicionário de história de Portugal: O 25 de Abril* (Vol. 8, pp. 271–272). Livraria Figueirinhas.
Marques, A. H. de O. (2000). *Parlamentares e ministros da 1.ª República (1910–1926)*. Assembleia da República/Afrontamento.
Martins, F. (1992). Visão sintética sobre as realidades estruturais e a sua evolução. En F. Rosas (Coord.), *Portugal e o Estado Novo (1930–1960)* (pp. 272–305). Editorial Presença.
Martins, H. (1998). *Classe, status e poder*. Imprensa de Ciências Sociais.
Mateus, A. (2001). O 25 de Abril, a transição política e as transformações económicas. En J. M. B. de Brito (Coord.), *O país em revolução* (pp. 253–275). Editorial Notícias.
Matos, L. S. de (1993). A evolução económico-social do 25 de Abril de 1974 à integração na CEE. En J. M. Ferreira (Coord.), *Portugal em transe (1974–1985)* (pp. 140–166). Círculo de Leitores.
Maués, F. (2014). Editoras políticas no Porto, anos 1960–1970: Da oposição à ditadura ao pós-25 de Abril. *História. Revista da FLUP, IV Série*(4), 65–78.
Nogueira, C. (1950). Breves notas sobre cooperativismo. En *Cooperativa do Povo Portuense: Quinquagésimo aniversário* (pp. 1–10). Imprensa Social.
Nunes, F. A. (2013). O recrutamento das elites administrativas no Portugal contemporâneo. *Ler História, 64*. https://doi.org/10.4000/lerhistoria.318

Pinto, A. C. (1999). Saneamentos políticos e movimentos radicais de direita na transição para a democracia (1974–1976). En F. Rosas (Coord.), *Portugal e a transição para a democracia (1974–1976)* (pp. 29–48). Edições Colibri/Fundação Mário Soares/Instituto de História Contemporânea.

Pires, M. C. (2008). David Moreira da Silva e Maria José Marques da Silva Martins: Um primeiro olhar sobre um atelier do Porto do século XX. En N. M. Ferreira-Alves (Coord.), *Artistas e artífices no mundo de expressão portuguesa* (pp. 175–182). CEPESE.

Porto, C. (1994). *Livrarias & livreiros 1945–1994: Histórias portuenses.* Leitura.

Ramos, R. (1986). O Estado Novo perante os poderes periféricos: O governo de Assis Gonçalves em Vila Real (1934–1939). *Análise Social, 22*(90), 109–135.

Reis, J. (2020). A economia portuguesa dos anos sessenta: Uma pesada continuidade. En J. M. B. de Brito & P. B. Santos (Coords.), *Os anos sessenta em Portugal: Duas governações, diferentes políticas públicas?* (pp. 79–98). Edições Afrontamento.

Rezola, M. I. (2006). *Os militares na revolução de Abril: O Conselho da Revolução e a transição para a democracia em Portugal (1974–1976).* Campo da Comunicação.

Rezola, M. I. (2007). *25 de Abril: Mitos de uma revolução.* Esfera dos Livros.

Rezola, M. I. (2008). A Igreja Católica portuguesa e a consolidação do salazarismo. En A. C. Pinto & F. C. P. Martinho (Orgs.), *O corporativismo em português: Estado, política e sociedade no salazarismo e no varguismo* (pp. 245–277). Imprensa de Ciências Sociais.

Rocha, A. da (2012). Integração do Palácio de Exposições e Pavilhão para Desportos nos jardins do Palácio de Cristal. *A Obra Nasce: Revista de Arquitectura da Universidade Fernando Pessoa, 7*, 47–53.

Rodrigues, M. de L. (2002). Engenharia e sociedade: A profissão de engenheiro em Portugal. En J. M. B. de Brito, M. Heitor & M. F. Rollo (Coords.), *Engenho e obra: Uma abordagem à história da engenharia em Portugal no século XX* (pp. 80–97). Instituto Superior Técnico/ Publicações Dom Quixote.

Rodrigues, M. (1999). *Pelo direito à cidade: O movimento de moradores no Porto (1974/76).* Campo das Letras.

Rollo, M. F. (2002). Engenharia e história: Percursos cruzados. En J. M. B. de Brito, M. Heitor & M. F. Rollo (Coords.), *Engenho e obra: Uma abordagem à história da engenharia em Portugal no século XX* (pp. 31–55). Instituto Superior Técnico/Publicações Dom Quixote.

Rosa, E. B. (2009). *A elite política municipal e distrital do Porto (1926–1945)* [Dissertação de mestrado]. Faculdade de Letras da Universidade do Porto.

Ruivo, F. B. (2016). Eurico de Deus Corvacho. En A. Reis, M. I. Rezola & P. B. Santos (Coords.), *Dicionário de história de Portugal: O 25 de Abril* (Vol. 2, pp. 370–371). Livraria Figueirinhas.

Ruivo, F. B. (2018). António Elísio Capelo Pires. En A. Reis, M. I. Rezola & P. B. Santos (Coords.), *Dicionário de história de Portugal: O 25 de Abril* (Vol. 8, pp. 272–273). Livraria Figueirinhas.

Ruivo, F. B. (2021). Ângelo de Matos Mendes Veloso. En I. Veiga, M. F. Rollo & P. B. Santos (Coords.), *Os constituintes: Percursos biográficos e intervenções parlamentares (1975–1976)* (pp. 424–425). Assembleia da República.

Silva, P. S. da (2008). *Obra e vida de Artur Andrade* [Dissertação de mestrado]. Universidade Fernando Pessoa.

Sousa, F. de (Coord.). (2013). *Os presidentes da Câmara Municipal do Porto (1822–2013)*. CEPESE.

Sousa, M. R. de (2000). *A revolução e o nascimento do PPD* (Vol. 1). Bertrand.

Taveira, J. (1954). *O movimento cooperativista português*. Sociedade Cooperativa Humanitária de Todas as Classes de Consumo, Produção e Construção em Lordelo do Ouro.

Veloso, A. P. (2008). *Vice-rei do Norte: Memórias e revelações*. Âncora Editora.

Associação dos Proprietários e Agricultores do Norte de Portugal (1960–1980) ou os intentos de afirmação da elite fundiária urbana

Teresa Nunes[1]

Introdução — contemporaneidade, propriedade e elites

Um dos traços estruturantes da Contemporaneidade política, paulatinamente erigida na Europa ocidental desde finais da década de 70 do séc. XVIII, consistia na consagração constitucional da propriedade, então reconhecida enquanto direito natural e imprescritível do indivíduo, à luz do reconhecimento dos princípios liberais. Tais postulados, traduzidos na faculdade essencial e geral do domínio, incidentes sobre a faculdade de usar e dispor livremente de haveres próprios, hipoteca-los, aliená-los em vida e ou em morte, ainda que 'desse uso ou livre disposição resulte incómodo a outrem' (Hespanha, 2004: 464) consubstanciavam uma afirmação do pendor individualista, amplamente arreigado aos ideários forjados nos contextos anglo-saxónico, francês e espanhol, cuja repercussão era imediatamente aferida na arquitetura e mundividências institucionais do novel estado liberal português (Nunes, 2022). Ora formulado enquanto sagrado e inviolável, na expressão do constitucionalismo vintista, ora exarado como basilar dos direitos civis e políticos dos cidadãos portugueses, elencado enquanto integrante da tríade formada também pela liberdade e pela segurança individual, na dimensão cartista, o direito de propriedade revestia-se de centralidade na edificação de uma esfera cuja índole, eminentemente privada, impunha-se ao Estado, qual garante indelével da respectiva existência e salvaguarda.

Assim, o advento do Estado Liberal apreciava-se num sentido biunívoco, por ocasionar a emergência de uma definição conceptual contemporânea da propriedade, mormente da fundiária, como por avocar-se do dever de preservação dessa realidade a qual se pretendia fundacional na vertente económica. Decerto a natureza correlativa entre os regimes liberais e a propriedade não desatendia a motivações e tendências estribadas nos desideratos de redesenho

[1] Faculdade de Letras da Universidade de Lisboa | CHUL

social, através da promoção de novas elites, tão enquadradas na ordem liberal quanto providas de um conservadorismo capaz de obstar aos excessos revolucionários. Tais os desideratos do modelo constitucional francês, consagrado em 1795, assente na ênfase do proprietário, considerado simultaneamente enquanto cidadão capaz do exercício absoluto do livre arbítrio e como paradigmático do patriotismo subsidiário do princípio da nação em armas. Essa mundividência, igualmente tributária da doutrina fisiocrática francesa, nomeadamente das asserções expandidas por Quesnay e Turgot (Nunes, 2018), prevalecia no discurso como na praxis política franceses, embora sujeita a metamorfoses sucessivas, e revelava-se fundadora da denominada civilização da propriedade, indelevelmente conotada com a prosperidade (Houte, 2021: 27–40). Tais premissas consubstanciavam-se na formação de um novo imaginário subjacente às características de materialidade e tangibilidade da propriedade como ainda à emergência de uma moral, observável no ensino pelo respeito intrínseco à mesma em prol da necessidade da defesa respetiva (Houte, 2021: 60–93).

Nesse articulado teórico, como jurídico e fiscal, a figura do proprietário avultava como agente de centralidade, a qual se refletia na emergência de um estatuto de natureza compósita, atendendo às valências imediatas, de pendor económico, e subsequentes, de índole social, subsidiárias da projeção respetiva no universo político, estruturado em torno do voto censitário (Houte, 2021: 29). Segundo a perspetiva esgrimida por Spring, no contexto espanhol oitocentista, a classe proprietária cresceu, consolidou-se e assumiu um cunho de heterogeneidade, resultante da incorporação de novos membros através da desamortização (2019: 121). No mesmo passo, contribuía amplamente para corporizar o espectro da novel notabilidade política, cuja influência local, transmutava em interlocutor privilegiado entre o poder central e as estruturas regionais (Veiga, 2016: 73–74). Como ainda, conferir substância e ou diversidade ao escopo vasto das sensibilidades políticas precursoras do progresso e da modernização (Calatayud, Millán, Romeo, 2003: 231–254).

Premissas idênticas observavam-se na realidade portuguesa de Oitocentos, observáveis na correlação estreita entre a afirmação do Estado Liberal e o fortalecimento das elites, mormente as proprietárias (Conti, Cotta, Almeida, 2012). Essas, tributárias da asserção liberal de propriedade e do processo de Desamortização (Silva, 1997), avultavam entre os segmentos constitutivos das estruturas partidárias basilares do Constitucionalismo Monárquico, na segunda metade do séc. XIX, e corporizavam os desideratos desenvolvimentistas intrínsecos ao Fontismo. Sublinhe-se, porém, estas elites evidenciavam-se especialmente enquanto paradigmáticas da expansão, das mudanças (Pinheiro, Vaz, 2009: 83–106) e ou refluxos do tecido económico e financeiro nacionais (Mata, 2002: 33–56). Para o referido fenómeno, concorria a permeabilidade de um universo social estruturalmente heterogéneo, porém, definido, a montante, pela capacidade aquisitiva de bens fundiários e agremiados, a jusante, perante os custos onerosos inerentes à fiscalidade incidente sobre a propriedade.

Decerto, tais características e condicionalismos concitavam a procura de fórmulas de representatividade alternativas com o propósito de reforçar a projeção pública da causa dos proprietários e bem assim consolidar a presença institucional desse grupo nas estruturas e centros de poder, central e ou periféricos. A demanda pela réplica às reivindicações comuns compelia os proprietários ao associativismo através do qual se pretendia, em Oitocentos, a afirmação de um grupo reconhecido como classe, indissociável dos postulados liberais; na centúria subsequente, ainda a mesma lógica associativa acalentava os anseios de quantos, na condição de proprietários, assim intentavam afirmar-se num enquadramento institucional e político autoritário, estribado nos valores do corporativismo.

1. Da Associação dos Proprietários do Porto à Associação dos Proprietários e Agricultores do Norte: contexto fundacional, propósitos e estrutura orgânica

Segundo Maria Antonieta Cruz, uma das consequências da crise financeira de 1876 apreciou-se na revitalização do investimento no edificado urbano na cidade do Porto. O 'fraco desenvolvimento industrial' como o 'diminuto incentivo que os Portuenses tinham para dirigir as suas aplicações de capital' (Cruz, 1999: 314) para a referida atividade determinavam a procura de fórmulas alternativas, rentáveis e, simultaneamente, seguros para a canalização dos recursos disponíveis. Decerto, o desenvolvimento do urbanismo, a par da complexificação das exigências citadinas, subsidiárias da capacidade de atração demográfica renovada e do consequente aumento da densidade nos agregados populacionais de grandes dimensões (Maia, 1994), configuravam motivações adicionais de relevo para a consolidação do interesse pelos bens imobiliários urbanos.

O fenómeno supramencionado traduziu-se na multiplicação dos pedidos de licenciamento destinados à edificação de imóveis novos, acompanhados de outros, subordinados ao acréscimo e ou transformação de estruturas pré-existentes (Cruz, 1999: 312, 319–320). Certamente, essa tendência espelhava uma diversificação no perfil económico e sociológico dos detentores da propriedade urbana, através da incorporação de quantos a entendiam enquanto salvaguarda patrimonial e mecanismo de reprodução respetivo (Cruz, 1999: 323).

As análises historiográficas desenvolvidas por Hélène Michel, subordinadas ao desempenho dos proprietários urbanos franceses no âmbito cronológico compreendido entre 1880 e o advento da Grande Guerra, permitem-nos uma compreensão holística sobre o fenómeno o qual se caracteriza pela transversalidade no contexto da Europa ocidental. Desta feita, conforme as apreciações explanadas pela Autora, a Belle Époque afigurava-se como a idade de ouro dos proprietários urbanos, um protagonismo ocorrido no contexto da afirmação social do grupo, o qual, no mesmo passo, se debatia com as repercussões da progressiva especialização da propriedade, em termos jurídicos como fiscais, e a tendencial depreciação em face de outros segmentos, agrícola e ou industrial, conotados com áreas de interesse económico estratégico na mesma época (Michel, 2006: 21). Numa fase primordial, essa fragilidade materializava-se nas dificuldades encontradas no reconhecimento do grupo enquanto classe e, posteriormente, em aceder a uma fórmula associativa capaz de representar o articulado reivindicativo extenso, intrínseco à propriedade urbana (Michel, 2006: 30–48).

A análise circunstanciada do processo constitutivo da Associação dos Proprietários do Porto, ocorrido em 19 de novembro de 1888, e da respetiva transformação em Real Associação dos Proprietários e Agricultores do Norte de Portugal, só então considerada como associação de classe, por despacho de 15 de fevereiro de 1907, permite ilustrar a realidade portuguesa nortenha como contribuir para a identificação de paralelismos com outras realidades europeias coevas. Desta feita, o núcleo fundador da agremiação emergia de um movimento contestatário aos termos contratuais celebrados entre a Câmara Municipal do Porto e a Compagnie Générale des Eaux por l'Étranger, em 1881. Os fundamentos do grupo, sedeados na defesa dos direitos de propriedade e nas especificidades da realidade imobiliária urbana, concitavam à criação de uma estrutura permanente vocacionada para a cooperação entre os membros, a valorização do património e a representação dos interesses dos proprietários. Conforme o convite endereçado aos interessados, divulgado em O Jornal do Porto, a novel instituição proponha-se

Estabelecer uma secção de socorros pela forma indicada no Regulamento Interno para proteger os sócios em caso de adversidade e honesta perda de fortuna; proteger e defender os seus consórcios em todas as ramificações em que qualquer se veja prejudicado, concorrendo para a justa defesa dos interesses da classe, em geral, e de cada associado em particular, devendo ser um por todos e todos por um; discutir os assuntos que mais diretamente possam interessar à classe e representar contra todas as medidas que possam afetar o interesse predial, podendo indicar a forma de os remedir; criar museus de arquitetura e de todos os produtos necessários à construção de casas, que sirva de escola básica para auxiliar os proprietários construtores; harmonizar quanto possível os interesses dos proprietários com os dos caseiros, estabelecendo garantias mútuas entre uns e outros e criando mesmo recompensas para que os inquilinos que permaneçam por mais de cinco anos nas casas de qualquer associado e estejam quites para com este. Publicar um periódico que se designará Gazeta dos Proprietários em que se mencionem os principais factos concernentes à classe (O Jornal do Porto, 8 de novembro de 1888: 1).

Em finais de novembro de 1888, esses desideratos animavam 19 membros fundadores[2] os quais procuraram obter o reconhecimento legal da entidade e a aprovação dos respetivos estatutos. Em 1893, os propósitos eram alcançados parcialmente e a entidade não lograva inscrever-se na tipologia de associação de classe. Nos anos subsequentes — até 1907 —, esse intento revestia-se de

2 Membros fundadores da Associação dos Proprietários do Porto: António Ferreira da Costa Guimarães, Vasques de Mesquita, Amaro Alfredo de Azevedo Araújo Gama, Comendador Joaquim Baptista da Silva Guerra, João Manuel Gonçalves Guimarães, Conde de Ariz, António Pereira da Sousa Silva, José das Neves Martins, D. Emília de Jesus da Silva e Sousa Torres, Augusto Cardoso Cáceres, Visconde da Fragozela, José António de Azevedo, António Francisco de Castro, Januário José Rodrigues Basto, Rodrigo António Ferreira Dias, José Maria Alves Guimarães, António Joaquim de Sousa Ramos, Dr. Leonardo Torres e Miguel Pereira Soares (Breve História, 1965: 7)

uma centralidade estruturante, observável no Regulamento Interno aprovado em reunião de Assembleia Geral, em 17 de janeiro de 1894 (Regulamento Interno 1894). Acrescia, por seu turno, a atenção concedida às tarefas rotineiras, de índole burocrática, às responsabilidades fiscais incidentes sobre os proprietários, como à prestação de aconselhamento jurídico especializado.

Segundo o documento, à Associação incumbia a publicitação das casas para venda e ou arrendamento dos membros respetivos; mais, não desatendia à intermediação entre senhorios e 'caseiros', um eixo fulcral das preocupações da Associação, a qual pugnava pela harmonia entre as partes para salvaguarda dos interesses de ambas e, não menos relevante, a preservação dos imóveis. De resto, a defesa da propriedade urbana ficava inscrita nos termos estatutários, documento demonstrativo das reivindicações da Associação em prol da completa remissão dos foros como da liquidação dos laudémios apenas nos terrenos. Concomitantemente, empenhava-se na solicitação do registo dos encargos das entidades e corporações de mão morta (curarias, cabido e Santa Casa da Misericórdia) sobre propriedades alheias.

Uma das características estruturantes da agremiação consistia na valência agregadora, também de feição mutualista, observável nas aspirações tendentes à criação de seguros contra incêndios, à disponibilidade em assumir a administração da propriedade pertencentes a sócios incapacitados ou à formação de um fundo especialmente vocacionado para assegurar as despesas de residência de viúvas de associados falecidos. Tal vertente aferia-se ainda nas disposições subordinadas ao funcionamento da Assembleia Geral, conforme o artigo 35°, a saber 'todos os sócios, incluindo as senhoras, podem votar e tomar parte e discutir nas assembleias gerais os interesses comuns considerados para a classe' (Regulamento Interno, 1894: 13).

As alterações legislativas sobre o enquadramento jurídico das associações, decretadas em maio de 1891, motivavam uma representação da entidade. Nesse documento expunha o desconforto suscitado pela circunstância de os proprietários urbanos não serem abrangidos no elenco constituído pelas atividades agrícolas, industriais e comerciais, às quais acresciam coletividades formadas por empregados e operários. Nessa petição, enjeitava-se a destrinça entre a propriedade rústica e urbana, fundamento para a exclusão da segunda. Mais, enfatizava-se a pertinência do detentor de edificado citadino, o qual era caracterizado como impulsionador da expansão urbanística então em curso. À vertente económica, associada à relevância dos investimentos, à valorização patrimonial e ao estímulo industrial associado ao crescimento da propriedade urbana, acrescia a função social de quantos proporcionavam habitação no contexto urbano e, dessa forma, contribuíam para a melhoria generalizada das condições de vida da população.

Nesse sentido, não só a 'ideia fértil da associação' seria desejável aos proprietários urbanos como tal possibilidade configurava a prossecução plena dos 'princípios liberais' (Diário do Governo, 1896: 372). De resto, a inserção dos proprietários urbanos entre os sectores contemplados no perímetro associativo correspondia ainda à inclusão plena do sector nas estruturas institucionais do liberalismo português, tão devido quanto correspondente ao contributo da propriedade urbana e, por extensão, dos seus detentores, nos mecanismos eleitorais basilares no regime monárquico constitucional (Diário do Governo, 1896: 372). Por último, evocava-se o grupo, enquanto depositário do 'amor extremoso da Pátria, enraizado no próprio solo do país, esse penhor seguro da ordem, da disciplina e do espírito conservador, tão necessário nos tempos que vão correndo de exageros revolucionários'; porém, também como garante do progresso (Diário do Governo, 1896: 372).

Os desideratos e o documento peticionário da Associação dos Proprietários do Porto eram submetidos à atenção da Câmara dos Pares e dos Deputados por Manuel de Sousa Avides, parlamentar do Partido Regenerador eleito pela cidade portuense e, simultaneamente, presidente da direção da entidade peticionária. Com ampla experiência no desempenho de cargos municipais, um espectro compartilhado por outros associados como António Ribeiro da Costa e Almeida, Ezequiel Augusto Ribeiro Vieira de Castro ou José Novais da Cunha (Presidentes, 2009), Manuel de Sousa Avides personificava a causa dos proprietários em contextos institucionais diferenciados (Moreira, 2004: 234–236). Não obstante os esforços reiterados, lograva apenas a anuência régia da presidência honorária da instituição, assim reconfigurada em Real Associação dos Proprietários do Porto, em 14 de julho de 1898 (Breve História, 1965: 10).

A distinção não iludia os propósitos primaciais da agremiação em torno dos quais se mobilizou através da alteração estatutária, nos primórdios do séc. XX, como do reforço das iniciativas parlamentares protagonizadas por Manuel de Sousa Avides. A estratégia de prover visibilidade no espaço público à entidade assim como a articulação com a congénere surgida em Lisboa, no ano de 1888, cumpriam a finalidade de evidenciar a pertinência da instituição a qual procurava angariar um número crescente de sócios. Por outro lado, observavam o intento de demonstrar a pertinência das solicitações respeitantes à tipologia da associação.

No entanto, a transformação solicitada implicou uma mutação substantiva quer no perfil como no perímetro geográfico inerente à entidade, conforme se apreciava na novel designação Real Associação dos Proprietários e Agricultores do Norte de Portugal. Com alvará aprovado a 11 de março de 1907, a estrutura definia-se como 'defensora dos interesses da propriedade rural e urbana' (Estatutos, 1907: 3346) e apresentava-se disponível para acolher 'todos os indivíduos de maior idade ou emancipados, portugueses ou estrangeiros, que gozem de boa reputação e sejam proprietários urbanos e possuidores ou rendeiros de propriedade rural' (Estatutos, 1907: 3346). Essas alterações motivavam a redefinição parcial dos objetivos genéricos da entidade, a partir de então, vocacionada para o 'estudo e defesa dos interesses económicos, comerciais ou agrícolas comuns aos associados' (Estatutos, 1907: 3346), a concretizar através da organização de museus e exposições permanente de produtos; da promoção de conferências subordinadas a temáticas sobre construção civil, instalações agrícolas e processos culturais; da criação de cursos de desenho, arquitetura e economia rural; da conceção de sociedades cooperativas para seguros para incêndios, de gados, aquisição adubos e alfaias agrícolas (Estatutos, 1907: 3346).

2. A Associação dos Proprietários e Agricultores do Norte de Portugal: da lógica corporativa aos desafios da democracia (1960–1980)

Em novembro de 1965, a direção da entidade mobilizava-se na celebração do 77° aniversário da Associação. Fá-lo-ia através da publicação de um opúsculo, da lavra de Serafim Lino Marques de Almeida, associado com anteriores responsabilidades nos destinos da agremiação. Esta iniciativa editorial estribava-se no propósito de demonstrar os fundamentos existenciais da associação a qual, fundada em finais de Oitocentos, conhecera e adaptara-se a contextos institucionais assaz diferenciados como revelara capacidade de superação em conjunturas económicas de crise acentuada. Para tais resultados haviam contribuído decisivamente duas condições estruturantes do órgão, a saber, os contornos apolíticos e apartidários intrínsecos como o perímetro inequívoco dos objetivos estabelecidos bem como a respetiva perenidade em face da evolução e transformações políticas ocorridas desde 1888. Nesse cômputo sumário, enfatizavam-se as adversidades sentidas no decurso da Primeira República, mormente as resultantes da legislação incidente sobre o inquilinato e o consequente congelamento dos valores afetos às rendas das casas. Observavam-se igualmente as transformações endógenas suscitadas pela Grande Guerra no mercado de arrendamento português, as quais haviam prevalecido, sem alteração de vulto, durante a década de 20. Somava-se ainda a instabilidade social e a fragilidade das instituições judiciais, duas dinâmicas responsáveis pela precaridade subjacente aos proprietários urbanos portuenses.

Esse período, caracterizado por uma diminuição acentuada do número de associados (no rescaldo da Grande Guerra, a entidade contabilizava 613 sócios) e, por extensão da capacidade financeira e operativa, era superado pela intervenção de Vitorino de Sousa Magalhães, médico militar a quem incumbia a direção da entidade em 1920, coadjuvado por Armindo Augusto Vieira de Castro e por José Soares da Costa, ligado à construção civil e fundador da empresa com igual designação, em 1918. Vigente até 1945, esta liderança confrontou-se com as consequências propiciadas pelo advento do Estado Novo e, por extensão, pelo surgimento da organização corporativa.

Encetava-se então um novo ciclo para a atividade da Associação a qual se mobilizou em torno da inserção plena na novel ordem político-económica. Tais esforços, invariavelmente baldados, remetiam a entidade, e respetivos corpos dirigentes, uma realidade congénere à adversidade originalmente sentida, aquando das dificuldades no reconhecimento da estrutura enquanto Associação de Classe. Consequentemente, reemergia uma proximidade entre os órgãos representativos da propriedade urbana portuense e lisboeta, observável no reforço de interações estabelecidas entre as duas agremiações, durante as décadas de 60 e 70 do séc. XX, como na proposição reivindicativa conjunta, justificada pela realidade e enquadramento jurídico aplicável aos imóveis nas cidades do Porto e de Lisboa. Ou, conforme o articulado expresso pelo órgão da Associação Lisbonense dos Proprietários, em março de 1961, acerca da Associação dos Proprietários e Agricultores do Norte de Portugal,

Reatando uma velha tradição, queremos destacar a prestante coletividade do Norte a qual, como nós, se debate pelos legítimos direitos. Vem de longe o entendimento mantido entre as mais antigas coletividades do género no País e de tal circunstância só têm resultado vantagens. Mantemos o desejo firme de prosseguir e, se for possível, alargar os esforços na defesa dos nossos direitos, dentro duma inteira colaboração (Propriedade Urbana, março de 1961: 5)

Nas décadas de 60 e 70 do séc. XX, a elite associada à propriedade urbana portuense, à semelhança da lisboeta, caracterizou-se pela constância de um conjunto reivindicativo incidente na excecionalidade aplicada às duas maiores cidades do país, no âmbito dos arrendamentos, um regime amiúde caracterizado de desfavor em face dos demais proprietários do país. Em termos genéricos, ressentia-se da impossibilidade em proceder à atualização do valor das rendas das casas em contratos anteriores a 1943. Acresciam, por seu turno, os termos do decreto n.° 38 382, de 7 de agosto de 1951, segundo os quais, o edificado existente deveria ser objeto de reparação a cada oito anos, passível de antecipação em caso de necessidade atestada pelas instâncias camarárias, por ausência de salubridade, solidez ou segurança. Tais premissas representavam um alargamento das despesas associadas à mão de obra, materiais de construção civil e licenciamento de intervenção, não compensadas pela revalorização do retorno com as rendas auferidas, aspeto não contemplado pela mesma legislação. Por último, salientava-se o perfil prevalecente do proprietário urbano, caracterizado pela faixa etária avançada e de capacidade de investimento escassa, fruto da condição de aposentado.

Essas circunstâncias inspiravam um pedido de intervenção dos poderes públicos, sob a forma de exposição submetida à Assembleia Nacional, em dezembro de 1959. A iniciativa da Associação Lisbonense de Proprietários era secundada pela congénere portuense, em prol da alteração do enquadramento da propriedade urbana das duas maiores cidades e da equiparação dessa aos demais contextos citadinos nacionais (Diário das Sessões. Assembleia Nacional, 1959: 104). A iniciativa não mereceu anuência e a situação dos proprietários urbanos observava um novo revés, fruto do decreto n.° 44 083, de 12 de dezembro de 1961. Segundo a disposição, incumbia aos proprietários de Lisboa e Porto o ónus da aposição dos selos nos recibos respeitantes a rendas entre os 200$00 e 2.000$00, os quais eram igualmente responsáveis pela fiscalidade inerente ao saneamento e esgotos (Propriedade Urbana, n.° 133, março de 1962: 1). As reações não tardavam: nas páginas da Propriedade Urbana, Mário de Noronha expunha as debilidades crescentes dos senhorios sujeitos a tratamento discriminatório face aos demais (Noronha, 1962: 1).

Todavia, a situação portuense produzia relatos pungentes da lavra de José Joaquim Ferreira, com ecos no Jornal de Notícias e na Propriedade Urbana.

Em artigo intitulado 'Rendas Antigas', o autor trazia a lume a vivência aflitiva de milhares de proprietários das duas grandes cidades, a passarem toda a espécie de privações, porquanto as rendas que recebem de 100$00, 200$00, 300$00 e 500$00 de prédios bem localizados e de boa construção, dos quais têm que retirar para todas as despesas, tais como alimentação, vestuário, medicamentos, médicos, contribuições, obras, esgotos, incêndios, etc. Muitos há, velhos e doentes, que são forçados a vender ou a hipotecar, enquanto os inquilinos veem os seus ordenados aumentados em cerca de 600%.

Haverá alguém por muito cruel que seja que conteste esta verdade?

Vão decorridos dezenas de anos que o Estado não permite o aumento de rendas, martirizando uns a favor dos outros. Tenho lido e ouvido pessoas responsáveis afirmarem que o governo se interessa pelo bem-estar da família portuguesa. Pois da família fazem também parte os senhorios. Os inquilinos não vão contra um aumento justo, estabelecido por lei e não por avaliações. Justiça para todos, sejam inquilinos ou senhorios. Os governantes nem sempre estão ao corrente do que se passa; oxalá que aqueles a quem cumpre a obrigação de os informar, se não esqueçam da situação angustiante em que vivem os proprietários dos prédios de rendas antigas (Propriedade Urbana Janeiro-Fevereiro de 1973: 44).

Os apelos instantes motivavam a iniciativa parlamentar subscrita por Alberto Maria Ribeiro de Meireles[3] e Delfim Linhares de Andrade[4], eleitos pelos círculos do Porto e da Horta, respetivamente. Apresentada em abril de 1972, a proposta previa a aplicação de um modelo faseado com o propósito de promover a atualização gradual das rendas, sem desatender ao impacto dos efeitos inerentes à especulação imobiliária. Para esse efeito contribuía amplamente o parecer emitido pela Câmara Corporativa. Conforme esse, 'dura há quase vinte e cinco anos o regime de exceção criado para Lisboa e Porto e, talvez por via dele, é hoje mais grave e complexa a situação dos arrendamentos para habitação nestas cidades' (Actas da Câmara Corporativa, 1972: 1477). Escalpelizava as repercussões da estagnação do valor das rendas mormente na ausência de estímulo ao investimento no edificado urbano nas cidades mencionadas e evidenciava a

---

[3] https://app.parlamento.pt/PublicacoesOnLine/DeputadosAN_1935-1974/html/pdf/m/meireles_alberto_maria_ribeiro_de.pdf

[4] https://app.parlamento.pt/PublicacoesOnLine/DeputadosAN_1935-1974/html/pdf/a/andrade_delfim_linhares_de.pdf

condição 'angustiante' de inúmeros senhorios em face da 'satisfação inadiável dos encargos fiscais e da conservação dos prédios e até de necessidades da própria subsistência' (Actas da Câmara Corporativa, 1972: 1477). Em suma, 'a situação atual é profundamente injusta' (Actas da Câmara Corporativa, 1972: 1477) para congratulação expressa da Associação dos Proprietários e Agricultores do Norte de Portugal, expressa nos Relatórios, Balanços e Contas da Direção, para o ano de 1973. Todavia, as soluções tardavam e entidade ressentia-se com a realidade 'dolorosa e injusta em que se encontram milhares de proprietários, vítimas das rendas congeladas' (Relatórios, 1973: 3).

A Revolução de 25 de Abril de 1974 constituía um novo desafio à Associação dos Proprietários e Agricultores do Norte de Portugal. Os esforços continuamente desenvolvidos em prol da salvaguarda e valorização da propriedade urbana na década de 60 e primórdios dos anos 70 e subsumiam-se num ambiente arreigado aos ímpetos de mudança. Não menos relevante, a habitação assumia um protagonismo inequívoco, motivado pela escassez do parque habitacional nos perímetros urbanos de grandes dimensões, pelas transformações demográficas e aumento populacional observado nas cidades de Lisboa e Porto, na segunda metade dos anos 70, ou ainda pelos ímpetos de reestruturação inerentes ao advento de uma estrutura partidária diversificada na qual pontificavam igualmente os defensores da coletivização da propriedade privada. No espectro citadino, emergia uma pressão considerada sobre as casas consideradas devolutas as quais, tendencialmente, deveria reverter em prol de quantos se encontravam desprovidos de habitação. Tais os postulados do decreto n.º 445/74, sujeitos a crítica acérrima dos inquilinos pois

Quando seria de esperar que a ordem democrática abrisse caminho a soluções sociais que o país carece, esgotado por quase meio século do domínio dos interesses privilegiados, assistimos a uma legislação que continua a acautelar sobretudo os mesmos privilégios. O registo dos fogos devolutos não só redundou numa farsa, como na flagrante ofensiva dos senhorios, ludibriando a lei com o favor e o consentimento da mesma. Os fogos registam-se, mas já estão alugados a escolhidos ou hipotéticos inquilinos, tendo-se aberto ainda um mercado negro de trespasses avultadíssimo e também inflacionário (Casas Devolutas, Diário de Lisboa, 1974: 8).

Em finais de 1974, a questão habitacional incendiava os ânimos em sessão da Câmara Municipal do Porto e provocava a demissão de vogais da Comissão Administrativa, justificada pela ausência de condições para o desempenho do cargo ('Populares' Diário de Lisboa, 1974: 22). A efervescência revolucionária e a necessidade inspiravam o investimento público na construção de novos fogos, como na ampliação dos bairros existentes. No entanto, a urgência da temática suscitava o ímpeto participativo de novos protagonistas, conforme se apreciava nas aspirações expressas pelas comissões das Juntas de Freguesias no início de 1975; no mesmo passo, surgiam comissões de moradores afetas a estruturas partidárias, como o MDP/CDE, apoiantes fervorosas do cancelamento total de todas as ações de despejos. Em maio seguinte, a sobreocupação dos imóveis de habitação no Porto suscitava um conjunto de normas e respetivas sanções a saber, consideravam-se sobreocupados todos os prédios arrendados cujo índice de ocupação excedesse as duas pessoas por divisão habitável, com exclusão de cozinhas, instalações sanitárias ou arrumos. Incumbia à Câmara Municipal a realização de vistorias, efetuadas a pedido dos moradores, a declaração do estado de sobreocupação e as diligências necessárias para superar a situação, as quais poderiam reverter em alterações nos valores das rendas das casas ('Previstas Punições', Diário de Lisboa, 1975: 11). A situação alcançava o paroxismo em agosto de 1975 e o COPCON instituía a interdição das ocupações selvagens. Tal decisão resultava do desrespeito por habitações 'cujos proprietários se encontravam temporariamente ausentes' e obedecia à tentativa de atenuar a desconfiança como a intranquilidade generalizada na sociedade portuguesa.

3. Associação dos Proprietários e Agricultores do Norte do País: corpos gerentes e evolução do número de sócios (1960–1980)

A publicação sistemática de Relatórios, Balanços e Contas da Direção da entidade, entre os anos de 1960 e 1974, permitem a reconstituição parcial dos corpos diretivos da entidade. As mesmas fontes propiciam ainda dados quantitativos sobre o número de agremiados da instituição no mesmo período, assim considerados em face do cumprimento dos deveres instituídos pelos Estatutos e Regulamento Interno. Segundo esses, a Associação procedia à eleição dos órgãos — Assembleia Geral, Direção e Conselho Fiscal — a cada biénio, os quais assumiam funções nos primeiros dias de janeiro. Tal prática não iludia à apresentação de contas, um preceito realizado no final de cada ano civil.

No âmbito temporal em análise, a entidade caracterizou-se pela regularidade na prossecução dos termos estatutários, com exceção do período compreendido entre 1974 e 1980. Por outro lado, verificava-se a prevalência de um núcleo de elevada consistência no desempenho de cargos na Associação, a saber,

Corpos gerentes para o biénio 1960–1961
Assembleia Geral
Presidente Henrique Gomes de Araújo, Alcino de Oliveira Alves Pinto, Júlio Pereira do Amaral Júnior, Inácio dos Santos Viseu Júnior
Direção
Presidente Alberto Sebastião Alves de Freitas, vice-presidente Mário Pereira do Amaral, 1° secretário Francisco França Lírio, 2° secretário Joaquim Guedes Marques, tesoureiro Serafim Inácio Gomes
Vogais efetivos
Dr. Fernão Dantas da Gama, Custódio da Silva Guimarães, Mário Luís Soares Seixas, Maximino Dias da Costa
Substitutos
António Arezes Gonçalves dos Santos, António Bessa Ribas, João António Sá Pinto de Abreu Sottomayor, Ernesto de Pinho Alves Pereira
Conselho Fiscal
José Augusto Lopes de Lemos, Dr. Arlindo José Marques, Augusto Luís Mandim
No biénio 1962/1963, a composição dos órgãos manteve-se inalterada, tendo sido substituída em 1964, conforme o elenco infra:
Assembleia Geral
Presidente António Russel de Sousa, vice-presidente Manuel Alves da Cunha, 1° secretário Adolfo Armando Pinto Vilela, 2° secretário José Fernando de Castro e Solla
Direção
Presidente Artur Ferreira Pinto, vice-presidente Américo de Sousa Castro, Rogério Taveira Magalhães, Romualdo Augusto Cunha, Serafim Inácio Gomes
Vogais efetivos
Francisco Gomes Antunes, Adelino Sousa Peixoto, Manuel dos Santos Moura, Ventura Ferreira Império
Substitutos
António Pinto Moreira, Francisco Russel Vieira, José Martins Barreiro, Francisco José Fernando
Conselho Fiscal
António Arezes Gonçalves dos Santos, Francisco da Silva Duarte, Mário Pinto da Silva

As eleições realizadas para o biénio de 1966/1967 contemplavam algumas modificações:
Assembleia Geral
Presidente António Russel de Sousa, vice-presidente Dr. Alcino de Oliveira Alves Pinto, 1° secretário Joaquim António de Sousa Magalhães, 2° secretário Ernesto de Pinho Alves Pereira
Direção
Presidente Dr. Alberto Sebastião Alves de Freitas, vice-presidente Maximino Dias da Costa, 1° secretário Avelino da Silva Tavares, 2° secretário Ludgero Gonçalves de Castro, tesoureiro Américo de Sousa Costa
Vogais efetivos
Dr. Artur Luís Barbosa Júnior, Dr. Fernão Dantas da Gama, Francisco França Lírio, Raul de Castro Monteiro
Substitutos
António Eugénio de Carvalho e Castro, António Ramos Ferreira, Domingos Ferreira da Costa Santos, Ernesto Augusto Fragateiro
Conselho Fiscal
Dr. Arlindo José Marques, Altamiro Pinto da Costa Pereira, Artur Costa
A partir de 1968, a informação respeitante aos órgãos constitutivos constantes na informação publicada restringia-se ao corpo diretivo da entidade:
Direção
Presidente Dr. Alberto Sebastião Alves de Freitas, vice-presidente Mário Luís Soares Seixas, 1° secretário Avelino da Silva Tavares, 2° secretário Altamiro Pinto Costa Pereira, tesoureiro Américo de Sousa Costa
Vogais efetivos
Dr. Artur Luís Barbosa Júnior, Dr. Fernão Dantas da Gama, Francisco França Lírio, Raul de Castro Monteiro
Em 1970, procedia-se à eleição dos corpos gerentes respeitantes ao biénio seguinte, com a seguinte configuração:
Direção
Presidente Mário Luís Soares Seixas, vice-presidente Fernando Pinto Pereira de Fontes, 1° secretário Avelino da Silva Tavares, 2° secretário Altamiro Pinto Costa Pereira, tesoureiro Domingos Ferreira da Costa Santos
Vogais efetivos
Francisco França Lírio, Sebastião Henriques Barbas de Albuquerque, Manuel Alves de Sousa

> Essa composição perdurava no período subsequente, embora com a incorporação de um novo vogal efetivo, Álvaro Rocha.
> No biénio 1980/1981, os corpos gerentes assumiam a seguinte configuração:
> Assembleia Geral
> Presidente Dr. Alberto Sebastião Alves de Freitas, vice-presidente Dr. Artur Luís Barbosa Júnior; secretários Narciso de Carvalho Paiva e Joaquim de Sousa Magalhães
> Direção
> Presidente Mário Luís Soares Seixas, vice-presidente Emílio Loubet, secretários Avelino da Silva Tavares e Ludgero Gonçalves de Castro; tesoureiro Álvaro da Roca
> Conselho Fiscal
> Fernando Pereira da Ponte, Abílio Ferreira dos Santos ('Associação' Comércio do Porto, 1980: 3).

Numa abordagem preliminar, concebida através do cruzamento com informações constantes nos Anuários subordinados à cidade do Porto e regiões envolventes, pode extrair-se a existência diversidade socioprofissional entre os elementos integrantes da Associação assim como a multiplicidade das formações académicas. Evidenciavam-se os profissionais liberais, mormente os médicos, advogados, professores, como os membros de firmas comerciais portuenses ou indivíduos associados às atividades industriais e ao comércio de retalho da mesma cidade. Outrossim, avultavam quadros dirigentes da Irmandade do Terço e da imprensa económica do Porto, a par de trabalhadores por conta de outrem. No cômputo apurado até ao momento, eram escassos os agremiados cuja caracterização económica resultava da correlação exclusiva com a propriedade, uma asserção demonstrativa da transversalidade intrínseca da Associação cujo número de membros oscilou entre os 1630, em 1960, e os 3102, nas vésperas da Revolução de 25 de Abril de 1974.

4. Considerações Finais

Fundada em 1888 e reconvertida em 1907, a Associação dos Proprietários e Agricultores do Norte de Portugal enfrentou um conjunto apreciável de dificuldades nos decénios de 1960 a 1980. A consumação da ordem corporativa, inerente às orientações políticas e económicas do Estado Novo, não contemplavam a propriedade urbana, a qual ficava privada de comparticipar na arquitetura institucional concebida nos anos 30. Confrontava-se ainda com os efeitos do regime de excecionalidade aplicada nas duas maiores cidades do país, no domínio das rendas das casas. Assim, se compelida a secundar a modernidade no contexto citadino, nas valências de conservação patrimonial e saneamento básico, assim como a assumir o ónus financeiro inerente, encontrava-se numa situação de relativa precaridade suscitada pela desvalorização dos imóveis destinados ao arrendamento, pela perda tendencial de rendimentos e pelo acréscimo das responsabilidades devidas aos senhorios.

Dotada de um número crescente de associados no período em análise, a Associação dos Proprietários e Agricultores do Norte de Portugal caracterizou-se pela capacidade de mobilizar atenções e captar membros no contexto eminentemente citadino. Por extensão, processava-se um reposicionamento das áreas de atuação preferenciais, centradas na salvaguarda do património urbano, em detrimento dos interesses subordinados à propriedade rústica e atividades agrícolas. Nesse sentido, operava-se uma convergência com a índole original da entidade, cuja fundação fora devida à preservação do edificado portuense e defesa dos direitos dos respetivos detentores. Idêntica tendência observava-se na reaproximação estabelecida com a congénere lisboeta, com a qual procurou amiúde, embora sem êxito, obter o reconhecimento das reivindicações expressas pelos senhorios.

No período compreendido entre 1960 e 1974, verificava-se o corolário do fenómeno identificado por Hélène Michel, consistente com a perda de protagonismo económico e de prestígio social dos proprietários urbanos cujos interesses, no caso portuense, eram secundarizados pela necessidade de atenuar as condições de vida dos segmentos médios e baixos das populações residentes nas grandes urbes. Na década de 70, o paroxismo era percecionado na relação entre senhorios e inquilinos, através de uma inversão de posições claramente favorável aos segundos. Fosse o perfil da propriedade, de pequena e média dimensões, ou segmento etário de muitos dos possuidores do parque habitacional, a ascendência social dos proprietários diluía-se e, por extensão, a capacidade de investimento financeiro para gerar retornos acrescidos. A civilização da propriedade, conotada com a prosperidade, cedia perante a fragilidade dos proprietários do Porto, como de Lisboa, tão mais sentida quanto específica às áreas urbanas mencionadas.

Nos últimos seis anos da década, a Associação dos Proprietários e Agricultores do Norte de Portugal obrigava-se a um novo esforço, resultante do impacto da conjuntura revolucionária, persistente nos anos de 1974 a 1976, com particular impacto no perímetro da habitação. De novo, pugnava pela preservação dos direitos de propriedade, qual herança liberal abalada pelo ímpeto reformista de reconstruir um país volvidos 48 anos de autoritarismo, estagnação económica e escassa transversalidade social.

Fontes e Bibliografia

Ano de 1966. (1966). *Indicador comercial e industrial.* Centro Gráfico.

Anuário do Porto. *Comercial, Industrial e Burocrático. Porto e o seu distrito. (1965–1974).*

Associação de Proprietários. (1888, 8 de novembro). *O Jornal do Porto.*

Associação dos Proprietários e Agricultores do Norte de Portugal. (1961, março). *Propriedade Urbana.*

Associação dos Proprietários e Agricultores do Norte de Portugal. (1980, 12 de janeiro). *Comércio do Porto.*

Breve história de 77 anos de actividade da Associação dos Proprietários e Agricultores do Norte de Portugal. (1965). Tip. da Coop. do Povo Portuense.

Calatayud, S., Millán, J., & Romeo, M. C. (2003). Coincidencias y disparidades entre los proprietários: El regadío valenciano del siglo XIX. *Hispania, 213*, 231–254.

Casas devolutas "ocupadas" pelos privilégios de antigamente. (1974, 22 de novembro). *Diário de Lisboa.*

Conti, N., Cotta, M., & Almeida, P. T. de (2012). *Perspectives of national elites on European citizenship: A southern view.* Routledge.

Cruz, M. A. (1999). *Os burgueses do Porto na segunda metade do século XIX.* Fundação Eng. António de Almeida.

Diário das Sessões: Assembleia Nacional. (1959, 9 de dezembro).

Diário do Governo. (1896, 4 de fevereiro).

Estatutos da Associação dos Proprietários e Agricultores do Norte de Portugal. (1907, 24 de outubro). *Diário do Governo*, 3346–3347.

Ferreira, J. J. (1973, janeiro–fevereiro). Rendas urbanas. *Propriedade Urbana.*

Hespanha, A. (2004). *Guiando a mão invisível: Direitos, Estado e leis no liberalismo monárquico português.* Almedina.

Houte, A.-D. (2021). *Propriété défendue : La société française à l'épreuve du vol, XIXe–XXe siècle.* Éditions Gallimard.

Maia, J. J. M. (1994). *Flutuações e declínio da mortalidade na cidade do Porto (1870–1902): Ensaio de demografia histórica*. Lusolivro.

Mata, M. E. (2002). As crises financeiras no Portugal contemporâneo: Uma perspectiva de conjunto. En *Crises em Portugal nos séculos XIX e XX*. Centro de História da Universidade de Lisboa.

Michel, H. (2006). *La cause des propriétaires en France, fin XIXe–XXe siècle*. Belin.

Moreira, F. (2004). Avides, Manuel de Sousa. En M. F. Mónica (Coord.), *Dicionário biográfico parlamentar* (Vol. I, pp. 234–236). Assembleia da República/ICS.

Noronha, M. de (1962, maio). Em Lisboa e no Porto também é Portugal: Algumas considerações sobre a lei 2030 e os senhorios de ocasião. *Propriedade Urbana*.

Nunes, T. (2018). Antifisiocracia. En *Dicionário dos Antis: A cultura portuguesa em negativo* (Vol. II, pp. 2062–2067). Imprensa Nacional.

Nunes, T. (2022). Monarquía e propiedad ibéricas: La influencia de Fermín Caballero en el enquadramento fundiário português (1872–1900). *Anuário Histórico Ibérico, 1*, 61–83.

Populares interromperam a sessão da Câmara do Porto. (1974, 2 de dezembro). *Diário de Lisboa*.

Pinheiro, M., & Vaz, M. J. (2009). Lisboa entre a Regeneração e a República: Saberes, profissões e desafios. *Politeia: História e Sociedade, 9*(1), 83–106.

Previstas punições para alguns casos: Casas sobreocupadas passarão para os sublocatários. (1975, 16 de maio). *Diário de Lisboa*.

Projecto de lei n.º 8/X. Revisão do regime de rendas de prédios destinados a habitação em Lisboa e Porto. (1972, 2 de maio). *Actas da Câmara Corporativa*, 1477–1479.

Regulamento interno da Associação dos Proprietários do Porto. (1894). Imp. Literária e Tipográfica.

Relatórios, balanços e contas da Direcção e parecer do Conselho Fiscal: Associação dos Proprietários e Agricultores do Norte de Portugal. (1960–1973). Associação dos Proprietários e Agricultores do Norte de Portugal.

Sousa, F. de (Coord.). (2009). *Os presidentes da Câmara Municipal do Porto* (Vol. II). Cepese.

Spring, D. (Ed.). (2019). *European landed elites in the nineteenth century*. Johns Hopkins University Press.

Um novo encargo: A estampilhagem dos recibos das rendas das casas. (1962, março). *Propriedade Urbana*, Ano XXXI.
Veiga, X. R. (2016). Estado y caciquismos en la España liberal, 1808–1876. En S. Calatayud, J. Millán & M. C. Romeo (Eds.), *El Estado desde la sociedad: Espacios de poder en la España del siglo XIX* (pp. 41–80). Publicaciones de la Universidad de Alicante.

O Minho rural: consolidação e transformação das elites agrárias no distrito de Braga (1960-1974)

Natália Pereira[1]

Em 1933, a Constituição Portuguesa proclama uma República unitária e corporativa, antiparlamentar e antiliberal, consagrando como único princípio positivo o corporativismo. O corporativismo é instituído para obtenção de "equilíbrio e harmonia social"[2], ambicionados pelos seus mentores, desempenhando o Estado um papel central, assumindo-se como indispensável na sua função de regulação e controlo da vida económica e social, privilegiando-se o interesse geral, através da harmonia entre os diferentes intervenientes do mercado, sob controlo do próprio Estado.

Assim, grémios e corporações desempenhavam importante papel nas decisões económicas nacionais (fixação de preços, entrada de novas empresas no mercado, regulação das condições laborais, entre outros), com "capacidade e garantias de representatividade nacional e sectorial das actividades económicas"[3]. O Estado (através do corporativismo) sobrepunha-se ao individuo, submetido aos desígnios da Nação, não existindo livre concorrência em prol dos ideais de cooperação e solidariedade, e subjugando a luta de classes. O corporativismo português ficou assim marcado pela sua subordinação ao Poder do Estado e por uma forte componente de intervenção económica de orientação estatal, quer na iniciativa de criação dos organismos, quer na sua orientação e articulação[4].

O novo regime instituiu uma organização corporativa nacional, a "pirâmide corporativa", constituída com o propósito da regulação das relações

---

1 Lab2PT-IN2PAST.

2 Santos, Paula Borges. «O modelo político do Estado autoritário Português: A ideia corporativa na constitucionalização do regime (1931–1933)». *Espacio, Tiempo y Forma*. Serie V, Historia Contemporánea, 27 (2015) 73.

3 Cardoso, José Luís. "Corporativismo, Instituições Políticas e Desempenho Económico". Em *Corporativismo, Fascismos, Estado Novo*, Fernando Rosas; Álvaro Garrido (Coord.). Coimbra: Almedina, 2012, 103.

4 Cfr. Rosas, Fernando. *Salazar e Poder a Arte de Saber Durar.* Lisboa: Tinta da China, 2015, 292.

do capital com o trabalho. Na base dessa pirâmide, estavam os organismos primários: os Sindicatos Nacionais como forma de enquadramento de operários industriais e empregados dos serviços privados; os Grémios, patronais, da indústria, do comércio e da lavoura; e as Casas do Povo e as Casas dos Pescadores, abrangendo patrões e trabalhadores do mundo rural e das pescas. Estes eram tutelados, política e ideologicamente, pelo Instituto Nacional do Trabalho e Previdência (INTP), órgão do Estado criado no mesmo ano e funcionando junto do Subsecretariado de Estado das Corporações e Previdência Social e na dependência direta do Presidente do Concelho[5].

A organização corporativa revelava-se um instrumento central da regulação autoritária e totalizante do Estado. Não se tratava apenas de um produto temporário que vinha solucionar e acalmar o eclodir de uma crise, tendo durado para além da estabilidade, apesar das críticas e das crises[6].

O funcionamento de cada um desses organismos dependia da atuação de dirigentes e funcionários, que, poderiam em grande parte, ser recrutados entre as elites locais, assegurando o controle e a influência da ditadura em todo o país. O corporativismo foi, para estas elites, um mecanismo de consolidação do seu poder e influência, usufruindo de oportunidades em carreiras profissionais tanto de âmbito local, quanto regional e nacional[7].

Este estudo parte de uma perspetiva das elites agrárias enquanto grupos sociais que concentram capital económico, político e simbólico, moldando as estruturas locais de poder e a reprodução social, segundo a abordagem clássica de Pierre Bourdieu[8] e as formulações sobre elites locais e regionais propostas por John Higley e Michael Burton[9]. A análise do caso do distrito

---

[5] Cfr. Freire, Dulce; Ferreira, Nuno Estêvão; Rodrigues, Ana Margarida. *Corporativismo e Estado Novo. Contributo para um Roteiro de Arquivos das Instituições Corporativas (1933–1974)*. Lisboa: ICS, 2014, 17.

[6] Cfr. Rosas, Fernando. *Salazar e Poder...*, 313.

[7] Cfr. Freire, Dulce; Ferreira, Nuno Estevão. "Construção do sistema corporativo em Portugal (1933–1974)". Em *Organizar o País de Alto a Baixo. Políticas de Edificação Corporativa no Estado Novo Português*. Fátima Moura Ferreira; Francisco Azevedo Mendes; Jorge Mano Torres (Coord.). Coimbra: Edições Tenácitas, 2016, p. 47.

[8] Pierre Bourdieu. *A Distinção — Uma crítica social da Faculdade do Juízo*. Lisboa: Edições 70, 2010.

[9] John Higley; Michael G. Burton. *Elite foundations of liberal democracy*. Lanham: Rowman & Littlefield, 2006.

de Braga procura assim compreender o modo como o corporativismo português, enquanto forma de regulação autoritária do Estado[10] (Lucena, 1976; Rosas, 2012), funcionou como dispositivo de legitimação e reprodução destas elites, em consonância com dinâmicas observadas noutras experiências corporativas europeias, nomeadamente na Itália fascista[11] ou na Espanha de Franco[12].

Tal como em contextos mediterrânicos semelhantes, o corporativismo em Portugal revelou-se um instrumento de mediação entre o Estado e o mundo rural, mas também de consolidação das hierarquias sociais existentes, reforçando os mecanismos de dependência e patronato que caracterizavam as economias agrárias do Sul da Europa. Neste sentido, o caso minhoto contribui para uma leitura comparada do modo como o Estado Novo reproduziu, através da institucionalização das Casas do Povo e dos Grémios da Lavoura, uma elite local híbrida — simultaneamente política, económica e moral — cuja longevidade e adaptabilidade atravessariam o fim do regime.

Este artigo constitui, uma abordagem inicial, sobre as movimentações das elites agrárias no seio da orgânica corporativa do distrito de Braga, compreendendo o seu papel no desenvolvimento e consolidação deste sistema político e económico, nas décadas de 60 e 70. Num primeiro momento importará caracterizar a organização corporativa rural nacional, e com especial enfoque no distrito de Braga, observando a sua edificação e implementação. Num segundo momento analisa-se a composição social e o grau de rotatividade das elites agrárias, do distrito de Braga, entre 1960 e 1974, observando-se as suas movimentações no seio da orgânica corporativa primária (Grémios da Lavoura e Casas do Povo), tendo como fontes privilegiadas, os relatórios da Inspeção aos Organismos Corporativos; Correspondência; *Relatórios, Balanço e Contas da Gerência*; Relatórios do Delegado do Instituto Nacional do Trabalho e Previdência [INTP] de Braga e o Boletim do Instituto Nacional do Trabalho e Previdência.

---

10 Manuel Lucena. *A Evolução do Sistema Corporativo Português*. 2 vols. Lisboa: Perspectivas & Realidades, 1976. Fernando Rosas: Álvaro Garrido. *Corporativismo, Fascismos, Estado Novo*. Coimbra: Almedina, 2012.

11 Alberto M. Banti. "Due novi studi su élites agrarie e fasciscmo: verso una revisione?", *Quaderni storici* 23, no. 68(2), 1988.

12 Adrian Presas Sobrado; Julio Prada Rodriguez. *Élites y poder local en Galicia. De la crisis de la Restauración a la consolidación del régimen franquista*. Madrid: Los Libros de la Catarata, 2023.

1. Movimentos e orgânicas construtivas do sistema corporativo rural

Os primeiros organismos que constituíram a base da pirâmide corporativa surgiram entre novembro e dezembro de 1933, com a criação de quatro casas do povo[13] e de treze sindicatos nacionais. Entre o final de 1933 e abril de 1974 foram criados, no território continental português, 2254 organismos corporativos: 2152 organismos primários (72% dos quais tinham já sido constituídos até ao final do ano de 1948); noventa organismos intermédios (73% criados depois de 1948) e onze corporações (surgidas já na década de 1950)[14].

Como podemos observar pelo Mapa I a organização corporativa primária era dominada pelo sector rural, com uma representação superior a 60% no número total de organismos instituídos, reflexo da realidade social e económica que então se vivia.

De entre estes, destacavam-se as casas do povo (1079), quer pela sua estrutura administrativa (não abrangendo concelhos, na sua maioria, mas sim freguesias), quer pela própria estrutura social que lhes fora imputada.

Além destas, contavam-se ainda os grémios da lavoura (facultativos) e outros grémios agrícolas (obrigatórios). Os primeiros, com implantação concelhia, cobriam praticamente todo o território continental. Os restantes grémios do sector (84), circunscreveram-se às regiões de Trás-os-Montes e Alto Douro, Beiras, Estremadura e Ribatejo.

Na grande maioria dos distritos de Portugal Continental, os organismos rurais compunham mais de 50% do total da organização corporativa distrital, com exceção para os distritos de Lisboa, Porto e Setúbal, onde os sectores do comércio e indústria (grémios do comércio, grémios da indústria e sindicatos nacionais) representavam 50% a 70% de todos os organismos.

Estes sectores somavam, a nível nacional, 33% de todos os organismos, com maior expressão nos distritos do litoral, onde o sector comercial se encontrava

---

[13] Diário do Governo, n.º 217, do Decreto-Lei n.º 23:051, Série I, de 23 de setembro de 1933 — diploma autoriza a criação em todas as freguesias rurais de organismos de cooperação social, com personalidade jurídica, denominados Casas do Povo, constituídos nos termos do presente decreto-lei.

[14] CARDOSO, José Luís; FERREIRA, Nuno Estêvão; FREIRE, Dulce — *Base de Dados "Os organismos corporativos do Estado Novo"*. [Em linha] Lisboa [S.n.], 2013. Disponível em http://www.classifics.ics.ulisboa.pt/corporatism/pesquisa1.asp

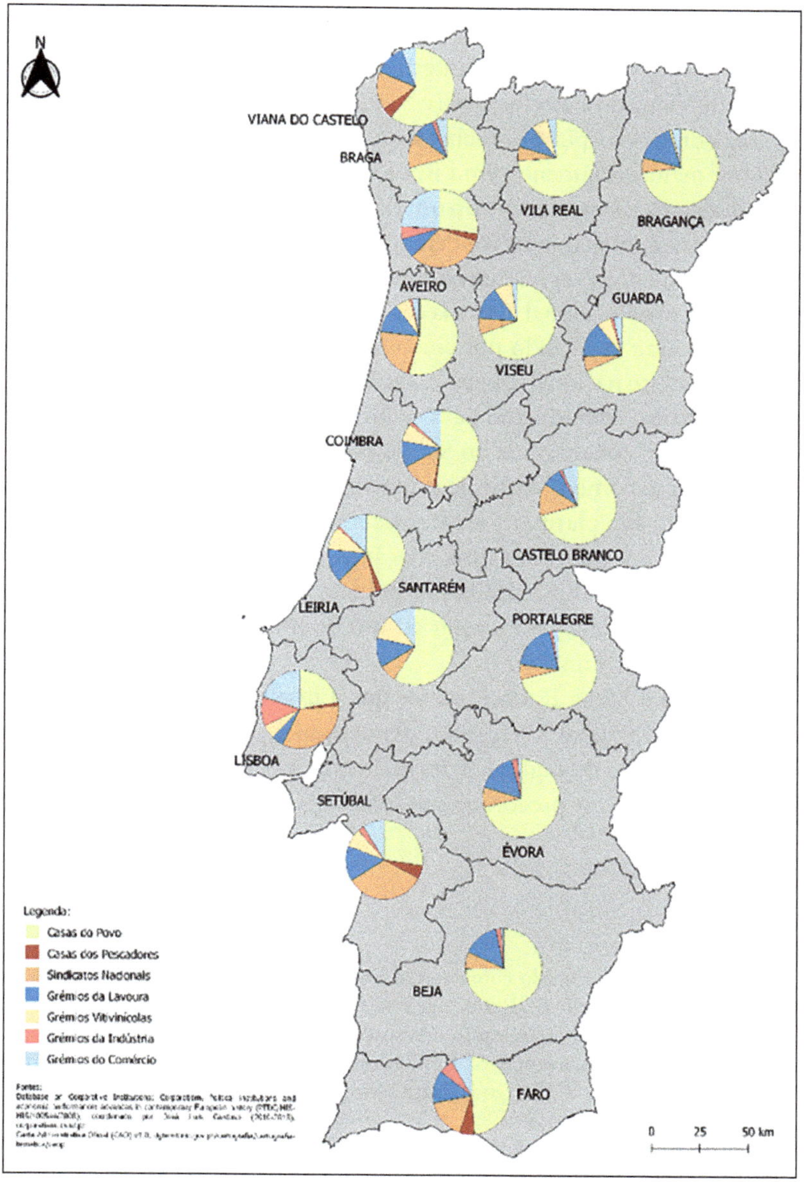

Mapa I: Distribuição do tipo de organismos corporativos primários por distrito (1933–1974).

[Fonte: Dados elaborados com recurso ao Boletim do Instituto nacional do Trabalho e Previdência, Ano 1, n.° 1 [30 novembro 1933] a Ano 41, n.° 20 [29 maio 1974]: Lisboa, I.N.T.P, 1933–1974].

organizado, maioritariamente, ao nível concelhio. Já os grémios da indústria não tiveram implementação no interior Norte (Vila Real e Bragança) e nos distritos de Viana do Castelo, Viseu e Santarém, ainda que estes se encontrassem enquadrados corporativamente através de grémios regionais e nacionais (sediados, maioritariamente, em Lisboa e no Porto).

Os sindicatos nacionais tiveram uma ampla difusão a nível nacional, sendo o litoral a zona com maior preponderância, em especial os distritos de Lisboa[15], Porto e Setúbal, onde representavam, em média, 35% de todos os organismos primários (a nível nacional a média era de apenas 16%). O sector das pescas, por sua vez, era constituído por cinco grémios de armadores (sediados em Lisboa, de âmbito nacional) e pelas casas dos pescadores, instauradas ao longo da faixa costeira (com exceção para os distritos de Braga e de Beja), estando a maioria (48%), concentrada no Sul do país.

Consideradas como a "instituição mais genuína do corporativismo português, tendo por fim plasmar o ideal societário do Estado Novo"[16], as casas do povo, procuravam promover uma relação construtiva entre trabalhadores e proprietários rurais, dinamizada por práticas de interajuda, de modo a dar resposta às necessidades comunitárias, nos domínios da assistência, saúde e promoção sociocultural[17].

Analisando o Mapa II, observamos que a implementação da rede destes organismos foi gradual e irregular, denotando-se um esforço considerável nos primeiros anos do regime, principalmente nas regiões do Alentejo e do Minho[18], afirmando-se precocemente como regiões exemplares, por motivos

---

15 À semelhança do verificado com os grémios, também em Lisboa estavam sediados mais de duas dezenas de sindicatos nacionais com âmbito regional ou nacional.

16 Pereira, Natália: "Corporativização do espaço rural: a esfera de ação dos grémios da lavoura no edificado corporativo". Em Representações *de Poder do Estado em Portugal e no Império (1950–1974).* Ferreira, Fátima Moura; Fernandes, Eduardo (Eds.) Braga: Ciclo de Ideias, 2019, p. 165.

17 Natália PEREIRA: "Nós, o Povo: As redes das Casas do Povo nos alinhamentos corporativos (1933–1974)", *Oficina do Historiador*, 9, n.º 2, (2016), pp. 99–118.

18 Estudo esse em desenvolvimento no meu Projeto de Doutoramento intitulado: "A experiência histórica do corporativismo português no norte do País: um estudo de caso a partir da organização das estruturas rurais durante o Estado Novo (1933–1974)" — SFRH/BD/134687/2017.

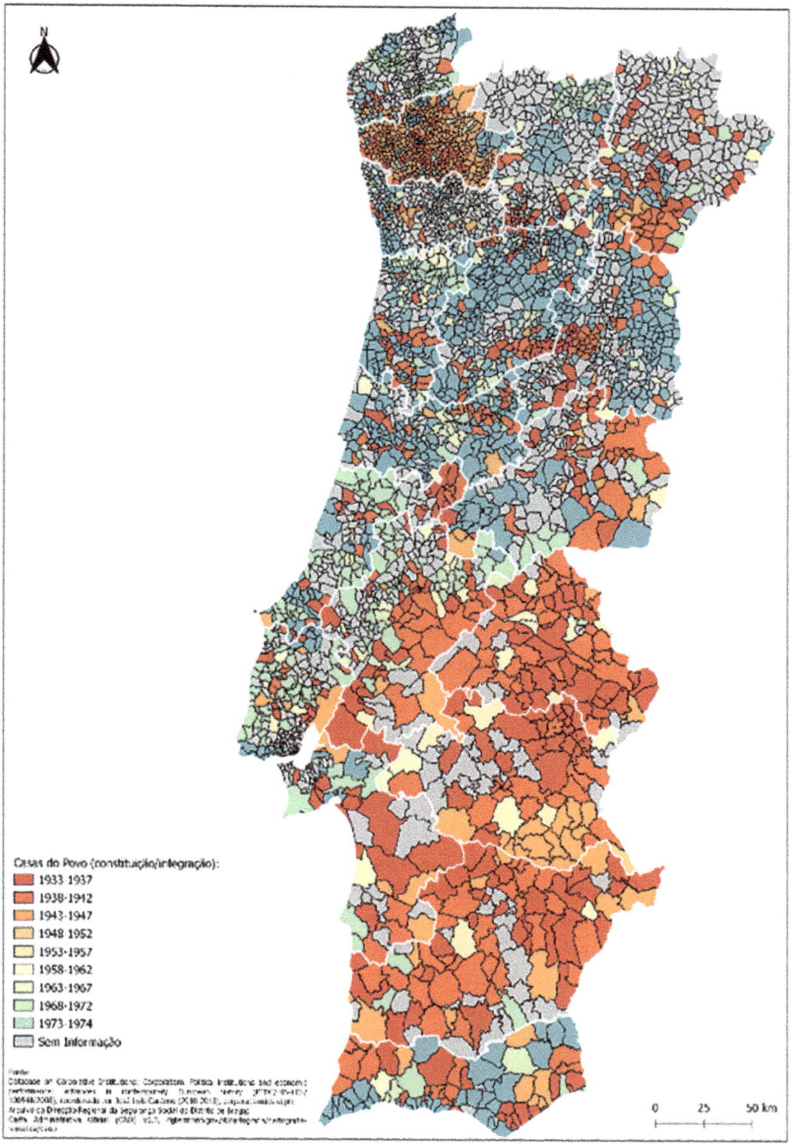

Mapa II: Distribuição das casas do povo por área de freguesia e períodos cronológicos (1933–1974).

[Fonte: Dados elaborados com recurso ao Boletim do Instituto nacional do Trabalho e Previdência, Ano 1, n.° 1 [30 novembro 1933] a Ano 41, n.° 20 [29 maio 1974]: Lisboa, I.N.T.P, 1933–1974; Relatórios de Inspeção aos Organismos Corporativos, 1942–1974].

ditados pelo empenhamento político das suas elites locais e regionais motivados pelos benefícios sociopolíticos que esperavam alcançar[19].

Nos anos 50 e 60 há um abrandamento na constituição de novas casas do povo, surgindo apenas 71 na década de 1950 e 95 na década seguinte, movimento que se verificou um pouco por todo o território continental. Sendo na década de setenta, onde observamos uma nova vaga de criação destes organismos, decorrentes da reforma assistencial lançada por Marcelo Caetano, no quadro da reactualização das funções cometidas às casas do povo[20]. Embora a legislação inicial preconizasse a criação de uma casa do povo em cada freguesia rural do país, a realidade distava significativamente dessa expectativa. Na prática, a maioria das casas do povo abrangia uma área composta por várias freguesias, existindo inclusive casos de casas do povo de âmbito concelhio, denotando-se as dificuldades em alcançar o modelo inicialmente proposto.

A implementação da rede dos grémios da lavoura[21] processou-se em moldes diferenciados, como sugere o Mapa III, ficando praticamente concluída até 1944.

Na primeira metade da década de 1940, como se pode observar no Mapa III, foram criados cerca de 95% dos 231 grémios da lavoura instituídos em Portugal Continental, evidenciando-se residual a percentagem de organismos criados no pós-guerra, ficando a sua rede concluída em março de 1955, com a criação do Grémio da Lavoura do Concelho de Sesimbra. A maioria destes organismos

---

19 Ver o desenvolvimento da questão em Afonso de Barros, *Do Latifundismo à Reforma Agrária. O caso de uma freguesia do Baixo Alentejo*. Lisboa: Fundação Calouste Gulbenkian, 1986; Dulce Freire. "Estado Corporativo em Acção: sociedade rural e construção da rede de Casas do Povo", em *Corporativismo, Fascismos, Estado Novo*, coord. Fernando Rosas e Álvaro Garrido. Coimbra: Edições Almedina, 2012, 273–302; Fátima Moura Ferreira e Natália Pereira. "Propaganda e corporativismo no terreno: Braga anos 30 e 40" em *A Conquista Social do Território. Arquitetura e Corporativismo no Estado Novo Português*, coord. Fátima Moura Ferreira; Francisco Azevedo Mendes; Natália Pereira. Coimbra: Edições Tenacitas, 2026, 13–38.

20 146 Lei n.° 2144, de 29 de maio de 1969: promulga a reorganização das casas do povo e os regimes de previdência rural e revoga o decreto-lei n.° 23 051, de 23 de setembro de 1933.

21 Diário do Governo, n.° 67, Decreto n.° 29 494, Série I, de 22 de março de 1939 - regulamenta a constituição dos Grémios e Casas da Lavoura, dispondo sobre as suas atribuições, orgânicas, funcionamento e competências, e bem assim como sobre os direitos e deveres dos seus associados e os órgãos dirigentes.

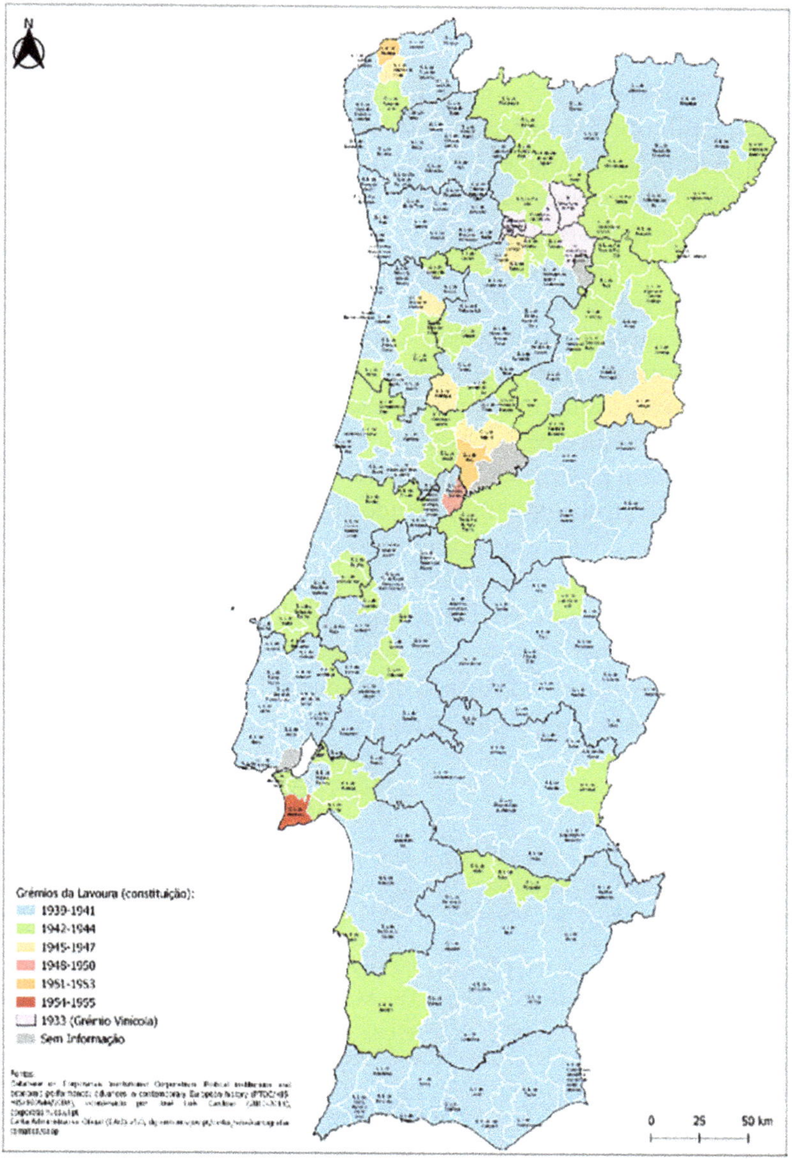

Mapa III: Distribuição da constituição de grémios da lavoura por intervalo cronológico (1939–1955).

[Fonte: Dados elaborados com recurso ao Boletim do Instituto nacional do Trabalho e Previdência, Ano 1, n.° 1 [30 novembro 1933] a Ano 41, n.° 20 [29 maio 1974]: Lisboa, I.N.T.P, 1933–1974].

tinha um carácter concelhio, sendo diminuta a percentagem daqueles que possuíam uma área de jurisdição superior (11%)[22]. Ainda assim, estes organismos não se constituíram em todo o território, havendo concelhos onde funcionaram apenas grémios de vinicultores, particularmente, na região do Douro.

A importância das funções atribuídas aos grémios da lavoura em matéria de regulação da atividade agrícola a um nível local, constituiu uma das motivações por detrás deste rápido processo de corporativização, apoiado pelas autoridades políticas regionais e locais, a par das dificuldades associadas à conjuntura de guerra que então se vivia, em particular, a problemas relacionados com o abastecimento de géneros às cidades e a distribuição racionada de produtos destinados à produção agrícola (adubos, sementes, entre outros). Os grémios atuavam assim como uma espécie de mecanismos comunicacionais com o ministério da especialidade, veiculando instruções, normas e apoio técnico ao setor agropecuário, e uma vez criados, passavam a ser de inscrição obrigatória[23], controlando e promovendo a agricultura local, nos campos da produção e comercialização, de acordo com as orientações estatais.

A organização corporativa rural ficaria completa com a constituição das Federações e da Corporação da Lavoura[24], na década de 1950, organismos que não desempenhariam as funções que lhes estavam consagradas na teoria corporativa[25]. As primeiras Federações seriam criadas oficialmente em 1956[26], apesar do Decreto-Lei n.° 36.681[27], que as regulamentava, ter sido promulgado no final de 1947.

---

22 Lei n.° 1957, de 20 de maio de 1937 definia o concelho como área de jurisdição dos grémios, possibilitando a anexação de uma ou mais freguesias de concelhos vizinhos.

23 Diário do Governo, n.° 67, Artigo 6.°, § 1.° do Decreto n.° 29 494, Série I, de 22 de março de 1939, 183.

24 Diário do Governo, n.° 215, Decreto n.° 41 287, Série I, de 23 de setembro de 1957.

25 Dulce Freire; Nuno Estevão Ferreira; Ana Margarida Rodrigues. «Corporativismo e Estado Novo. Contributo para um roteiro de Arquivos das Instituições Corporativas (1933–1974)». Estudos e Relatórios. Instituto de Ciências Sociais da Universidade de Lisboa, 2014, p. 13.

26 Em 1956 quase todas as federações obtiveram o seu alvará. Ficando para mais tarde, em 1960, a criação das Federações das regiões de Vila Real e Alto Douro e do Nordeste transmontano.

27 Diário do Governo n.° 294, Decreto-Lei n.° 36.681, Série I, de 19 de dezembro de 1947 - define o regime jurídico das Federações dos Grémios da Lavoura. Embora a Lei n.° 1957 (base VII) e o Decreto-Lei n.° 29.494 (Artigo 49.°) já as tinha previsto, dez anos antes.

2. O panorama corporativo rural no distrito de Braga

O distrito de Braga, no noroeste de Portugal, bastião do regime salazarista, de onde partiu a Revolução Militar de 28 de maio de 1926 na origem da ditadura militar que viria a culminar com o Estado Novo, marcadamente católico, revelou-se um forte aliado do regime[28]. Em termos sociais caracterizava-se por ser uma região hierarquizada e tradicionalista, governada por aqueles com influência local. A nível económico, o distrito de Braga, à semelhança do resto do país de então (com exceção para os dois grandes centros urbanos, a capital, Lisboa e Porto, capital da região norte), era maioritariamente agrícola, com uma atividade agrícola desatualizada, baseada numa estrutura de pequenos proprietários e caracterizada por uma rede de agricultores de diversas condições sociais, com forte presença de pequenos agricultores (muitos deles arrendatários) e outros que combinavam trabalho agrícola com trabalho industrial. Tradicionalmente, a emigração representava uma válvula de escape do empobrecimento da região, agravada pelo crescimento populacional ocorrido nas décadas finais do século XIX. Mais uma vez, nos anos 60, a emigração para a Europa Ocidental (principalmente França, Alemanha e Suíça) foi uma solução para o atraso económico da região, entre os caminhos para a modernização que foram perseguidos, à escala nacional e regional, particularmente no campo da industrialização.

A rede de organismos corporativos do distrito de Braga caracterizava-se, à semelhança da maioria do resto do país, como demonstra o Mapa IV, pela preponderância dos organismos rurais — casas do povo e grémios da lavoura — representando 80% de todos os organismos primários que viriam a ser criados no distrito durante o Estado Novo, sendo que em mais de metade dos concelhos (no interior), apenas seriam criados organismos deste tipo.

Os sindicatos nacionais (22) eram o terceiro tipo de organismo a nível de representatividade distrital; sedeados nos concelhos de Braga, Guimarães e Barcelos, em razão do tecido industrial existente, com uma estrutura dominantemente tradicional.

---

[28] Cfr. Ferreira, Fátima Moura; Pereira, Natália. "Propaganda e corporativização no terreno: Braga anos 30 e 40". Em *A Conquista Social do Território. Arquitetura e Corporativismo no Estado Novo Português*, Fátima Moura Ferreira; Francisco Azevedo Mendes; Natália Pereira (coords.). Coimbra: Tenacitas, 2016, 13–38.

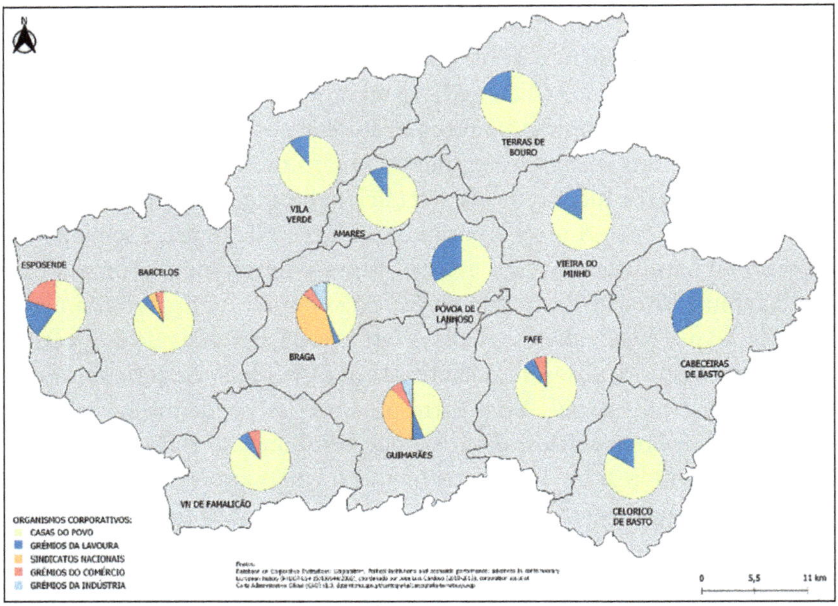

Mapa IV: Distribuição do tipo de organismos corporativos primários por concelho do distrito de Braga (1933–1974).
[Fonte: Dados elaborados com recurso ao Boletim do Instituto nacional do Trabalho e Previdência, Ano 1, n.° 1 [30 novembro 1933] a Ano 41, n.° 20 [29 maio 1974]: Lisboa, I.N.T.P, 1933–1974].

Os organismos corporativos patronais do comércio e da indústria eram os menos representados, no entanto, entre os primeiros contavam-se dois grémios pluriconcelhios (ficando o sector do comércio do distrito organizado corporativamente na sua totalidade). No que toca aos Grémios da Indústria registam-se apenas três organismos, dois com sede na cidade de Braga e um no concelho de Guimarães, um sinal inequívoco da fraca representação dos industriais, á semelhança, aliás, das demais regiões de província de então. Apesar da existência de uma comunidade piscatória no concelho de Esposende, não seriam instituídas quaisquer casas dos pescadores[29] no distrito,

29 Para um estudo aprofundado das Casas dos Pescadores ver: Garrido, Álvaro. "A terra e o mar não se sindicalizam! As casas dos pescadores no sistema corporativo do Estado Novo português (1933–1968)". Em *Tra due crisi: Urbanizzazione, mutamenti sociali e cultura di massa tra gli anni Trenta e gli anni Settanta*, Alberto de Bernardi; Matteo, Pasetti (eds.). Bolonha: Archetipo Libri, 2012, 87–110.

ficando aquela classe sob a jurisdição das casas dos pescadores do distrito vizinho de Viana do Castelo.

O distrito de Braga, como evidencia o Gráfico I, manteve-se em linha com a cronologia e o ritmo de edificação da malha corporativa à escala nacional. No final de 1940, a rede de grémios da lavoura estava praticamente concluída, faltando apenas constituir-se os grémios da lavoura dos concelhos de Esposende e Vila Verde, o que viria a acontecer em março e agosto de 1941, respetivamente.

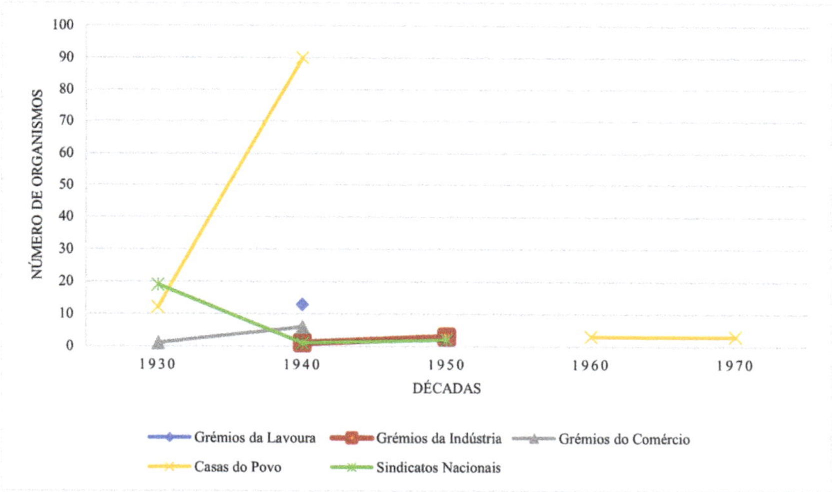

Gráfico I: Distribuição da criação dos organismos corporativos primários do distrito de Braga, por década (1933-1974).
[Fonte: Dados elaborados com recurso ao Boletim do Instituto nacional do Trabalho e Previdência, Ano 1, n.° 1 [30 novembro 1933] a Ano 41, n.° 20 [29 maio 1974]: Lisboa, I.N.T.P, 1933-1974].

Foi com as casas do povo que a orgânica corporativa se mostrou mais acelerada e progressiva. Conforme ilustrado no gráfico I, no final da década de 1940, o distrito já contava com cerca de uma centena destes organismos, realidade singular, apenas aproximada pelos distritos alentejanos[30]. As casas do povo conheceriam, como foi anteriormente referido, uma reanimação no período

[30] Dulce Freire. "Estado Corporativo em Acção: sociedade rural e construção da rede de Casas do Povo", em *Corporativismo, Fascismos, Estado Novo*, coord. Fernando Rosas e Álvaro Garrido. Coimbra: Edições Almedina, 2012, p. 279

marcelista, no âmbito da reforma assistencial associada à reactualização das suas funções, ainda que sem grande expressão no distrito.

Os organismos associados aos sectores do comércio e indústria, cuja corporativização no distrito ocorre entre 1934 e 1957, tinha uma maior representatividade junto dos sindicatos nacionais, tendo a maioria destes organismos sido constituídos ainda na década de 30 (86%). Em contraste, a organização patronal arranca em 1938, com o Grémio dos Comerciantes de Carnes do distrito, ficando a malha do sector comercial concluída em 1941, com a criação dos seis grémios do comércio retalhista misto. Em 1943 foi criado o primeiro grémio de industriais, ainda que afeto a uma atividade na área dos serviços (barbearias e cabeleiros) e apenas em 1955/1956 surgiriam grémios associados ao sector industrial do distrito (cutelarias, metalurgia e cortiça).

O ritmo da edificação decorrente das orientações governamentais, não refletia as dificuldades sentidas no terreno, apenas superadas pela ação do delegado do INTP, Henrique Cabral de Noronha e Menezes, um representante convicto da nova ordem. O distrito de Braga, assumir-se-ia, no final da década de 40, como o terceiro do país em número de organismos corporativos, apenas ultrapassado pelos grandes centros urbanos (Lisboa e Porto), onde estavam sediados muitos dos organismos de carácter regional e nacional.

Conforme se pode observar no mapa V, entre 1933 e 1947, a grande maioria das freguesias do distrito de Braga ficaram abrangidas pelas casas do povo. No final da década de 40, praticamente todo o distrito fica coberto por estes organismos, contando-se então 102 das 108 casas do povo criadas.

Até 1974, surgiriam ainda novas casas do povo nos concelhos de Amares, Barcelos, Cabeceiras de Basto, Famalicão e Vila Verde. Ao longo da vigência do regime, registam-se também suspensões (a Casa do Povo da Póvoa de Lanhoso, por exemplo, esteve suspensa durante um ano, entre 1945 e 1946); fusões (como é exemplo o pedido, em 1960, da fusão das Casas do Povo de Lago e Rendufe, formando a Casa do Povo de Entre Homem e Cávado) e inatividade (a Casa do Povo de Frades esteve inativa desde 1951, sendo incorporada na Casa do Povo da Póvoa de Lanhoso apenas uma década depois).

A atividade destes organismos não cessou, porém, com a queda do regime: a maioria das casas do povo mantiveram-se em atividade até, pelo menos,

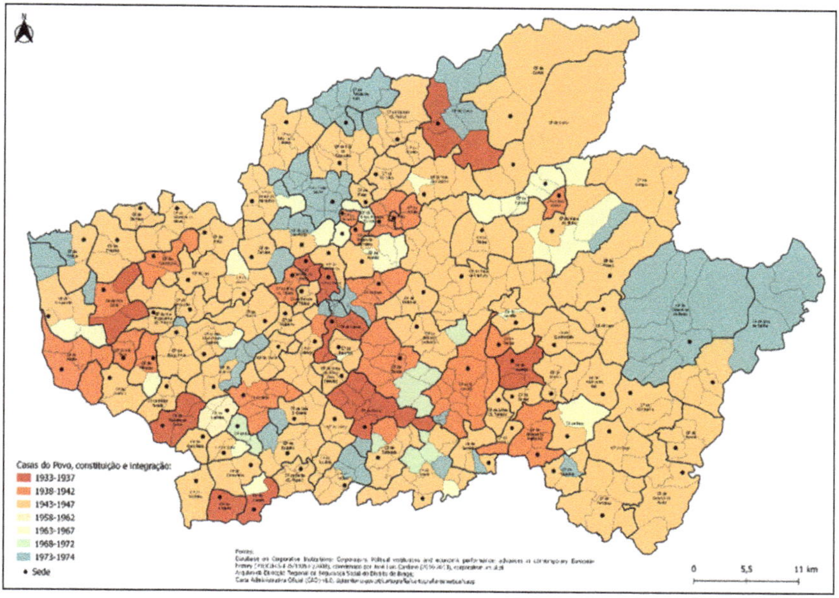

Mapa V: Distribuição temporal da constituição das casas do povo do distrito de Braga e da integração na sua área, por freguesia (1933-1974).
[Fonte: Dados elaborados com recurso ao Boletim do Instituto nacional do Trabalho e Previdência, Ano 1, n.° 1 [30 novembro 1933] a Ano 41, n.° 20 [29 maio 1974]: Lisboa, I.N.T.P, 1933-1974; Relatórios de Inspeção aos Organismos Corporativos, 1942-1974].

aos anos 80 e 90, e algumas mesmo até aos nossos dias (funcionando como Instituições Particulares de Solidariedade Social), comprovando deste modo a durabilidade da generalidade dos organismos para o distrito de Braga, marcando o período do Estado Novo e pós 25 de abril.

No caso da edificação da orgânica corporativa patronal, na viragem entre as décadas de 30 e 40, estavam ainda em funcionamento oito sindicatos agrícolas nos concelhos de Barcelos, Braga, Cabeceiras de Basto, Fafe, Guimarães, Vieira do Minho, Vila Nova de Famalicão e o Sindicato Agrícola Apuliense (de Esposende). Já extintos estariam os sindicatos agrícolas de Amares e de Celorico de Basto. O Mapa V, apresenta a distribuição destes organismos no distrito, a par da dos grémios da lavoura.

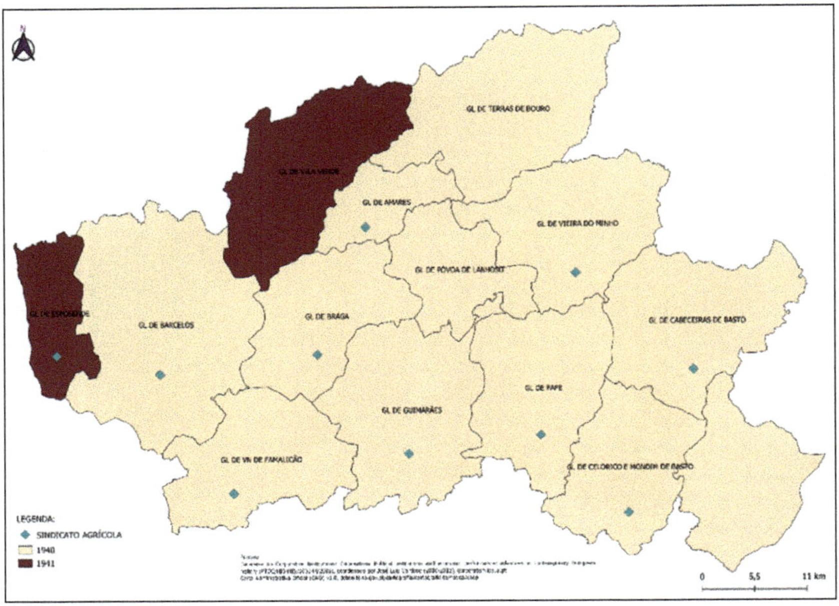

Mapa VI: Distribuição dos Grémios da Lavoura (por ano de constituição) e Sindicatos Agrícolas do distrito de Braga (1917–1974).
[Fonte: Dados elaborados com recurso ao Boletim do Instituto nacional do Trabalho e Previdência, Ano 1, n.° 1 [30 novembro 1933] a Ano 41, n.° 20 [29 maio 1974]: Lisboa, I.N.T.P, 1933–1974].

Como o mapa V demonstra, dos treze grémios da lavoura constituídos (onze dos quais em 1940), foi possível identificar a antecedência de um sindicato agrícola, no respetivo concelho, em dez deles. A primeira regulamentação dos grémios facultativos da lavoura tinha sido publicada em 1937 e o primeiro decreto de aplicação surgiu no ano seguinte. Mas foi em 1939 que o Decreto-Lei n.° 29 494, transformou os grémios da lavoura facultativos em instituições de inscrição obrigatória para todos os produtores agrícolas da respetiva área, sendo também a partir daquele ano que fica estipulada a liquidação das associações agrícolas que recusassem a integração corporativa. O distrito de Braga seguiu os procedimentos previstos na lei e, desta forma, os sindicatos agrícolas então em funcionamento dariam lugar, no espaço de um ano e meio, aos grémios da lavoura.

A exceção foi o Sindicato Agrícola Apuliense[31], sindicato de freguesia, que apesar de ter manifestado interesse na sua integração na organização corporativa, tendo proposto ao Ministério da Agricultura a sua transformação em Casa da Lavoura ou em cooperativa agrícola, viria a ser extinto, procedendo-se à sua liquidação.

A constituição das casas do povo e dos grémios da lavoura partia, no caso dos primeiros, de particulares interessados e de reconhecida idoneidade, das juntas de freguesia ou de outra autoridade administrativa cuja jurisdição estivesse submetida a uma freguesia rural[32], podendo ainda o Subsecretariado de Estado das Corporações e Previdência Social tomar a iniciativa da sua criação, sempre que assim o entendesse. No caso dos grémios da lavoura, seriam os produtores agrícolas da respetiva área (no mínimo trinta) a solicitarem, através de requerimento ao Subsecretário, por intermédio das câmaras municipais, a criação destes organismos. Em consonância com a realidade de outros organismos corporativos, em muitos casos, foi o Estado que estimulou ou impôs a constituição das casas do povo e dos grémios da lavoura.

3. Terra, capital e poder: movimentações da elite agrária

A gestão interna das casas do povo realizava-se por intermédio da assembleia geral e da direção. A primeira compunha-se por um presidente (eleito entre

---

31 A constituição deste Sindicato tivera origem numa circular proveniente do chefe de divisão dos Serviços das Associações Agrícolas de Lisboa, na sequência de uma conferência agrícola realizada em Esposende, em 1931. Essa circular incentivaria os irmãos Ferreira da Costa, da freguesia da Apúlia, a criar o sindicato, já que no concelho não existia ainda uma instituição do género.

32 Diário do Governo, n.° 217, § 1.° do Artigo 1.° do Decreto-Lei n.° 23 051, Série I, de 23 de setembro de 1933, 1662.

os sócios contribuintes[33]) e dois vogais (um efetivo[34] e um contribuinte). Já a direção — eleita pela Assembleia — era constituída por um presidente, um tesoureiro e um secretário (eleitos entre os sócios efetivos), revelador do papel central dos trabalhadores agrícolas na gestão do organismo. As eleições realizavam-se por escrutínio secreto, devendo as listas indicarem os nomes e respetivos cargos, não podendo ser eleitos, os sócios que tivessem integrado alguma direção dissolvida pelas autoridades competentes, fossem devedores à casa do povo de quaisquer quantias ou como fiadores ou abonadores em contratos com ela celebrados. Para a homologação dos corpos diretivos era necessário obter parecer favorável por parte da Câmara Municipal, da União Nacional e da Guarda Nacional Republicana, que atestariam acerca da idoneidade moral e política dos eleitos. Após a obtenção do parecer, o mesmo teria de ser encaminhado, juntamente com a relação eleitoral, para a respetiva Delegação do INTP, que por sua vez tecia juízo sobre a escolha e reencaminhava para estâncias superiores, nomeadamente, para o Subsecretário de Estado das Corporações e Previdência Social, procedendo depois ao seu sancionamento.

As alterações mais significativas ocorrem em 1969, com a Lei n.º 2144[35] a alargar a todos os associados, independentemente do estatuto de sócio, os

---

[33] Produtores agrícolas, entidades singulares ou coletivas de direito público; proprietários de prédios rústicos; e os administradores na ausência dos proprietários.

[34] Eram sócios efetivos, de acordo com a legislação inicial: chefes de família; outros indivíduos do sexo masculino com mais de 18 anos, no gozo dos seus direitos civis e políticos; proprietários rurais sem bens suficientes para os distinguir dos trabalhadores rurais; mulheres que não chefes de família; e menores de 18 anos, para garantia dos seus benefícios (estando excluídos todos os estrangeiros e portugueses a residir no estrangeiro). A partir de 1940, eram considerados sócios efetivos trabalhadores rurais ou outros que deles não se diferenciassem em situação material, ou modo de vida, do sexo masculino, residentes na área da Casa do Povo, desde que chefes de família ou maiores de 18 anos e produtores agrícolas que não pudessem ser contribuintes pelos seus bens ou rendimentos não serem suficientes para assegurar essa função. A Lei n.º 2144 (1969) alarga a categoria de sócios efetivos aos trabalhadores por conta d'outrem na agricultura, silvicultura e pecuária, terminando a restrição por género.

[35] Diário do Governo n.º 127, Base XV da Lei n.º 2144, Série I, de 29 de maio de 1969 - Promulga a reorganização das Casas do Povo e os regimes de previdência rural - Revoga o Decreto-Lei n.º 23 051, continuando, porém, em vigor a sua legislação complementar e a legislação sobre as federações das Casas do Povo em tudo o que não contrarie as disposições da presente lei.

cargos da direção (à exceção da vice-presidência)[36]. No ano seguinte, é definido que não podem exercer, em simultâneo, funções na mesa da assembleia geral, na direção ou na comissão e representação profissional, parentes entre si por consanguinidade ou por afinidade em qualquer grau da linha reta e os irmãos[37]. Estes cargos eram desempenhados no quadro de mandatos de três anos e de forma gratuita.

Em termos gerais competia à Direção funções de representação e de gestão administrativa, tais como a organização dos serviços, contabilidade e apresentação da escrita e mais documentos sob a aprovação e fiscalização da Assembleia Geral e do INTP. Porém, a direção dificilmente conseguia fazer vingar as suas pretensões sem o parecer favorável da Assembleia Geral, composta, predominantemente, pelos sócios contribuintes. Tudo passaria pelo crivo da Assembleia Geral que, para além de eleger os membros da direção, examinava e aprovava os orçamentos; fixava as quotas; discutia e votava as alterações aos estatutos. No fundo, os trabalhadores rurais não tinham instituições mesmo suas, uma vez que além dos proprietários se poderem inscrever, eram estes quem as dirigiam[38].

No caso dos Grémios da Lavoura a gestão cabia à Assembleia Geral e ao Conselho Geral. A assembleia Geral era composta por três membros: presidente e dois vogais eleitos trienalmente pelo Conselho Geral, entre os associados contribuintes[39]. Para evitar favoritismos excessivos a legislação proibia que os membros da direção tivessem entre si laços de parentesco até

---

36 A composição da direção sofre alterações com a Lei n.º 2144 de 29 de junho de 1969, acrescentando os cargos de Vice-Presidente (eleito na assembleia geral entre os efetivos trabalhadores agrícolas por conta d'outrem) e de três vogais (eleitos na assembleia geral entre os sócios da Casa do Povo em pleno gozo dos seus direitos); a Direção designa um dos vogais para tesoureiro e outro para secretário.

37 Diário do Governo n.º 221, Decreto n.º 445/70, Série I, de 23 de setembro de 1970 - Estabelece a reestruturação orgânica das Casas do Povo e a regulamentação dos fundos de previdência dos mesmos organismos para realização do regime especial de previdência dos trabalhadores rurais.

38 LUCENA a), 1976, p.247

39 Eram considerados produtores agrícolas todas as entidades singulares ou coletivas que forem proprietários ou explorem como rendeiros, meeiros, parceiros; administradores, sejam ou não seus parentes, quaisquer prédios rústicos e as demais entidades assim consideradas pela legislação reguladora dos organismos corporativos ou de coordenação económica

ao segundo grau, segundo o direito civil[40]. Estipulava-se ainda que podiam apenas ser eleitos os cidadãos portugueses, no pleno gozo dos direitos civis e políticos, com domicílio na área do grémio. Os membros da Direção em exercício receberiam, por cada sessão a que assistissem, uma retribuição não superior a 30$; o presidente e o tesoureiro teriam ainda uma gratificação anual de 1000$, cada um, por responsabilidade de funções.

À Direção competia-lhe entre outros aspetos a representação do Grémio; organização, direção e fiscalização dos serviços; nomeação dos representantes do Grémio nas Corporações, nos organismos corporativos de grau superior e nos de coordenação económica; e assinar contratos ou acordos coletivos de trabalho e outros compromissos de carácter corporativo. Ao Conselho Geral corresponderiam as funções de carácter deliberativo e fiscal, nomeadamente, na discussão e votação do orçamento, extinção ou remodelação dos serviços, a fiscalização dos atos da direção e apreciação das reclamações apresentadas contra a mesma. Este conselho, que elegia as direções, era composto pelos vinte maiores produtores residentes na área do grémio como procuradores-natos e de vinte procuradores escolhidos de três em três anos pelos produtores de cada freguesia.

Importa referir que estas direções seriam apenas validadas depois de sancionadas pelo Subsecretário de Estado das Corporações e Previdência Social, sob parecer da Direção Geral dos Serviços Agrícolas do Ministério da Economia, e que o mesmo poderia destituir a direção ou qualquer um dos seus membros, sempre que a organização se desviasse dos fins para que foram criadas. Constituíam-se motivos de escusa dos cargos da Direção a idade superior a 65 anos e a doença prolongada que tornasse excessivamente oneroso ou precário o exercício das respetivas funções.

Entre os primeiros dirigentes corporativos rurais, sobretudo nos grémios da lavoura, contavam-se figuras notáveis dos respetivos concelhos, como presidentes e vice-presidentes de câmara, provedores da Santa Casa da Misericórdia e presidentes de junta. Destacavam-se também figuras cujas profissões não tinham qualquer relação com a agricultura: padres, industriais, médicos, arquitetos, farmacêuticos, advogados, funcionários municipais ou até militares, reflexo da relevância socioeconómica e política destes dirigentes.

---

40 Diário do Governo, n.º 280, Decreto n.º 32 467, de 4 de dezembro de 1942.

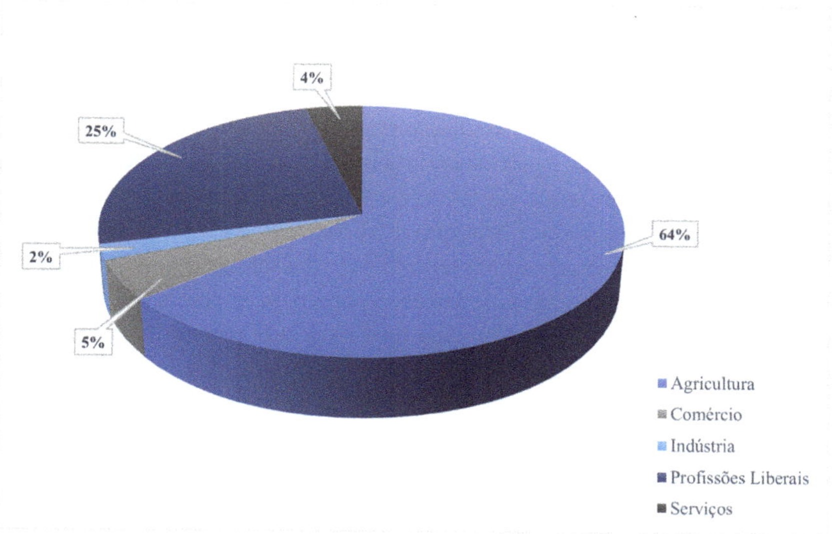

Gráfico II: Distribuição das profissões dos dirigentes dos grémios da lavoura por setor de atividade económica, 1938–1973.
[Fonte: Dados elaborados com recurso a documentação diversa contida no Arquivo Nacional Torre do Tombo/Inspeção aos Organismos Corporativos e no Arquivo Histórico da Delegação do Instituto Nacional do Trabalho e Previdência de Braga, 1933–1974].

Embora mais de 50% dos dirigentes estivessem ligados ao setor agrícola como podemos observar pelo Gráfico II, que apresenta informação relativa à profissão de 58% dos 301 dirigentes que passaram pelos treze grémios da lavoura do distrito, observa-se ainda uma percentagem significativa (25%) de dirigentes afetos a profissões liberais (médicos; professores; advogados, párocos, entre outros), homens notáveis locais, para os quais a agricultura não constituía a ocupação principal.

É importante sublinhar a ação monopolizadora destes notáveis locais (párocos, presidentes de junta, presidentes de câmara, regedores, entre outros) no descrédito da organização corporativa, que se traduzia numa crença de perda de prestígio e de poder junto das suas comunidades. A entrada nos corpos administrativos de trabalhadores rurais que passariam a ocupar um lugar de destaque, era encarada como uma afronta aos equilíbrios de poder estabelecidos.

Entre esses notáveis estavam, muitas das vezes, os párocos, principalmente nas casas do povo. Se alguns aceitavam sem qualquer entrave a presença do

Estado Corporativo, outros havia que se lhe opunham, ou que só aceitavam a sua existência se daí pudessem obter alguma vantagem pessoal. De que é exemplo o relatório da Inspeção dos Organismos Corporativos[41] de 1948 à Casa do Povo de Barcelinhos, onde o subinspetor refere-se a um caso ocorrido em Vieira do Minho, em que o pároco de uma freguesia afirmou no altar não fazer a visita pascal a todos os que pagassem quotas à casa do povo. Já no Relatório da Inspeção aos Organismos Corporativos à Casa do Povo de Celorico de Basto, no mesmo ano, encontramos um exemplo daqueles que pretendiam delas usufruir: "O cabecilha aqui era praticamente o pároco da freguesia, Padre Alcídio José Marinho. Um dia entrou na Casa do Povo e pôs assim o problema: Se a Casa do Povo me der as cotas para eu fazer uma Igreja, toda a gente paga"[42].

Panorama que se afigurava ilustrativo ainda na década de sessenta, como podemos observar no Relatório da Inspeção aos Organismos Corporativos ao Grémio da Lavoura de Barcelos, onde o inspetor dá conta da dificuldade em substituir o anterior dirigente "[...] dado o prestígio de que gozava e o conhecimento que tinha pela longa prática diretiva dos assuntos do Grémio e dos problemas da Lavoura. O seu falecimento veio permitir que o Grémio da Lavoura se juntasse às demais instituições que servem de alimento à politiquice local"[43].

Nesse sentido, importará compreender de que modo estas elites se inseriram no seio destes organismos corporativos primários, a sua influência, percebendo primeiramente o seu grau de permanência e de rotatividade. A análise tem como foco central o período compreendido entre 1958 e 1974, um período marcado pelo relançamento da organização corporativa[44], com a criação das Federações e das Corporações.

---

41 A Inspeção aos Organismos Corporativos (IOC) foi constituída aquando da reorganização do Instituto Nacional do Trabalho e Previdência, pelo Decreto-Lei n.º 32 443, 24 de novembro de 1942, funcionando junto da 1.ª Repartição, tinha como competências a inspeção regular aos organismos corporativos, propondo medidas para o seu bom funcionamento [artigo 15.º].

42 Arquivo do Centro Regional da Segurança Social de Braga - *Relatório de Inspeção da Casa do Povo de Celorico de Basto*, realizado em 17 de setembro de 1948.

43 Arquivo Nacional da Torre do Tombo - *Relatório de Inspeção do Grémio da Lavoura de Barcelos*, realizado em 9 de julho de 1965.

44 Torres, Jorge Mano. "A Federação dos Grémios do Comércio dos distritos de Braga e Viana do Castelo (1858–1974) como plataforma de mediação corporativa". Em Organizar o País de Alto a Baixo. Políticas de Edificação Corporativa no Estado Novo Português, Fátima Moura Ferreira; Francisco Azevedo Mendes; Jorge Mano Torres (coords.). Coimbra: Tenacitas, 2016, 183.

No que concerne às casas do povo poderemos observar através da análise do gráfico III uma considerável variação na média de anos de mandato entre as casas do povo existentes nos diferentes concelhos e entre as Assembleias Gerais e as Direções. As casas do povo do concelho de Fafe apresentam a média mais elevada de número de anos de mandato de um dirigente com nove vírgula oitenta e sete (assembleia geral) e o concelho de Celorico de Basto com a média mais baixa, cinco vírgula catorze (Direção).

Estes números são um potencial indicador de que a permanência dos dirigentes nos cargos diretivos era influenciada por múltiplos fatores, como a própria dinâmica política local, a mancha associativa, ou mesmo a atividade da casa do povo. Não se identifica, porém, uma tendência clara em relação à média de anos de mandato nos concelhos apresentados, o que, mais uma vez, corrobora a ideia de que a rotatividade dos dirigentes não obedeceria a um padrão uniforme, antes ficando a dever-se a realidades distintas, características de um concelho ou de um organismo.

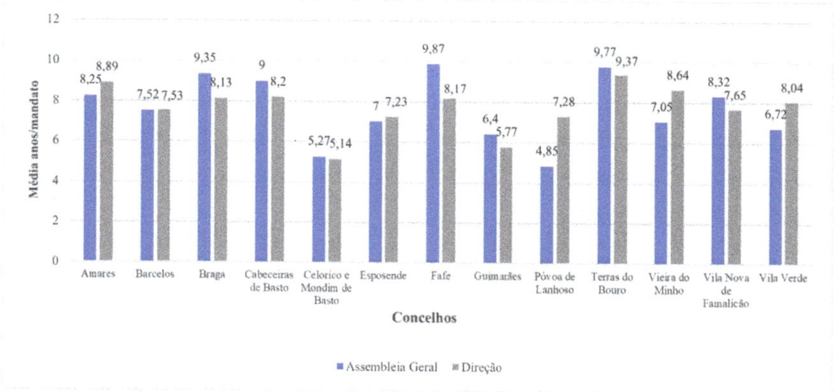

Gráfico III: Distribuição da duração média de mandatos dos dirigentes as casas do povo, por concelho, 1958–1974.

[Fonte: Dados elaborados com recurso ao Boletim do Instituto nacional do Trabalho e Previdência, Ano XXV, n.° 1 [15 janeiro 1958] a Ano 41, n.° 20 [29 maio 1974]: Lisboa, I.N.T.P, 1958–1974].

As casas do povo dos concelhos de Fafe, Terras do Bouro e Braga são aquelas que apresentam uma média de anos de mandato mais elevada — superior a nove anos — refletindo assim uma maior estabilidade na gestão destes organismos, por um lado, sinal de experiência e conhecimento dos dirigentes, ainda que, por outro lado, esta estabilidade pode ser percebida como um fator de controlo e de poder exarado por estes indivíduos, que viam no mesmo uma forma de alcance de maior poder e prestígio junto da sociedade. Em sentido contrário, encontravam-se as casas do povo dos concelhos de Celorico de Bastos e Guimarães com médias de anos de mandato mais baixas, entre os cinco e os seis anos, revelador de uma maior rotatividade dos dirigentes, possível sinal de um maior dinamismo ou até de alguma instabilidade política local.

A permanência na direção não foi, em nenhum caso, inferior a um ano, verificando-se casas do povo em que os corpos dirigentes permaneceram quase inalteráveis desde a sua fundação até 1974 (de que são exemplo as Casas do Povo de Adaúfe, Dume e Este, do concelho de Braga). Mesmo nos casos em que os dirigentes não tinham qualidade de iniciativa, fazendo o mínimo para o funcionamento do organismo, foi necessário esperar cerca de um ano para que a Direção fosse substituída, de que é exemplo a Casa do Povo de Esporões, do concelho de Braga. Se existiam locais em que a dificuldade em encontrar dirigentes era uma constante, outros permaneciam até que a idade ou doença fosse a razão do seu afastamento.

Quando analisamos o panorama respeitante aos dirigentes dos grémios da lavoura, e é neste organismo que incidiremos os próximos tópicos de análise, observamos, como é ilustrativo o Gráfico IV, que a média de anos de mandato varia entre três vírgula vinte e cinco anos (Esposende) e nove anos (Póvoa de Lanhoso), divergindo dos concelhos que se destacaram em relação às casas do povo.

Os grémios da lavoura da Póvoa de Lanhoso, Vila Verde e Celorico e Mondim de Basto (nove; oito vírgula cinco e oito vírgula um) são aqueles que revelam as médias de anos de mandato mais elevadas, sinónimo, como já referido, de uma maior estabilidade na gestão destes organismos, não só traduzindo a experiência e conhecimento sobre as especificidades do setor agrícola local dos dirigentes, mas, igualmente, fator de prestígio político e social., como nos demonstra o excerto do Relatório de Inspeção do Grémio da Lavoura de Amares: "O presidente é a pessoa de maior destaque no Organismo, tanto pela natureza do cargo como por se tratar de figura de grande projeção local e ainda porque dirige o Grémio há cerca de vinte anos. Médico, abastado proprietário, presidente da Câmara Municipal de Amares, durante vários anos, elemento preponderante da União Nacional [...] figura

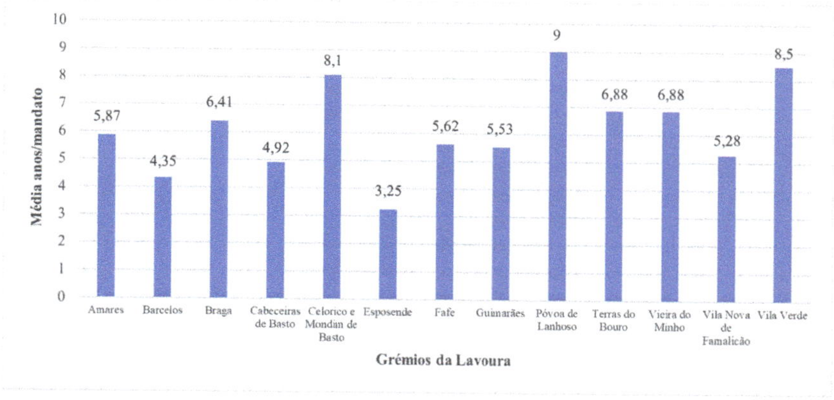

Gráfico IV: Distribuição da duração média de mandatos dos dirigentes dos grémios da lavoura, 1958–1974.

[Fonte: Dados elaborados com recurso ao Boletim do Instituto nacional do Trabalho e Previdência, Ano XXV, n.° 1 [15 janeiro 1958] a Ano 41, n.° 20 [29 maio 1974]: Lisboa, I.N.T.P, 1958–1974].

grada no meio e pode dizer-se que gosa da simpatia e da consideração da generalidade das gentes."[45]

Por sua vez, os grémios da lavoura de Esposende e Barcelos, apresentam médias de anos de mandato mais baixas (três vírgula vinte e cinco e quatro vírgula trinta e cinco) revelando uma maior rotatividade dos dirigentes, traduzindo-se num maior dinamismo associativo, mas também numa maior instabilidade na representação dos agricultores. Seriam diversas as razões que ditavam o afastamento dos dirigentes: de foro pessoal (ausência para o estrangeiro; falecimento; incompatibilidade com o cargo); a própria idade, de que é exemplo o Grémio da Lavoura da Póvoa de Lanhoso, "[...] o presidente da Direção é pessoa idosa (74 anos de idade) e doente, não podendo assistir convenientemente o organismo."[46] Mas, igualmente, por afastamento decretado ministerialmente, através do Subsecretariado das Corporações e Previdência Social.

---

45 Arquivo Nacional da Torre do Tombo - *Relatório de Inspeção do Grémio da Lavoura de Amares*, realizado em 2 de abril de 1964.

46 Arquivo Nacional da Torre do Tombo - *Relatório de Inspeção do Grémio da Lavoura de Póvoa de Lanhoso*, realizado em 6 de novembro de 1971.

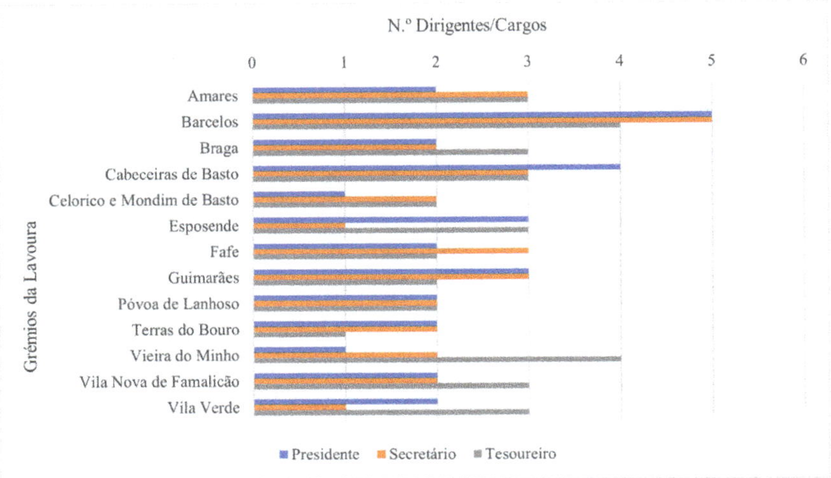

Gráfico V: Distribuição do número de dirigentes dos grémios da lavoura, por tipo de cargo, 1958–1974.
[Fonte: Dados elaborados com recurso ao Boletim do Instituto nacional do Trabalho e Previdência, Ano XXV, n.º 1 [15 janeiro 1958] a Ano 41, n.º 20 [29 maio 1974]: Lisboa, I.N.T.P, 1958–1974].

Analisando o número de dirigentes por tipo de cargo desempenhado observamos, como ilustra o gráfico IV, que os grémios da lavoura de Celorico e Mondim de Basto e Vieira do Minho tiveram apenas um dirigente durante o período compreendido entre 1958 e 1974, panorama que já se refletiu, no caso do primeiro na média elevada de anos de mandatos. O Grémio da Lavoura de Cabeceiras de Basto, por sua vez, é aquele que apresenta mais presidentes, durante o período em análise, quatro, ainda que os anos em exercício difiram entre eles.

A quantidade de presidentes a permanecerem nos seus cargos apresenta uma variação considerável entre os grémios da lavoura, o que sugere que a estabilidade destes dirigentes pode ser influenciada por fatores específicos económicos e sociais da própria localidade.

Já com o número de secretários e tesoureiros parece haver uma maior rotatividade nesses cargos em comparação com o cargo de presidente, o que pode indicar que a gestão administrativa dos grémios da lavoura era menos estável do que a própria liderança. Neste sentido, merece destaque o Grémio da Lavoura de Barcelos (que elegeu cinco secretários diferentes e quatro tesoureiros) e o Grémio da Lavoura de Vieira do Minho, que contou, neste período, com quatro tesoureiros distintos.

Em último ponto analisamos os dirigentes que vieram a ocupar diferentes tipos de cargos dentro do mesmo organismo. Como podemos observar no Gráfico VI, o Grémio da Lavoura de Barcelos destaca-se como sendo aquele que apresenta uma maior rotatividade interna destas elites locais, com seis dos seus dirigentes a desempenharem mais do que um cargo diretivo. Na mesma medida, encontravam-se os grémios da lavoura de Terras do Bouro e Vila Verde, ambos com cinco dirigentes em diferentes cargos.

Gráfico VI: Distribuição do número de dirigentes dos grémios da lavoura que ocuparam diferentes cargos, 1958–1974.
[Fonte: Dados elaborados com recurso ao Boletim do Instituto nacional do Trabalho e Previdência, Ano XXV, n.° 1 [15 janeiro 1958] a Ano 41, n.° 20 [29 maio 1974]: Lisboa, I.N.T.P, 1958–1974].

Contrariando esta tendência apresenta-se o Grémio da Lavoura de Guimarães, em que dos seus treze indivíduos que integraram cargos efetivos e suplentes no respetivo organismo, nenhum deles exerceu mais do que um cargo, o que já se viria a verificar pela baixa média do número de anos de mandato. As razões que levam a este panorama revestem-se de grande multiplicidade, caracterizadas pela própria dinâmica concelhia, ou mesmo corporativa, igualmente, pela multiplicidade de indivíduos, à partida, capazes de responder aos apelos da administração destes organismos.

4. Notas finais

As elites agrárias, que detinham terras e recursos significativos, utilizaram o corporativismo como uma plataforma para ampliar o seu poder, influenciando políticas públicas, garantindo acesso a crédito e outros recursos, e protegendo os seus interesses económicos. Por outro lado, a organização corporativa utilizou as elites agrárias como uma base de apoio social e político, tendo este relacionamento permitido ao regime salazarista conseguir legitimidade e a sua sustentação no poder. A administração dos organismos corporativos primários era supervisionada de muito perto pelo Estado, que nomeava, destituía e sancionava corpos diretivos, garantindo o controlo sobre a massa patronal e trabalhadora, ainda que os inspetores da Inspeção dos Organismos Corporativos considerassem que os dirigentes destes organismos, os geriam e administravam ao seu ritmo e a seu bel-prazer.

Como seria de esperar, é nas casas do povo, o organismo representativo dos trabalhadores rurais, que se verificava uma maior rotatividade dos dirigentes, não sendo possível, falar-se de uma elite emergente desta classe, sendo que até 1969, apenas os proprietários podiam ocupar os cargos da assembleia geral, tradicionalmente de maior prestígio e, até então, exclusivamente desempenhados pelos proprietários, cujos interesses eram defendidos precisamente pelo grémio da lavoura, contando-se inclusive indivíduos que desempenharam cargos em ambos os organismos, como foi o caso de Álvaro de Novais Ferreira de Melo, que foi tesoureiro do grémio da lavoura da Póvoa de Lanhoso e presidente da assembleia geral da casa do povo do mesmo concelho, além de ter desempenhado o cargo de vice-presidente da câmara municipal, um dos elementos da elite povoense, pertencendo a uma das famílias notáveis do concelho. Infelizmente, o elevado número de dirigentes recenseados — 151, apenas nos grémios — impossibilitou a recolha de informações relativa aos mesmos, o que seria importante para aferir a posição destes indivíduos no seio das elites locais.

A relação entre as elites agrárias e o corporativismo no distrito de Braga foi complexa e multifacetada, tendo conhecido diferentes fases. Este estudo inicial abre caminho a pesquisas mais aprofundadas sobre o tema, que podem contribuir para uma melhor compreensão da história política e social da região. Será igualmente interessante procurar perceber, de forma mais detalhada, as razões que presidiam à vontade em integrar os corpos diretivos destes organismos, e de que forma a instauração da democracia afetou o legado e a memória daqueles que os serviram. Como mencionava o Relatório de Inspeção da casa do povo de Dume, datado de 1970, falta-nos ainda compreender o "tipo espertalhão da aldeia, mal-educado, baralhando tudo, dando o dito por não dito, quando apanhado numa contradição".

Bibliografia

Cardoso, J. L. (2012). Corporativismo, instituições políticas e desempenho económico. En F. Rosas & Á. Garrido (Eds.), *Corporativismo, fascismos, Estado Novo* (pp. 101–120). Almedina.

Cardoso, J. L., Ferreira, N. E., & Freire, D. (2013). *Base de dados "Os organismos corporativos do Estado Novo"*. Recuperado de http://www.classifics.ics.ulisboa.pt/corporatism/pesquisa1.asp

Ferreira, F. M., & Pereira, N. (2016). Propaganda e corporativização no terreno: Braga anos 30 e 40. En F. M. Ferreira, F. A. Mendes, & N. Pereira (Eds.), *A conquista social do território: Arquitetura e corporativismo no Estado Novo português* (pp. 13–38). Tenácitas.

Freire, D. (2012). O Estado corporativo em acção: Sociedade rural e construção da rede de Casas do Povo. En F. Rosas & Á. Garrido (Eds.), *Corporativismo, fascismos, Estado Novo* (pp. 273–302). Almedina.

Freire, D., & Ferreira, N. E. (2016). Construção do sistema corporativo em Portugal (1933–1974). En F. M. Ferreira, F. A. Mendes, & J. M. Torres (Eds.), *Organizar o país de alto a baixo: Políticas de edificação corporativa no Estado Novo português* (pp. 31–51). Tenácitas.

Freire, D., Ferreira, N. E., & Rodrigues, D. (2014). *Corporativismo e Estado Novo: Contributo para um roteiro de arquivos das instituições corporativas (1933–1974)* (ICS Estudos e Relatórios, 1), 1–99.

Lucena, M. de (1976). *A evolução do sistema corporativo português: O salazarismo* (Vol. 1). Perspectivas & Realidades.

Pereira, N. (2019). Corporativização do espaço rural: A esfera de ação dos grémios da lavoura no edificado corporativo. En F. M. Ferreira & E. Fernandes (Eds.), *Representações de poder do Estado em Portugal e no império (1950–1974)* (pp. 164–178). Circo de Ideias — Associação Cultural.

Pereira, N. (2016). Nós o povo: As redes das Casas do Povo nos alinhamentos corporativos (1933–1974). *Oficina do Historiador, 9*(2), 99–108.
Rosas, F. (2012). *Salazar e o poder: A arte de saber durar* (1.ª ed.). Tinta-da-China.
Santos, P. B. (2015). O modelo político do Estado autoritário português: A ideia corporativa na constitucionalização do regime (1931–1933). *Espacio Tiempo y Forma. Serie V, Historia Contemporánea, 27*, 59–84.
Torres, J. M. (2016). A Federação dos Grémios do Comércio dos distritos de Braga e Viana do Castelo (1858–1974) como plataforma de mediação corporativa. En F. M. Ferreira, F. A. Mendes, & J. M. Torres (Eds.), *Organizar o país de alto a baixo: Políticas de edificação corporativa no Estado Novo português* (pp. 183–196). Tenácitas.

www.ingramcontent.com/pod-product-compliance
Ingram Content Group UK Ltd.
Pitfield, Milton Keynes, MK11 3LW, UK
UKHW021922290926
8980IPUK00016B/1410

9 783631 930410